2022

21天突破

初级会计资格

初级会计实务

周佩仪等 编著　BT教育 组编

中国财经出版传媒集团
经济科学出版社

图书在版编目（CIP）数据

初级会计实务.2022/周佩仪等编著.—北京：
经济科学出版社，2021.11
（21天突破）
ISBN 978-7-5218-3024-8

Ⅰ.①初… Ⅱ.①周… Ⅲ.①会计实务-资格考试-
自学参考资料 Ⅳ.①F233

中国版本图书馆CIP数据核字（2021）第226700号

责任编辑：孙丽丽　纪小小
责任校对：隗立娜
责任印制：范　艳

初级会计实务（2022）
周佩仪　等编著　BT教育　组编
经济科学出版社出版、发行　新华书店经销
社址：北京市海淀区阜成路甲28号　邮编：100142
总编部电话：010-88191217　发行部电话：010-88191522
网址：www.esp.com.cn
电子邮箱：esp@esp.com.cn
天猫网店：经济科学出版社旗舰店
网址：http://jjkxcbs.tmall.com
北京鑫海金澳胶印有限公司印装
787×1092　16开　28.5印张　720000字
2021年12月第1版　2021年12月第1次印刷
ISBN 978-7-5218-3024-8　定价：72.00元
（图书出现印装问题，本社负责调换。电话：010-88191510）

序　言
Preface

2017 年，BT 教育尝试出版了第一套考试指导类书籍——21 天突破 CPA 系列教材，累计发行 10 万余册，陪伴数万考生走过漫漫备考路。 对这样的成绩，我们是欣喜的，但并不满足，我们立志于帮助大家从容地通过财务职业生涯中需要的各类考试，视线转向会计职称考试，如此便有了这套丛书。

此套教材有如下特点：

一、本书特点说明

财会小白的心头好，继续进阶的掌中宝。

如果你懵懵懂懂，纯属财会门外汉，看这里！ 专门针对零基础学员精心编制导入章节，趣味十足，迅速助你跳进来。

如果你略有基础，踌躇满志望进阶，看这里！ 对每个名词、每个概念从源头处讲解来历，从应用中夯实基础，进一寸稳一寸，双脚踏实，快速进阶。

情景案例助理解，角色扮演出真知。

会计本就是实践学科，本着“从实践中来，再到实践中去”的原则，本书在每章伊始设置了贴近实践的案例，通过模拟情景顺理成章地导入知识点，帮助同学们在实务中理解会计知识，让初级职称考试回归其本来的意义——掌握一般的财务会计基础理论和专业知识，担负一个方面或某个重要岗位的财务会计工作。

系统框架反复搭建，骨架零碎整齐收纳。

所谓框架法，就是“宏观→微观→宏观”循环往复的过程，最终达到“书本扔一边，框架心中留”的境界。

在进入详细知识点讲解之前，本书先应用完整的知识框架图帮助初学者回答以下几个问题：

（1）本书需要学习哪些内容？

（2）按什么顺序学习更加高效？

（3）各章、各节之间有何种“秘密”联系？

（4）学习路上会遇到哪些重点、难点？

理清上述问题，对整本书的基本构架做到心中有数，下一步就是随着课程进展详细挖掘各细分知识点，用细节填充框架，由简入繁，对考点要“往细里抠、往深里挖”，才能灵活地应对考场变化。

难点攻克嬉笑间，通透大义在微言。

对于重点、难点的讲解，要从学术的高台上跳下来，用通俗的语言描述情景，用趣味的故事折射真理。专业术语的学习和运用是必不可少的，但此环节不应该被放置在一个初学者堪堪入门的地方。

正如BT教育一直以来的理念——抬起头来做学问，俯下身去搞教育。这就要求我们的教师在做教研的时候不要一门心思地扎进书本里，抬起头来把眼界放宽，从社会背景体会新政的意义，从实务操作解析条文原理。在授课的时候，不要对着学生“掉书袋”，老师的作用就是“通俗语”和“书面语”的转换器，讲课要承接地气，思维要贴近考生。这个理念从CPA的授课与教材编写中承袭，并将在职称考试中进一步发扬，正所谓“入理既精，仍通嬉笑；谈言微中，不禁诙谐”。

知识繁杂浩如烟海？脑洞大开全收进来！

考试从来就不是容易的，理解是一方面，记忆是另外一方面。

如何在理解的基础上精准记忆，这是在本书编写过程中，每个教研人员都在不断拷问自己的问题。

对于记忆难度大的知识点，本书精心编写了生动有趣的记忆锦囊，象形记忆、谐音记忆、口诀记忆……不拘一格找方法，只为让你记住它！

当然，记忆方法只是手段，同学们不可只记简短口诀、不记内容细节。近年考试形式灵活多样，不再满足于考察表层知识，大家要将记忆方法与知识点紧密结合，否则可能出现记忆偏差，在考场上会追悔莫及的哟！

深度剖析规律在手，举一反三天下我有。

人吃饭，要靠大地长养万物；地生长，要靠上天风雨时节；天地生育、日月运行皆有规律，老子曰：吾不知其名，强名曰道。

人类从五千年前走来，一直在摸索规律。到了今天，我们在学习会计这一社会科学时，也不能违背道义。

知识从不是孤立的，其相互之间的联系，或相似、或相辅、或相斥、或相应，都是我们在学习过程中不可忽视的“道”。本书随着对框架的展开讲解，对相似度高或对比性强的相关知识点间的逻辑关系进行透彻分析，通过单个知识的学习，引导考生层层推进，达到举一反三，顺势掌握同类型知识点的效果。以点连线，以线结网，进一步加深对知识体系的理解和记忆。

二、彬哥学习五法

以下是李彬老师在CPA授课中总结出来的高效学习五法！相信这套学习方法也适合备考初级会计职称的你！

我自己也一直在参加各种考试，也曾一次性高分通过了CPA，再结合这些年的教学经验，总结了“CPA学习五法”，在此毫无保留地介绍给大家，希望大家读罢能够有所收获，哪怕只是一丁点感悟，我也心存慰藉了。

这“五法”也讲究个顺序，第一要有良好而稳定的心态；第二是要按照框架法“从宏观到微观”再“从微观回到宏观”地反复学习；第三是题目至少做“三遍”，这里所说的三遍是**每次连续地做三遍**，短时间内高强度的重复可助你深刻体会一道题的精髓；第四就是要建立好改错本，这是整个学习过程中最具个性化也是成效最显著的环节；第五则是要在冲刺阶段善用真题去夯实基础、查缺补漏以及锻炼临场心态。

接下来，我们就详细讲讲这制胜五法。

第一法　彬哥心态法

心态，我一直认为是考试第一法，也是最重要的方法，北宋游定夫曰："心要在腔子里"，就是说，心要在它该在的地方，无论何时何地。对于我们准备考试也是一样，心要似磐石，定而稳。当你身边出现各种嘈杂声音时，有嗤笑围观的，有摇头反对的，有约饭、约电影、约旅游的，此时就别浪费时间感叹天地人狗皆不仁了，既然闲言碎语免不了，不如想想如何面对吧！

（1）**树立必过的信念！** 即使每年报考的人犹如过江之鲫，而实际被端盘上菜的"烤生"只有40%左右，这40%中也会有很大比例的人并未做好充足准备，鳞未去，腹未剖。因此像你这种花数月时间认认真真把自己洗干净准备上"烤场"的人实属罕见，过关率会非常高的。因此，从准备初级会计的那一刻开始，我们就应该告诉自己，我只要认真复习了，那么过关就是必然的事情！

（2）**学习过程中学会调节自己的心态！** 其实每个人的坚持都是有极限的，每过一段时间都有崩溃的感觉，轻则厌学，重则厌世，好不容易把炸毛的自己安抚好了，过了段日子又炸了。这种"心道好轮回"会反复循环发作，其实解决之法倒也不难，只要明白你不是一个人，这是每个考生都会面临的常态即可，放平心态，炸着炸着也就习惯了。每个人都在无数次地跟放弃做斗争，在这个时候要学会调节自己，出去散散步，爬爬山，彻底轻松几个小时，回来再慢慢进入状态即可，千万不要在这个时候放弃或者舍不得休息，常言道磨刀不误砍柴工，讲的也有这个意思。

（3）**学会取舍！** 有舍才有得，我们在学习知识的时候不需要一次性100%学完吃透！有选择性地放弃一点内容，留着第二遍、第三遍慢慢来补足反而更佳。比如，我们在学习第二章的时候，可能遇到了第四章的概念，你也知道为了这个概念追本溯源地先把第四章看一遍是没必要的，所以此时最有效率的做法是在不影响我们总进度的前提下，把这块内容先放一放，往后继续学习，待后面学到了再回头看或许会有更加饱满的认知。其实大家不必多虑，对于这个问题，我们已经在相应位置为你做好了提示，你只需要把心放在肚子里，安安心心地学下去即可。

（4）**动笔！动笔！动笔！** 好记性不如烂笔头，从你拿起书本的那一刻开始，你就要拿起你手中的笔，不断地在书上或讲义上画画写写，可能很多时候你无心的一些勾画也能增强你的记忆，所以看书务必拿出笔。

（5）**学而不思则罔，必须要学会深思。** 在手机面前，我们都是它忠实的奴仆，我们习惯性地每隔几分钟就要温柔小心地对它又抚又摸念念叨叨，导致我们总是在浅层次思考。可是在学习上，要想透彻地想明白一个知识点，对一种类型的题目触类旁通，就必须要形成自己的思维，不让自己沉下去思考怎么可能做到呢？因此，在学习的时候要学会摆脱手机的控制，深思2个小时强于浮躁学习5个小时。

第二法　彬哥框架法

所谓框架法，就是“从宏观到微观”，然后“从微观回到宏观”。

如果是自学，那么框架法的应用如下：

1. 要读书，先读目录

学习整本书前，先翻一遍本书的大概章节，大致了解一下各章的内容，对本书有一定的初步了解；

学习每章之前，将每节的标题列出来，将每节的次级标题也可以列出来，比如存货：

存货概述—原材料—周转材料—委托加工物资—库存商品—存货清查—存货减值

从标题中我们就可以发现本章的大致思路：存货是什么？购入和发出如何计价？再从具体的存货内容逐个学习，最后，期末还要进行存货盘点，如果发生了减值的情形，也要做相应的账务处理。

纵观章节标题，我们可以对本章有个初步了解，当然在捋清章节构架之后，还可以深入到每一节，借助小标题再理清一下每节构架。

2. 心怀框架，进入细节的学习

第三步就是进入到每节的细节学习，在细节的学习过程中可能会有一点点的乱，这时要心怀警惕，一旦有要乱的苗头就赶紧跳出包围圈重新去回顾一下适才自己列的框架，定位一下目前学到了哪里，理顺之后再继续深入学习。

3. 重新整理框架，再回“高地”

经过前面的学习，我们已经学完了本章，这个时候不要急急忙忙地学习下一章，最好重新拿出框架，做细化完善，这时你的框架就正式形成，再将这个框架熟记于心，你会发现这一章的知识你已经彻底掌握。

框架法的意义不仅在于考试本身，对各位的职业发展也有着不容忽视的意义。考试可谓是迅速搭建财务知识体系的一大利器，学习时搭稳构架、丰满血肉，工作中才能灵活提取、学以致用。参加初级考试的同学多为财会的种子选手，正处于构建职业知识体系的最好时期，在此奉劝各位，从初级职称考试开始学习框架构建方法，积累在实践中运用框架提取与填充知识的经验，日后在不断攻克中级乃至注册会计师考试的路上，不断充实自己的知识体系，吸纳各类相关知识为你所用，最终它将成为你在职场中无往不胜的秘密武器。

如果跟直播学习，那么框架法的应用如下：

（1）每科的第一课花 1 个小时带领大家熟悉整本书的内容，对整本书有大致的了解，对每章有大致的了解。

（2）在每章的学习中，花半个小时将本章的内容稍微详细地讲述一遍，对本章要阐述的基本问题做到心中有数，也是为了消除学生心中的紧张情绪和对未知事物的抵触。

（3）进入到每章节的细节学习。每次直播课学习的内容多达几十页，大家可能学到中间又会模糊，不知身在何处，我会带领大家跳出细节回到框架，定位当前的学习进度。当然在跟上节奏的前提下，希望各位自己也要学会这种跳出定位法。

（4）当所有内容学完再重新回到框架时，对框架的理解也会更加深刻。在此基础上，可以对着框架回忆细节，让框架的血肉更加饱满。

（5）下课后，要在适当的时点，多多回忆框架，这样学习、复习都会更加轻松。

第三法　彬哥三遍法

所谓三遍法的思想精髓就是“贪精不贪多”。回忆一下之前我们做题的习惯，很多时候我们做了一大堆的题目，可再做第二遍时又感觉和没做一样。这是因为你对这众多的题目没有消化分解，故而难免“积食”。我认为做题的目的在于消化吸收，才能做到举一反三，而不仅仅止于完成。

遇见好题目，就像遇见你心爱的情人般，看见之后都应该有兴奋的感觉，都应该有喜极而泣的感觉，都应该有爱不释手的感觉，都应该有马上搞懂抄下来的冲动。题目也不在多，而在精，课本的例题是最好的练习题，默写几遍都不为过。真题是第二好的题目，也需要多思考几遍才能使其发挥应有的价值。

那么三遍法该如何应用呢?

第一遍，看到好的题目，自己独立做一遍，正确弄懂这道题考点在哪里？妙在哪里？错误了要思考几分钟之后看着答案搞懂，然后问问自己思维误区在哪里？

第二遍，在第一遍的基础上，马上重新做一遍，其实对一道较长的题目，马上做依旧会出错，但借此可以再次检验自己的思维误区。

第三遍，在第二遍的基础上立刻马上赶紧再重做一遍，这个时候你会感觉到彻底消化了这道题目，这才是好题的正确打开方式。

经历了上面的三个步骤，你已经初步掌握了好题，但是也要时刻拿出来重温，对于做错的题目和特别好的题目，应该记入你的改错本。

第四法　彬哥改错本法

就像你上高中时班主任耳提面命地让你抄错题一样，我也要一次一次地将改错本拎出来告诉你它的妙用。改错本法是经过实际验证卓有成效的方法，因为每个人的思维都是有定式的，第一遍出错时，我们以为看了答案就足够了，但要真的从潜意识里纠正误区，需要下狠功夫，死皮赖脸地去磨、去看，直到让错误思维烦不胜烦的自己“出走”，才算罢休，这就是改错本法。

1. 改错本只是记录错题吗

改错本不只是记录错题，还应该记录经典的题目。

2. 改错本的格式

如果是短题目:

第一步，抄写题目;

第二步，写上你的错误方法;

第三步，纠正你的错误;

第四步，写上总结，总结是自己为什么错误了，思路有什么问题，这类题目以后怎么办。

如果是长题目:

题目太长的话，则无须抄写，但是要详细写明这道题你学到的知识，你的思路出错的地方。

3. 错题本该怎么用

首先，利用业余时间多翻翻改错本，不断地修正自己的错误和学习经典的题目；

其次，一定要学会“撕掉”改错本，一本改错本看了 10 多遍之后，你会发现很多题目已经烂熟于心了，而且对你意义也不大了，但是有些题目你却特别喜欢，这个时候你要学会将前面经典的部分抄写到新的地方，前面的改错本要学会“撕掉”。

请记住：“慢即是快”，无须去节约改错本这点时间，从这里的收获远远大于你的付出，这也是将外在的知识内化成自己的知识必经的一步。

第五法　彬哥真题法

“书上例题 + 真题”是学习注会甚至是学习所有考试科目的最好的练习题，试想，这么多年的考试，任何一个考点基本都有所涉及，如果我们能够将真题涉及的每个考点都吃透，那么考试还怕什么呢?

因此，除了书上例题之外，真题就是我们最重要的习题资料，务必“内化”成自己的知识。所谓“内化”就是将真题的考点真正地消化成自己的，那么也需要经历上面说过的几点：

（1）心态上务必重视真题，真题的每一道题目都要重视；

（2）在每章节的经典习题里面，会涉及很多真题，要弄明白这些真题的考点；

（3）学习完之后，将汇总的每年的完整的真题重新做 3 遍以上，以求明白每年的考点都是怎么分布的，整套试卷是什么感觉。

“彬哥注会过关五法”是基本方法的总结，也是在大量的实践中不断总结改进所得出的，其核心思想就是将知识真正地消化，真正的消化并不是靠完全的背诵，而是“动笔 + 思考”的有机结合。如果只是纯粹地看书、做题、抄错题本，而不动脑筋思考，那最终的分数必然很低，因为根本没有完全消化。如果只是盯着书本笔都不拿在脑子里“头脑风暴”，分数可能也就 60 分左右，稍有不慎就和过关失之交臂了，因为在真正的考试中你就会发现自己下笔无神，一边写一边战战兢兢，对错就完全听天由命了。

总之，合理运用好上面的五法，多尝试“动笔 + 思考”的模式，相信会给同学们的学习多一份助力。

三、“陪伴”是助你过关的最佳武器

方法论说了许多，我们还是来说一些有温度的东西吧!

学习很难，坚持很苦，可若有人陪伴呢？你会不会也露出笑脸?

我们开始准备考试的时候，恰是一年中最好不过的初春。

微风吹来阳光的暖，莺鸣在空气中转。

万物生长，妙趣横斜。

像树需要新的枝丫，像猫儿需要新的毛，我们也需要新知去解锁更奇妙的生活。

一年之春，我们就从这里启航。

摆在你面前的是一本并不甚立体的教材，可一旦将它装进你的脑洞，就会瞬间化作整个璀璨星河，恒星闪烁，蝶云逆旋。

这是知识的魅影，你陶醉地看着看着，它就一道道地化为了你胸中的丘壑。

幸甚，妙哉。

学习，从来都是了解这个世界最快捷的方式。

可不知从什么时候起，学习变成了一场苦行。

可能是我年少放荡不羁爱自由吧，也可能是书本太坏总逼我跑神儿吧。

今天的你想必也已经明白了学习的必要性，那颗胡闹的少年心已到了书桌前，就自觉地收起来啦！

你安安静静地坐着，凝神感受到求知的欲望从每根神经汹涌而来。

那还怕什么真理无穷，我们已经将它化繁为简送到你面前！

相信知识的力量，相信 BT 教育的力量。

给你一份更简约的资料，再送你一场最长情的陪伴。

现在摆在你面前的还是一本教材吗？

不，它是一块放着肥嘟嘟肉块的砧板。

刀俎已备好，客官，请吃肉。

BT 教育

入门导读

Introduction

根据我们的经验，没有会计基础的同学在学习初级会计实务这门课时会遇到一些共同的障碍。比如，不少人在刚开始学习时就被会计分录的借贷方向弄得晕头转向，自信心瞬间崩溃。即使是会计专业的同学，可能对会计规则的理解略显粗浅，不能从宏观的角度系统认识。其实，初级会计实务这门学科，内容比较简单，规律性很强，只要弄清教材的逻辑思路，学起来会比较轻松。可以通过举一反三，实现触类旁通，也就是通过学习一个知识点，类推掌握一类知识体系，进而大大减轻学习负担。

为了帮助“零基础”的同学扫清学习障碍，让“会计小白”也能轻松掌握初级会计实务这门课程，我们精心编写了入门基础知识这章内容，从身边案例入手，将初级会计实务课程的编写逻辑和基础知识娓娓道来，让大家在趣味中掌握知识，加深对会计课程的理解，为学习具体章节知识奠定一个良好的基础。

大家在初次接触会计时，有没有问过自己**什么是会计这个问题?**

我们认为，会计就是一套人为制定的记账规则，企业利用会计规则，可以在平时记账，及时反映企业发生的各种经营活动；在期末则编制一套财务报表，反映企业期末的财务状况，以及一段时期的经营成果和现金流量等会计信息。也就是说，通过会计提供的信息，我们就能更清晰地认识、评判企业拥有资产的数量和质量的好坏，以及一段期间的经营成果和盈利能力，这样就能做出正确的经济决策。

那初级会计实务考试主要考什么呢？其实主要就是考察企业基本经营活动的账务处理，特别是会计分录的编写，下面我们就从财务报表、账务处理、分录编写几个方面分别展开说明。

一、“相亲找对象”隐藏的会计学知识

参加初级会计职称考试的同学有不少人应该有过相亲经历，假设现在老师要给你介绍结婚对象，你会问对方哪些问题？

当然，每个人都会有自己更为看重的方面，但关注最多的问题应该是以下两个。

问题一：对方有房有车吗？

问题二：对方的收入有多少？

从会计的角度而言，问“有无房车”为的是衡量对方的主要财产状况，房、车都属于价值很高的资产，尤其房子往往是我们在家庭生活中耗资最大的财物了。这里引申出一个概念，那就是什么是资产？资产是会计中最常见的概念，货币资金、应收账款、存货、固定资产、无形资产等都是资产，它们有一个共同的特征——资产要么本身是钱，要么是

将来能够转化为钱的东西。所以，问对方房、车情况，就是评价对方在某个时刻有多少“钱”。

当然，资产只是一个人现在已经拥有的“钱”，如果对方没有收入，即使坐拥金山银山也有弹尽粮绝的一天，所以一般人都会问第二个问题，即对方收入有多少？收入就是衡量对方赚钱的多少。与资产属于时点概念不同，收入属于一个时期概念，即评价一段时间金钱流入的多少，比如一个月或者一年创造了多少收入。

假设我告诉你对方自己开公司，有房有车，公司一年收入有 1 000 万元，那你是否就欣然接受对方呢？接着你可能会问下面两个问题。

问题三：房子、车子是贷款买的还是全款买的？如果是贷款买的，还剩下多少贷款未还？

问题四：对方公司一年成本费用有多少？扣除成本费用后的净利润是多少呢？

之所以问第三个问题，因为你应该清楚，现在房价这么高，一般人买房都只出个首付，然后找银行按揭。甚至有人自己本来没有钱，连首付都是借来的。假设我告诉你对方购房价格为 500 万元，首付三成共 150 万元，银行按揭贷款 350 万元，那真正属于对方的资产是多少呢？即使你不学会计，应该也很容易明白，房子虽然在他名下，价值 500 万元，但只有扣除欠银行的 350 万元的剩余部分，才真正属于对方所有。如果未来房价大跌，比如来个“腰斩”，即只有 250 万元的价值，那这套房子就彻底变成了一项负资产。所以，这个问题很重要，能够评价对方是不是属于真正的“高富帅”。这其实已经引申出资产负债表和会计恒等式，即

资产 = 负债 + 所有者权益（净资产）

也就是说，真正属于企业所有者拥有的净资产，是企业资产总额扣除负债的剩余部分。

之所以问第四个问题，如果你有一定常识，你应该清楚，企业开展经营活动会有各种成本和费用，比如卖一件商品获得收入 1 万元，这 1 万元不会都真正落到企业的“口袋”，首先就要减去这件商品的进货成本（假设 5 000 元），那剩下 5 000 元就是企业的净利润吗？当然不是，除了进货成本，企业还会发生各种费用，比如，首先要向国家缴纳的各种税金及附加费用，其次要减去三项期间费用（销售费用、管理费用、财务费用），然后可能还会发生资产减值损失、投资损失。扣减完全部成本费用后，如果还有盈余，则要缴纳企业所得税，最后才是真正归属企业的净利润。如果企业经营不好，很有可能会亏损，不仅没有给股东带来回报，反而减损企业净资产价值。所以，第四个问题也很重要，姑娘们要擦亮眼睛，打破砂锅问到底，才有可能拾得金龟婿。

如果你学完本门课程，那就具备了会计专业视角，你可能更相信企业财务报表所反映的信息，直接让对方提供一套他公司的财务报表就可以看出更多问题。

这就引申出什么是财务报表。其实，初级会计实务课程一共有八章，第一至第二章是会计相关的概述及会计基础，第三至第六章是根据资产 = 负债 + 所有者权益这个会计恒等式来编写的，第七章则根据收入 − 费用 = 利润来编写，第八章则专门讲财务报告，其中主要介绍的就是非常重要的财务报表，那下面我们就看看什么是财务报表吧。

二、什么是财务报表？

会计规定，一套完整的财务报表至少包括资产负债表、利润表、现金流量表、所有者权益变动表以及它们的附注。其实，财务报表是一套根据分类原理呈现的结构化的表格，通过这套表格，我们能够了解企业在某个时刻的资产状况，包括拥有哪些类别的资产项目，这些资产的来源或者归属情况；以及企业在一段时期的经营成果，比如一共获得多少收入，发生的成本费用有多少，最终实现的净利润有多少等信息。下面我们重点介绍资产负债表和利润表。

（一）资产负债表

其实，资产负债表就是专门回答上面的问题三，即评价一个企业的财务状况，包括它一共有哪些资产，以及这些资产的来源情况，是来自负债，还是来源于所有者本身投入或者企业盈余的积累。下面就是一张资产负债表简表。

资产	负债
流动资产：	**流动负债：**
货币资金	短期借款
交易性金融资产	应付票据
应收票据	应付账款
应收账款	应交税费
存货	应付职工薪酬
非流动资产：	**非流动负债：**
长期股权投资	应付债券
固定资产	
在建工程	所有者权益
无形资产	实收资本
	其他权益工具
	资本公积
	其他综合收益
	盈余公积
	未分配利润
总资产	**总负债及所有者权益**

上面我们已经说过，资产负债表就是根据“**资产 =负债 +所有者权益**”这个会计恒等式来编制的，在结构上也相应划分为左、右两栏。

左边，反映企业所拥有的资产情况。分类别列示具体资产项目，根据资产流动性（即：变现快慢）高低排列，资产流动性越高，所处位置也越高，流动性越低，位置也越低。而且，根据资产能否在一年或者一个营业周期内变现，还可以将资产划分为流动资产和非流动资产两类。

右边，反映企业资产来源。分为上、下两栏，上面根据负债的对象列示不同类别的负债项目（如欠员工的钱，是应付职工薪酬；欠国家的钱，是应交税费），并根据负债是否需要在一年以内偿还，将负债分为流动负债和非流动负债两类。下面列示所有者权益项目，可以划分为三类：第一类是资本，反映企业所有者自己投入的资金，包括实收资本或股本（即公司章程记载的注册资本，是计算持股比例的依据）、资本公积（如股东投入资本超过注册资本的部分）；第二类是留存收益，是企业盈利留存在企业账面上的部分，包括按国家规定和企业自愿提取的盈余公积金，以及未明确用途的未分配利润；第三类是其他综合收益，这是2015年之后新增的会计科目，在初级会计里面不用掌握，如果随着对会计的学习更加深入，之后大家也会慢慢接触到这个科目。2019年新设项目“其他权益工具”，用来反映企业发行的除普通股之外的其他权益工具（如优先股、永续债），了解即可。

根据会计恒等式，左边资产的金额等于右边负债和所有者权益金额之和。即如果企业左边资产发生净流入或者净流出，必然会导致右边负债或者所有者权益发生相应的变动。这个原理对理解借贷记账法很重要，后面我们会具体学习。

学完资产负债表，我们再看什么是利润表。

（二）利润表

其实，利润表是专门用来回答第四个问题的，即反映企业一段时间的经营成果，包括企业一段时期实现的总收入有多少，为取得这些收入发生的各种成本和费用有哪些，最终落到企业口袋里的净利润有多少？

利润表也是通过一个会计恒等式（**收入 − 费用 = 利润**）来编制。利润表在形状上像个漏斗，**收入**进入这个漏斗后，会被层层剥扣，因此要减去营业成本、税金及附加、三项期间费用（销售费用、管理费用、财务费用）、研发费用、资产减值损失、信用减值损失，加上（亏损则为减）其他收益、公允价值变动收益、投资收益、净敞口套期收益、资产处置收益，就会得到**营业利润**。营业利润是反映企业日常经营活动的成果，不包括

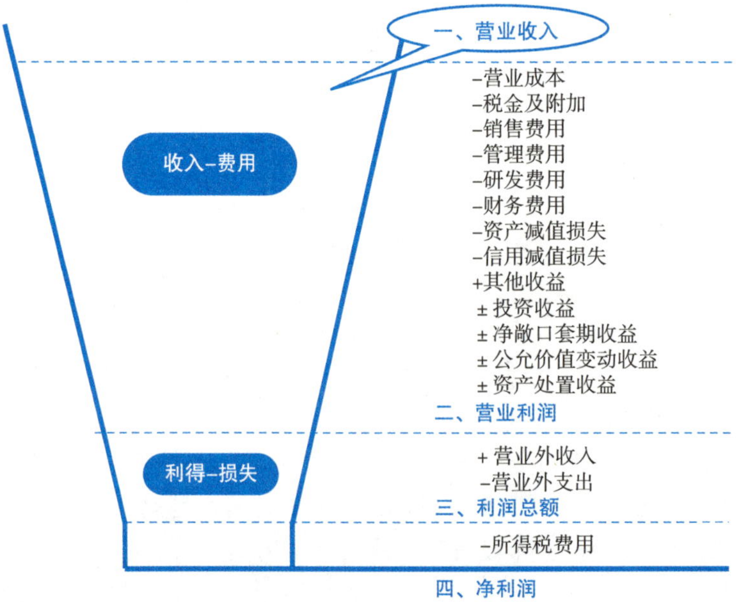

不经常发生的非日常活动损益，它很适合用来预期企业未来将会重复发生的经营成果。营业利润再加上营业外收入、减去营业外支出，就会得到**利润总额**。利润总额再减去所得税费用，就是真正属于企业拥有的**净利润**。利润表的结构需要我们牢牢记住，对我们之后的学习会有极大的帮助！

（三）现金流量表

现金流量表就是反映企业在一定会计期间现金和现金等价物流入与流出的报表。它的基本结构是根据“现金流入量－现金流出量＝现金净流量”公式设计的。又根据企业业务活动的性质和现金流量的功能，将主要现金流量分为三类在表中列示，即：经营活动产生的现金流量、投资活动产生的现金流量和筹资活动产生的现金流量。

（四）所有者权益变动表（略）

因为初级会计实务涉及所有者权益变动表的内容很少，在入门导读章节就不再介绍。

三、企业日常账务处理有哪些？

财务报表是企业会计的终极产品，它主要在期末编制。要想编制这套财务报表，企业必须在平时做好账务基础工作，即发生交易或事项后，就要及时记账，并如实反映。

初级会计实务考试，主要就是考企业基本账务处理知识，尤其是如何编写对应的会计分录。对于零基础的同学，刚开始学习时，会计分录是只“拦路虎”。其实，它只是一只“纸老虎”，下面，我们带领大家五分钟搞定会计分录。

要搞定会计分录，我们应该了解和掌握 3 个方面的内容：（1）熟记常用的会计科目；（2）了解企业基本的交易或事项；（3）弄清会计分录借贷方向。

下面分别展开说明。

（一）熟记常用的会计科目

我们说了，会计就是分类原理的具体应用。会计首先划分为 6 个基本会计要素，然后又对每个基本会计要素进行具体细分，通过分类，实现认识的深入和信息的准确。

学习会计科目，首先要理解其基本概念，包括表示一般原则的概念，以及具体包括哪些类别的外延。最容易理解的方法就是见文思义，根据字面意思来理解。其次根据分类原理来系统把握。最后随着学习的深入，我们会不断地与这些会计科目打交道，在学习时我们可以自己在纸上写出会计分录，慢慢就会面熟。下面，我们举几个例子进行具体说明。

1. 什么是货币资金

其实，货币资金就是钱，按照存放地点和具体用途，又划分为库存现金、银行存款和其他货币资金。其中，放在企业财务库房用于日常开支的钱就叫作库存现金；存在银行账上用于产生利息的钱，就叫作银行存款；放到其他地方用于其他用途的钱就叫作其他货币资金。

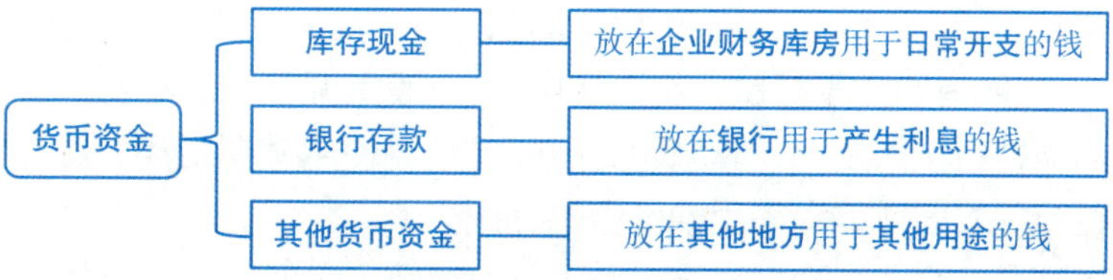

2. 什么是负债

其实，负债就是欠别人的钱。根据欠钱对象和性质的不同，可以分为短期借款、应付账款、预收账款、应付职工薪酬、应付股利、应交税费等具体科目。其中，欠银行且要短期偿还的钱就叫作短期借款，欠供应商的钱叫作应付账款，欠客户的钱叫作预收账款，欠员工的工资叫作应付职工薪酬，欠股东的股利叫作应付股利，欠国家的税款叫作应交税费。什么叫作“应交/应付”，就是未交的欠款，顾名思义，当然是负债。

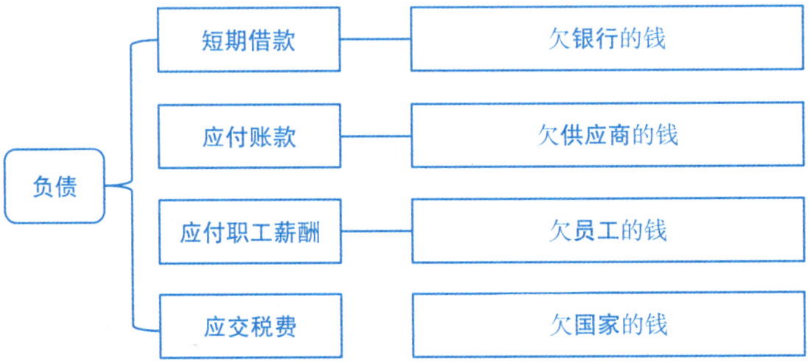

（二）了解企业基本的交易或事项

会计以货币作为计量单位来反映企业的各种交易和事项。所以，在学习账务处理之前，我们有必要先了解企业有哪些基本的交易和事项。

交易就是企业对外发生的各种业务，如购买原材料、销售产品。事项就是企业内部发生的业务，如领用原材料用于生产产品、确认职工薪酬等。

企业有哪些交易和事项呢？

企业的根本目的是赚钱。对于工业企业而言，企业为了赚钱，首先要将钱花出去，用于购买各种资产，包括直接用于生产产品的原材料、燃料和动力、机器设备、厂房，为组织生产准备物质基础。然后，聘请工人，组织生产，将原材料、半成品、燃料和动力最终转化为产品。最后，将产品对外售出，把钱收回来。如果销售回收的钱大于投入的钱，那就实现了赚钱的目的。

所以，企业基本经营活动可以分为资产的取得、使用、处置三个基本环节。

其中，在资产取得环节，企业实现“钱—资产”的流转，账务处理主要是确认资产的初始成本，也就是登记增加的资产和减少的货币资金。

在资产使用环节，根据是否有直接的受益对象，又可以区分为成本化和费用化两种处理方式。如果有直接的受益对象，比如领用原材料用于建造固定资产，就属于成本化的类型，可以用“增加：资产 A——减少：资产 B”来表示。如果没有具体的受益对象，比如管理部门人员的工资，就属于费用化类型，可以用“减少：资产——增加：费用”来表示。当然，并不是所有的资产都是一次性耗用。一般情况下，流动资产都是一次性全部耗用，比如领用原材料投入生产；非流动资产都是长期使用慢慢耗用，比如固定资产和无形资产，是通过计提折旧或摊销来反映价值的耗用。

在资产处置环节，企业实现“资产——钱”的流转，实现货币资金的回收和价值的增加。在账务处理上主要是结转资产的账面价值，确认收入或者损益。

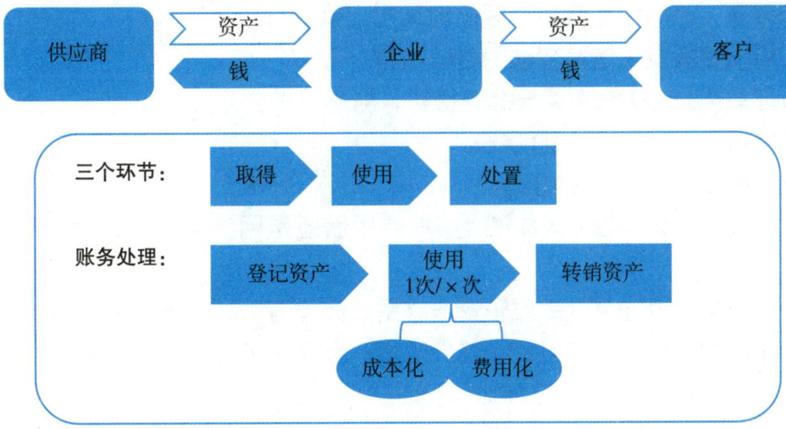

（三）弄清会计分录借贷方向

会计采用借贷记账法记账。借贷记账法指的是以会计等式作为记账原理，以借、贷作为记账符号，来反映经济业务增减变化的一种复式记账方法。借贷记账法的记账规则可以概括为：有借必有贷，借贷必相等。

很多人刚开始学习会计时，都会被借贷方向弄得晕头转向，纠结"借"和"贷"到底表示什么意思。其实，借贷记账法很简单，借和贷只是表示增加和减少而已。但要注意的是，根据会计恒等式（资产＋费用＝负债＋所有者权益＋收入），左边的项目，增加用"借"表示，减少用"贷"表示；右边的项目，"借""贷"表示增减的方向刚好相反。具体如下图所示：

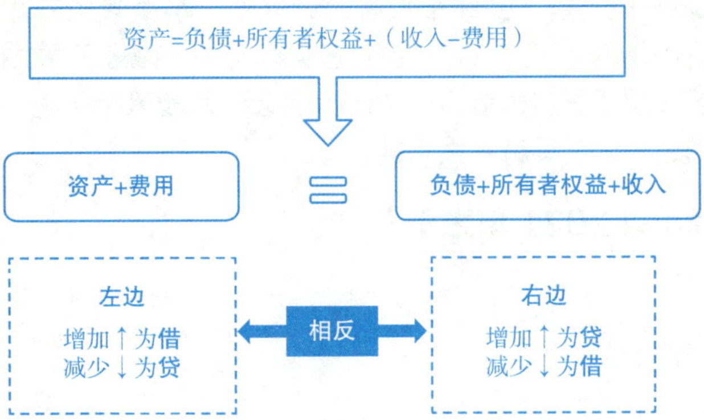

（四）如何写会计分录

会计分录是指根据经济业务的内容指明应借应贷账户的方向、账户名称及其金额的一种会计记录。

会计分录有三个基本要素：一是记账方向（即用借还是贷）；二是账户名称（如货币

资金还是应收账款）；三是金额（即确定账户的具体入账金额）。

其实，弄清借贷方向后，写会计分录很简单。对于零基础的学员，刚开始学习时可以分两步写会计分录，等熟练后就可以轻松地写出正确的分录了。

第一步：写出金额发生增减变动的会计科目。

如用银行存款 10 000 元购买一批原材料，那就记录：

增加：原材料　　　　10 000

减少：银行存款　　　10 000

第二步：用借和贷替换增加和减少。具体用借还是用贷可以参照上面第（三）部分内容。

接上例，原材料、银行存款都属于资产，是会计恒等式（资产 + 费用 = 负债 + 所有者权益 + 收入）左边的项目，增加用借，减少用贷，所以记录为：

增加（借）：原材料　　　10 000

减少（贷）：银行存款　　10 000

即：

借：原材料　　　　　　　　10 000

　　贷：银行存款　　　　　　　10 000

大家觉得是不是掌握起来并不困难？

学完上面的内容，你应当对“什么是会计”“会计是用来做什么的”这两个问题有了初步的了解。这时，你才真正为学习初级会计实务这门课程做好了准备。那我们下面就来看看初级会计实务这门课具体有哪些知识内容，以及考试考查的重点和形式吧。

四、初级会计实务知识内容

今年初级会计实务考试大纲较 2021 年来说，改动较大，不但对全书的整体结构做了调整，更是把长期股权投资、投资性房地产等知识点重新纳入了今年的教材，而这也是我们学习的重点。但同样的，管理会计和政府会计这部分难度较大的知识点今年已不再作为单独的一个章节，而是纳入了第二章“会计基础”当中，减轻了学员的压力。总之，虽然今年做了较大调整，但是重者恒重，只要把围绕会计六要素相关的内容（即教材第三至七章）都搞定了，通过考试就没有多大问题。

五、考试方式（以 2021 年为例）

1. 考试形式

无纸化考试，就是机考。

2. 考试题型

全部都是客观题，分为单选题、多选题、不定项选择题、判断题。

序号	题型	题量（题）	分值（分）
1	单选题	20	20×2=40
2	多选题	10	10×2=20
3	不定项选择题	15	15×2=30
4	判断题	10	10×1=10
合计		55	100

3. 考试时间

从5月7日开始，分批进行考试。考试时长105分钟。

目录

CONTENTS

第 1 天

复习旧内容

——

学习新内容

第一章　概述　考点 1～4

你今天可能有的心态

跟会计初次见面，无疑是兴奋的，你们每人都在心中告诫自己一定要通过初级会计考试，但是可能有一半的人会半途放弃，所以请放松心态，平和地学习，学习是一场马拉松，不是百米冲刺，所以无须激动，你只需要告诉自己，考试过关的唯一途径就是坚持下去，多思考多动笔，学习无非就是熟能生巧而已。

简单解释今天学习内容

第一章是概述，内容简单，近年考试分值在 5 分左右。 本章共 4 个考点，主要为会计从业内容的浓缩，是学习会计的基础，主要了解会计的概念、目标、职能，会计基本假设、会计基础和信息质量要求，以及会计职业道德、内部控制基础。

可能会遇到的难点

名词解释：很多不太会学习的同学会格外纠结名词，比如“会计”，就习惯一个字一个字地理解、背诵，所以经常反映学得很痛苦。 其实，我们就把会计理解为记账，是一种经济管理活动就可以了。 因此，碰到名词，就先把它当成一个人名，不用纠结名词解释，继续往后学习即可，这些问题会在后面迎刃而解。

建议学习时间

2 小时

今日打卡

任务内容	预计时间	重点任务要求
考点1~4	30分钟	□ 会计信息质量要求 □ 会计职业道德
做作业	60分钟	□ 做教材例题、精练习题 □ 整理消化错题
回忆内容	30分钟	□ 把今天的教材看3遍 □ 背着书，把今天学的内容回忆一遍 □ 梳理今天所学内容框架

第一章 概 述

考情分析

本章是初级会计实务最基础的一章。本章为2018年新增的内容，是在取消会计从业资格之后，将原作为会计从业资格考试科目之一的《会计基础》的知识融合为一章作为概述部分而出现的，今年新增会计职业道德、内部控制基础两部分内容。本章内容并不难，考查分值在5分左右，特别是关于会计记账的原理，要通过理解来掌握，为后面的学习打下坚实的基础。希望各位同学把握机会，争取拿到100%的分数。

考点地图

概述框架如图1－1所示。

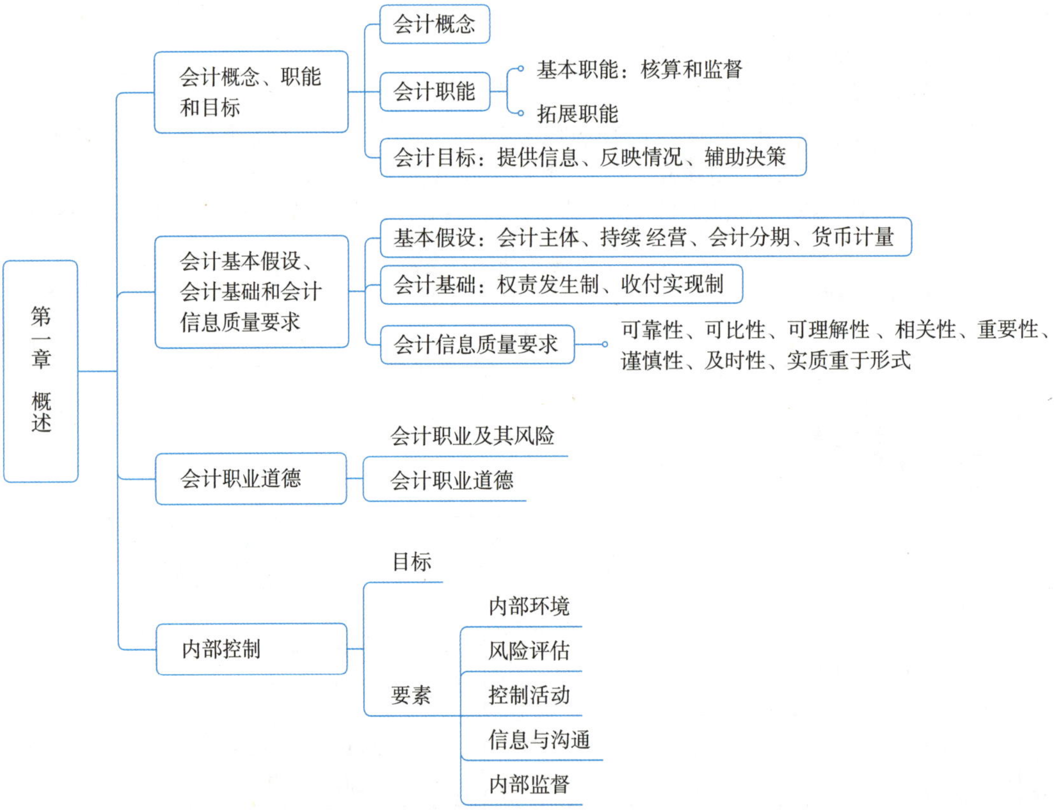

图1－1 概述

「考点1」会计概念、职能和目标（★）

（一）会计概念

会计是以**货币**为主要计量单位，采用专门方法和程序，对企业和行政、事业单位的经济活动过程及其结果进行准确完整、连续系统的**核算**和**监督**，以**如实反映受托责任履行情况**和**提供有用经济信息**为主要目的的经济管理活动。

会计的基本特征：以**货币**为主要计量单位和具有准确完整性、连续系统性两个方面。

（二）会计职能

会计职能是指会计在经济管理过程中所具有的功能，具体见图1－2和表1－1。

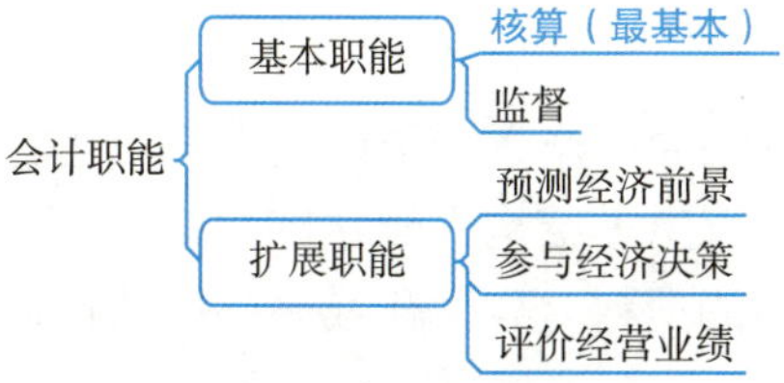

图1－2 会计职能

表1－1 会计职能

功能		说明	
基本职能	**核算职能**	会计的核算职能，是指会计以货币为主要计量单位，对特定主体的经济活动进行确认、计量、记录和报告。 会计核算贯穿于经济活动**全过程**，是会计**最基本**的职能	**两者关系** 会计核算与会计监督是相辅相成、辩证统一的。 会计核算是会计监督的**基础**，会计监督是会计核算质量的**保障**
	监督职能	会计的监督职能，是指会计机构、会计人员对特定主体**经济活动**和相关**会计核算**的**真实性、完整性、合法性**和**合理性**进行审查，使之达到预期经济活动和会计核算目标的功能	
拓展职能	预测经济前景	—	
	参与经济决策		
	评价经营业绩		

【例1-1·单选题】会计的基本职能是（　　）。

A. 预测和决策　　B. 计量和记录

C. 核算和监督　　D. 分析和考核

【本题答案】C

【本题解析】会计的基本职能是核算和监督。

（三）会计目标

会计目标也称会计目的，是要求会计工作完成的任务或达到的标准，即：

①**提供信息。** 即向财务报告使用者提供与企业财务状况、经营成果和现金流量等有关的会计信息。

②**反映情况。** 即反映企业管理层受托责任履行情况。

③**辅助决策。** 即有助于财务报告使用者做出经济决策。

【知识卡片】

会计资料：指会计凭证和会计账簿记录以及进一步进行系统性加工汇总整理形成财务状况、经营成果和现金流量等结构性表达的会计核算专业资料，是企业尚未对外报告或披露的会计处理结果的资料，其存在或储存形式可以是纸质资料也可以是电子文档。

会计信息：指由会计凭证、会计账簿、财务会计报告和其他相关资料等构成的综合反映企业财务状况、经营成果、现金流量和所有者权益变动等内容的财务、会计信息的总称。 不仅包括会计信息和财务信息，还包括必要的非财务信息。

会计资料是会计信息的基础。

满足投资者的信息需要是企业财务报告编制的**首要出发点**。

财务报告外部使用者主要包括**投资者、债权人、政府及其有关部门、社会公众**等。

【例1-2·多选题】下列关于会计目标的表述中，正确的有（　　）。

A. 会计目标也称会计目的

B. 会计目标是要求会计工作完成的任务或达到的标准

C. 会计目标之一是反映企业管理层受托责任履行情况

D. 会计目标之一是向财务会计报告使用者提供决策有关信息

【本题答案】ABCD

【本题解析】会计目标也称会计目的，是要求会计工作完成的任务或达到的标准，即向财务会计报告使用者提供与企业财务状况、经营成果和现金流量等有关的会计信息，反映企业管理层受托责任履行情况，有助于财务会计报告使用者做出经济决策。

「考点2」会计基本假设、会计基础和会计信息质量要求（★）

（一）会计基本假设

会计基本假设是对会计核算所处**时间、空间**范围以及所采用的主要计量单位等所做的**合理假定**，是企业会计确认、计量、记录和报告的**前提**。

会计基本假设包括**会计主体、持续经营、会计分期**和**货币计量**，见表1-2。

表1-2 会计基本假设

基本假设	说明
会计主体	会计主体是指会计工作服务的特定对象，是企业会计确认、计量、记录和报告的**空间范围**。 在会计主体假设下，企业应当对其本身发生的交易或事项进行会计确认、计量、记录和报告，反映企业本身所从事的各项生产经营活动和其他相关活动
持续经营	持续经营是指在可以预见的将来，企业将会按当前的规模和状态持续经营下去，不会停业，也不会大规模削减业务（**时间范围**）
会计分期	会计分期是指将一个企业持续经营的生产经营活动划分为一个个连续的、长短相同的期间。 会计分期的目的在于通过会计期间的划分，将持续经营的生产经营活动划分为连续、相等的期间，据以结算盈亏，按期编制财务报表，从而及时向财务报告使用者提供有关企业财务状况、经营成果和现金流量的信息 会计期间通常分为会计年度和中期（月度、季度、半年度等）
货币计量	货币计量是指会计主体在会计确认、计量、记录和报告时以货币计量，反映会计主体的生产经营活动过程及其结果

【例1-3·多选题】会计基本假设包括（　　）。

A. 持续经营　　B. 会计主体

C. 会计分期　　D. 实质重于形式

【本题答案】ABC

【本题解析】会计基本假设包括：会计主体、持续经营、会计分期、货币计量，所以选项ABC正确，选项D错误。

（二）会计基础

1. 权责发生制

权责发生制是指收入、费用的确认应当以收入和费用的**实际发生**而**非实际收支**作为确认的标准。

根据权责发生制，凡是当期已经实现的收入和已经发生或者应当负担的费用，无论款项是否收付，都应当作为当期的收入和费用，计入利润表；凡是不属于当期的收入和费用，即使款项已在当期收付，也不应当作当期的收入和费用。

【知识卡片】

对权责发生制的理解非常重要，是学好会计各章节内容的关键。根据权责发生制，会计上大多数交易和事项的账务处理都可以分为两步：一是先确认应收应付项目，比如，对应付职工薪酬、应收利息、应收股利、应收账款，都是在满足确认条件时先计提；二是在实际支付或收到款项时再抵销应收应付项目。

2. 收付实现制

收付实现制是指以实际收到或支付的**现金**作为确认收入和费用的标准。

解释：

两种会计基础的成因：企业交易或者事项的发生时间与相关货币收支的时间**并不完全一致**。

两种会计基础的区别点：何时确认相关**收入、费用**。

举例：

农民工去年赚的钱今年才拿到手。

小彬在去年夏天向小卖部赊购了一根雪糕，在今年春节赚到压岁钱后还清。

交易或事项发生时间（去年）≠货币收支时间（今年），见表1－3。

表1－3　　会计基础

会计基础/项目	农民工“收入”确认时点	小彬“费用”确认时点
权责发生制	去年	去年
收付实现制	今年	今年

3. 会计基础的适用范围（见图1－3）

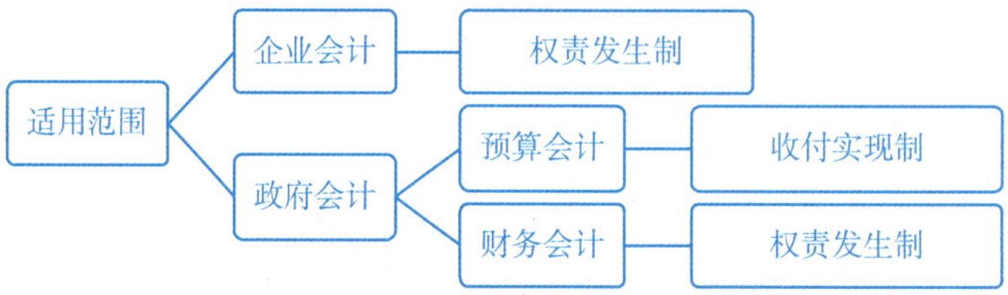

图1－3　会计基础的适用范围

【例1－4·单选题】下列（　　）业务的处理符合权责发生制。

A. 本月根据销售合同发出商品一批，售价10 000元，但本月没有收到货款，因此不能将其确认为本月收入

B. 本月收到上月销售商品款50 000元，因此确认本月收入为50 000元

C. 本月发生广告费用 3 000 元但尚未支付，确认本月销售费用 3 000 元

D. 根据销售合同预收客户定金 10 000 元，因此确认本月销售收入 10 000 元

【本题答案】C

【本题解析】权责发生制要求：凡是当期已经实现的收入和已经发生或应当负担的费用，无论款项是否收付，都应当作为当期的收入和费用予以确认计入利润表。

【例 1 -5 · 单选题】A 企业在年初用银行存款支付本年租金 120 000 元，于 1 月末仅将其中的 10 000 元计入本月费用，这符合（　　）。

A. 收付实现制

B. 权责发生制

C. 谨慎性原则

D. 历史成本计价原则

【本题答案】B

【本题解析】权责发生制原则要求，当期已经发生或应当负担的费用，不论款项是否付出，均应确认为当期的费用；凡是不属于当期的费用，即使款项已在当期支付，也不应当作为当期的费用。 A 企业在年初支付本年租金 120 000 元，不能在支付时直接确认为当期的费用，而应在每月确认当月的租金费用，故选 B。

（三）会计信息质量要求

①会计信息作用：第一，降低企业和外部利益相关者之间的信息不对称；第二，有效约束公司管理层的行为，提高公司治理的效率；第三，帮助投资者甄别其投资的优劣进而作出投资决策；第四，有利于债权人作出授信决策；第五，提高经济和资本市场的运作效率等。

②会计信息质量：指会计信息符合会计法律、会计准则等规定要求的程度，是满足企业利益相关者需要的能力和程度。

③会计信息质量要求是对企业财务报告所提供会计信息质量的基本要求，是使财务报告所提供会计信息对投资者等信息使用者决策有用应具备的基本特征，主要包括八项：**可靠性、相关性、可理解性、可比性、实质重于形式、重要性、谨慎性、及时性**，见表 1 -4。

表 1 -4　会计信息质量要求

类别	含义
可靠性	可靠性要求企业应当以实际发生的交易或者事项为依据，不能以虚假的交易或事项为依据进行确认、计量、记录和报告。 可靠性是高质量会计信息的重要基础和关键所在
相关性	相关性要求企业提供的会计信息应当与投资者等财务报告使用者的经济决策需要相关，有助于投资者等财务报告使用者对企业过去、现在或未来的情况作出评价或者预测
可理解性	可理解性要求企业提供的会计信息应当清晰明了，便于投资者等财务报告使用者理解和使用

续表

类别	含义
可比性	可比性要求企业提供的会计信息应当相互可比，包括纵向可比和横向可比两层含义： **①同一企业不同时期可比。** 即同一企业不同时期发生的相同或者相似的交易或者事项，**应当采用一致的会计政策，不得随意变更。** 但是，如果按照规定或者在会计政策变更后能够提供更可靠、更相关的会计信息，企业可以变更会计政策，并在附注中说明。 **②不同企业相同会计期间可比。** 即不同企业同一会计期间发生的相同或者相似的交易或事项，应当采用同一会计政策，确保会计信息口径一致，相互可比
实质重于形式	实质重于形式要求企业应当按照交易或事项的经济实质进行会计确认、计量、记录和报告，不仅仅以交易或事项的法律形式为依据。 一般交易或事项的外在法律形式和经济实质是一致的，有些特殊情况会出现不一致，如企业租入的资产（短期租赁和低值资产租赁除外）
重要性	重要性要求企业提供的会计信息应当反映与企业财务状况、经营成果和现金流量有关的所有重要交易或者事项。 重要性的判断需要依赖职业判断，企业应当根据其所处环境和实际情况，从项目的功能、性质和金额大小多方面加以判断 例如，低值易耗品的摊销、研发支出中属于研发阶段的支出计入当期损益
谨慎性	谨慎性要求企业对交易或事项进行会计确认、计量、记录和报告应当保持应有的谨慎，不应高估资产或者收益、低估负债或者费用 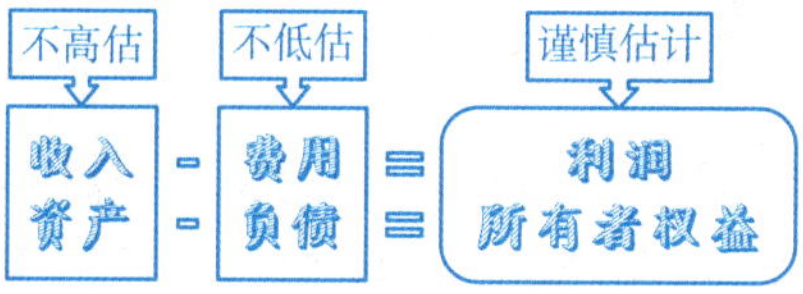
及时性	及时性要求企业对于已经发生的交易或者事项，应当及时进行确认、计量、记录和报告，不得提前或延后

背诵口诀（见图1-4）：

谨记（及）乡（相）试（实）中（重）三科（可）

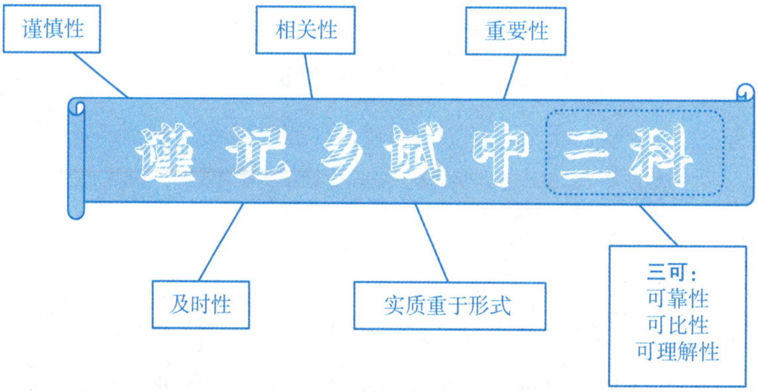

图1-4 会计信息质量要求背诵口诀

【例 1 -6 · 单选题】对某一会计事项有多种不同方法可供选择时，应尽可能选择可以避免虚增企业利润的会计处理方法，这样做所遵循的原则是（　　）。

A. 重要性原则　　B. 谨慎性原则

C. 权责发生制原则　　D. 配比原则

【本题答案】B

【本题解析】谨慎性要求企业对交易或者事项进行会计确认、计量、记录和报告应当保持应有的谨慎，不应高估资产或收益、低估负债或费用，尽可能地避免虚增企业利润的会计处理方法。

【例 1 -7 · 单选题】（　　）原则是指会计处理方法前后各期应当保持一致，不得随意变更。

A. 可靠性　　B. 相关性

C. 可比性　　D. 重要性

【本题答案】C

【本题解析】可比性原则是要求同一企业不同会计期间对相同或者相似业务应采用一致的会计政策，不得随意变更。

「考点 3」会计职业道德（★）

（一）会计职业及其风险（见表 1 -5）

表 1 -5　　会计职业及其风险

	定义	特征
会计职业	利用会计专门的知识和技能，为经济社会提供会计服务，获取合理报酬的职业	①社会属性 ②规范性 ③经济性 ④技术性 ⑤时代性
会计职业风险	会计职业行为产生差错或不良后果应由会计行为人承担责任的可能性	

（二）会计职业道德

1. 定义

会计职业道德，是指会计人员在会计工作中应当遵循的、体现会计职业特征的、调整会计职业关系的职业行为准则和规范。

2. 会计职业道德与会计法律制度的联系和区别（见表1－6）

表1－6　　会计职业道德与会计法律制度的联系和区别

联系	在内容上相互渗透、相互吸收；在作用上相互补充、相互协调。 会计职业道德是会计法律制度的**重要补充**，会计法律制度是会计职业道德的**最低要求**，是会计职业道德的基本**制度保障**	
区别	①性质不同	会计法律制度通过国家权力强制执行，具有很强的**他律性**； 会计职业道德通过行业行政管理部门规范和会计从业人员自觉执行，具有内在的控制力，具有很强的**自律性**
	②作用范围不同	会计法律侧重于调整会计人员的**外在**行为和结果的合法化，具有较强的客观性； 会计职业道德不仅调整会计人员的外在行为，还调整会计人员**内在**的精神世界，作用范围更加广泛
	③表现形式不同	会计法律制度是通过一定的程序由国家立法部门或行政管理部门制定、颁布的，其表现形式是具体的、明确的、正式形成文字的**成文**规定； 会计职业道德出自会计人员的职业生活和职业实践，其表现形式既有**成文**的规范，也有**不成文**的规范
	④实施保障机制不同	会计法律制度依靠国家强制力保证其贯彻执行； 会计职业道德主要依靠行业行政管理部门监管执行和职业道德教育、社会舆论、传统习惯和道德评价来实现
	⑤评价标准不同	会计法律制度依法律规定为评价标准； 会计职业道德以行业行政管理规范和道德评价为标准

3. 内容

会计职业道德的主要内容可概括为爱岗敬业、诚实守信、廉洁自律、客观公正、坚持准则、提高技能、参与管理、强化服务八个方面。

4. 管理（见表1－7）

表1－7　　管理

管理方式	具体方法
增强会计人员诚信意识	①强化会计职业道德意识。 ②加强会计诚信教育
建设会计人员信用档案	①建立严重失信会计人员“黑名单”制度。 ②建立会计人员信用信息管理制度。 ③完善会计人员信用信息管理系统
会计职业道德管理的组织实施	做好组织领导工作，采用多种渠道进行广泛宣传，同时，褒奖守信会计人员

续表

管理方式	具体方法
建立健全会计职业联合惩戒机制	联合惩戒措施主要有： ①罚款、限制从事会计工作、追究刑事责任等惩戒措施。 ②记入会计从业人员信用档案。 ③将会计领域违法失信当事人信息通过财政部网站、“信用中国”网站予以发布，同时协调相关互联网新闻信息服务单位向社会公布。 ④实行行业惩戒。 ⑤限制取得相关从业任职资格，限制获得认证证书。 ⑥依法限制参与评先、评优或取得荣誉称号。 ⑦依法限制担任金融机构董事、监事、高级管理人员。 ⑧依法限制其担任国有企业法定代表人、董事、监事。 ⑨限制登记为事业单位法定代表人。 ⑩作为招录（聘）为公务员或事业单位工作人员以及业绩考核、干部选任的参考

「考点4」内部控制（★）

1. 概述（见表1－8）

表1－8　概述

定义	内部控制是由**企业董事会、监事会、经理层和全体员工**实施的、旨在实现控制目标的过程
作用	①有利于提高会计信息质量。 ②有利于**合理保证**企业合法合规经营管理。 ③有助于提高企业生产经营效率和经济效益
目标	①**合理保证**企业经营管理合法合规。 ②资产安全完整。 ③财务报告及相关信息真实完整。 ④提高经营效率和效果。 ⑤促进企业实现发展战略

2. 要素（见表1－9）

表1－9　要素

	定义	主要包括内容
内部环境	影响、制约企业内部控制建立与执行的各种内部因素的总称，是实施内部控制的**基础**	治理结构、组织机构设置与权责分配、企业文化、人力资源政策、内部审计机构设置、反舞弊机制等
风险评估	及时识别、科学分析和评价影响企业内部控制目标实现的各种不确定因素并采取应对策略的过程，是实施内部控制的**重要环节**，是**实施控制的对象内容**	风险目标设定、风险识别、风险分析和风险应对

续表

	定义	主要包括内容
控制活动	企业根据风险评估结果，采用相应的控制措施，将风险控制在可承受范围和程度之内的过程，是实施内部控制的**具体方式方法和手段**	职责分工控制、授权控制、审核批准控制、预算控制、财产保护控制、会计系统控制、内部报告控制、经济活动分析控制、绩效考评控制、信息技术控制等
信息与沟通	及时、准确、完整地收集与企业经营管理相关的各种信息，并使这些信息以适当的方式在企业有关层级之间进行及时传递、有效沟通和正确应用的过程，是实施内部控制的**重要条件**	主要包括：信息的收集机制、在企业内部和与企业外部有关方面的沟通机制等
内部监督	企业对其内部控制的健全性、合理性和有效性进行监督检查与评估，形成书面报告并作出相应处理的过程，是实施内部控制的**重要保证**。内部监督分为持续性的日常监督和专项监督。 内部控制缺陷按其成因分为设计缺陷和运行缺陷；按缺陷的影响程度分为重大缺陷、重要缺陷、一般缺陷	对建立健全并执行内部控制的整体情况进行持续性监督检查，对内部控制的某一方面或者某些方面进行专项监督检查，以及提交相应的检查报告、提出有针对性的改进措施并监督整改等

3. 内部控制要素间的关系

内部控制各项控制要素之间是一个有机的多维的相互联系、相互影响、相互作用的整体，共同构成实现内部控制目标的体制机制和方式方法的完整体系。内部环境作为五要素之首，是整个内部控制体系的基础和环境条件；风险评估是实施内部控制的重要环节，是实施控制的对象内容；控制活动是实施内部控制的具体方式方法和手段；信息与沟通是实施内部控制的重要条件，贯穿于风险评估、控制活动和内部监督各要素之间；内部监督是实施内部控制的重要保证。

第 2 天

复习旧内容

第一章　概述　考点 1～4

学习新内容

第二章　会计基础　考点 1～3

你今天可能有的心态

经过第一天的学习，我相信你们对什么是会计已经有了一个大概的了解，但是还不知道会计分录到底该怎么写。不要着急，今天我们就会开始学习会计分录，对于初学者而言，这是第一个“拦路虎”。但是，一定要给自己信心，前期可以慢一点，循序渐进，慢慢就能掌握了！

简单解释今天学习内容

第二章是会计基础，近年考试分值在 7 分左右。今天我们要学习的是第二章前三个考点：会计要素及其确认与计量，会计科目和借贷记账法，会计凭证、会计账簿与会计账务处理程序。

一定要静下心来慢慢入门！

学习方法

本章是我们学习会计的基础，借贷记账法是我们写会计分录的基本原则，一定要打好基础，稳步前行！

建议学习时间

3.5 小时

今日打卡

任务内容	预计时间	重点任务要求
早读	30分钟	□ 把昨晚看的教材读一遍 □ 听微课
考点1~3	90分钟	□ 会计凭证、会计账簿与账务处理程序 □ 借贷记账法
做作业	60分钟	□ 做教材例题、精练习题 □ 整理消化错题
回忆内容	30分钟	□ 把今天的教材看3遍 □ 背着书，把今天学的内容回忆一遍 □ 梳理今天所学内容框架

第二章　会计基础

考情分析

会计通常由财务会计、成本会计和管理会计三大部分构成，财务会计又分为企业财务会计和政府及非营利组织会计。本章主要介绍三大会计基础工作内容，企业财务会计基础为基础中的基础，本章所涉内容虽广，但今年教材大幅删减了管理会计、政府会计内容，考试难度将有所下降。预计考试分值为 7 分。

考点地图

会计基础框架如图 2－1 所示。

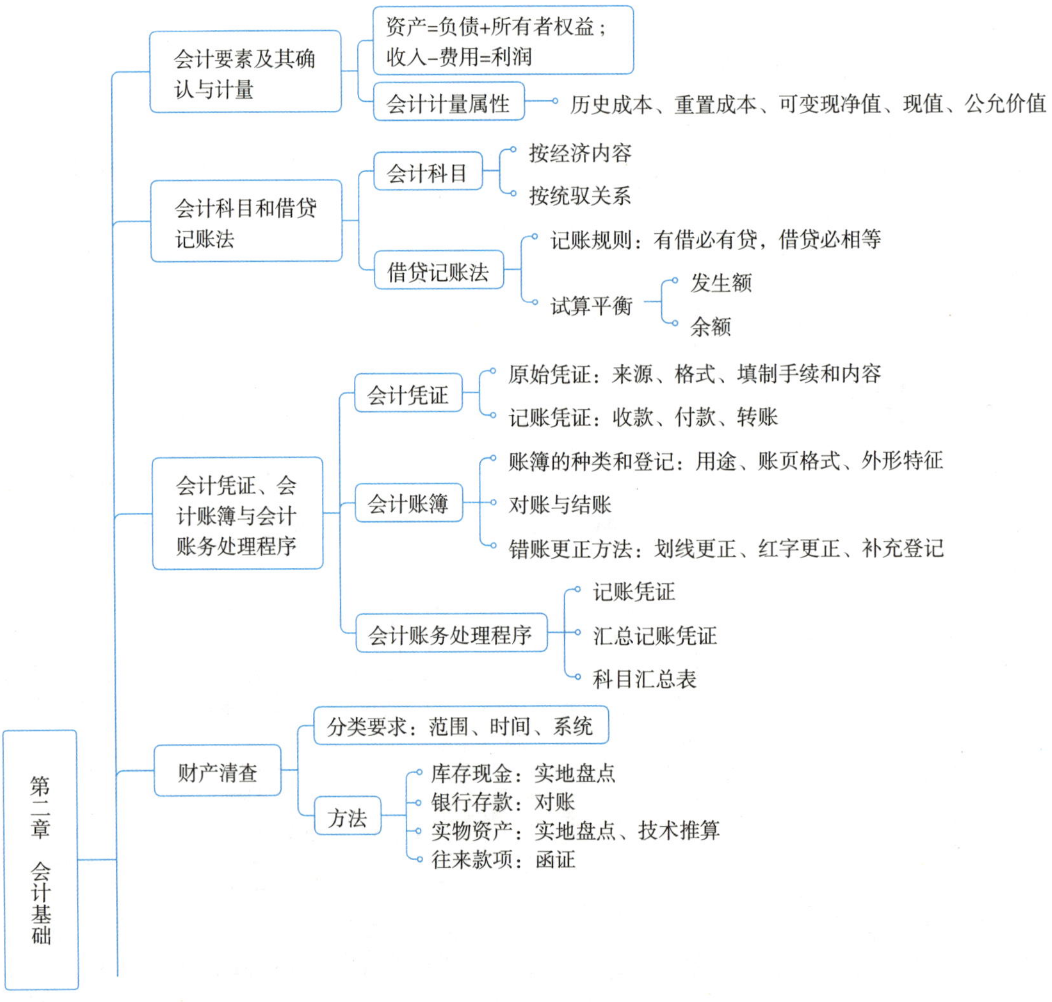

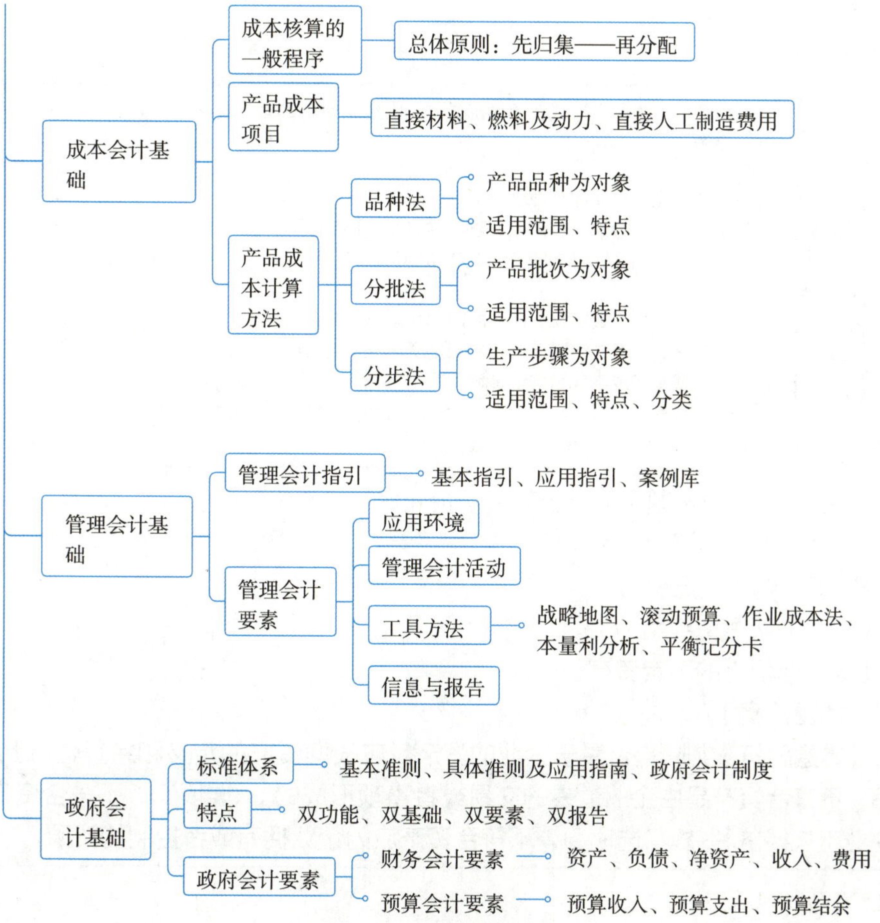

图2－1　会计基础框架

「考点1」会计要素及其确认与计量（★）

（一）会计要素及其确认条件

会计要素是根据交易或者事项的经济特征所确定的财务会计对象和基本分类。

会计要素按照其性质分为**资产、负债、所有者权益、收入、费用**和**利润**。

其中：**资产、负债和所有者权益**要素侧重于反映企业的**财务状况**；

收入、费用和利润要素侧重于反映企业的**经营成果**。

1. 资产（见表2-1）

表2-1 资产

定义	指企业过去的交易或者事项形成的，由企业拥有或者控制的，预期会给企业带来经济利益的资源
特征	①资产应为企业拥有或者控制的资源； ②资产预期会给企业带来经济利益；（本质特征） ③资产是由企业过去的交易或者事项形成的
确认条件	需要符合资产的定义，还应同时满足以下两个条件： ①与该资源有关的经济利益很可能流入企业； ②该资源的成本或者价值能够可靠地计量

【例2-1·单选题】下列各项属于企业资产的是（　　）。

A. 委托加工物资

B. 即将购入的原材料

C. 未确认融资费用

D. 短期租入的固定资产

【本题答案】A

【本题解析】判断是否属于企业的资产，应根据资产的定义和特征进行判断。选项B，不符合资产是由企业过去的交易或者事项形成的。选项C，不符合资产预期会给企业带来经济利益。选项D，不符合资产应为企业拥有或者控制的资源。

2. 负债（见表2-2）

表2-2 负债

定义	指企业过去的交易或者事项形成的，预期会导致经济利益流出企业的现时义务
特征	①负债是企业承担的**现时义务**； ②负债预期会导致**经济利益流出**企业； ③负债是由企业**过去的交易或者事项**形成的
确认条件	需要符合负债的定义，还需要同时满足以下两个条件： ①与该义务有关的经济利益很可能流出企业； ②未来流出的经济利益的金额能够可靠地计量

3. 所有者权益

所有者权益是指企业资产扣除负债后，由所有者享有的**剩余权益**。所有者权益的来源包括所有者投入的资本、其他综合收益、留存收益等，通常由股本（或实收资本）、资本公积（含股本溢价或资本溢价、其他资本公积）、其他综合收益、盈余公积和未分配利润等构成。

所有者权益的确认主要依赖于其他会计要素，尤其是资产和负债的确认；所有者权益金额的确定也主要取决于资产和负债的计量。

4. 收入（见表2-3）

表2-3 收入

定义	指企业在日常活动中形成的、会导致所有者权益增加的、与所有者投入资本无关的经济利益的总流入
特征	①收入是企业在**日常活动**中形成的； ②收入是与所有者投入资本无关的**经济利益的总流入**； ③收入会**导致所有者权益的增加**

5. 费用（见表2-4）

表2-4 费用

定义	指企业在日常活动中发生的、会导致所有者权益减少的、与向所有者分配利润无关的经济利益的总流出
特征	①费用是企业在**日常活动**中形成的； ②费用是与向所有者分配利润无关的**经济利益的总流出**； ③费用会导致**所有者权益的减少**
确认条件	费用的确认除了应当符合定义外，至少应当符合以下**条件**： ①与费用相关的经济利益应当**很可能流出**企业； ②经济利益流出企业的结果会**导致资产的减少或者负债的增加**； ③经济利益的流出额能够**可靠计量**

6. 利润

利润是指企业在一定会计期间的经营成果。利润包括收入减去费用后的净额、直接计入当期利润的利得和损失等。

利润的确认主要依赖于收入和费用，以及利得和损失的确认，其金额的确定也主要取决于收入、费用、利得和损失金额的计量。

【例2-2·单选题】反映企业经营成果的会计要素包括（　　）。

A. 收入、利润和所有者权益　　B. 资产、收入和负债

C. 资产、所有者权益和利润　　D. 收入、费用和利润

【本题答案】D

【本题解析】资产、负债和所有者权益要素侧重于反映企业的财务状况；收入、费用和利润要素侧重于反映企业的经营成果。

(二)会计计量属性及其应用原则

会计计量是为了将符合确认条件的会计要素登记入账并列报于财务报表而**确定其金额的过程**。

会计计量属性主要包括**历史成本、重置成本、可变现净值、现值**和**公允价值**等，具体见表2-5。

表2-5　会计计量属性

会计计量属性	具体解释
历史成本	又称**实际成本**，是指取得或制造某项财产物资时所**实际支付的现金**或现金等价物
重置成本	又称**现行成本**，是指按照当前市场条件，**重新取得同样一项资产**所需支付的现金或现金等价物金额
可变现净值	是指在生产经营过程中，以预计售价减去进一步加工成本和销售所必需的预计税金、费用的净值。 **可变现净值=预计售价-进一步加工成本-估计的销售费用以及相关税费**
现值	是指对未来现金流量以恰当折现率进行折现后的价值，是考虑货币时间价值因素等的一种计量属性（唯一考虑货币时间价值的计量属性）
公允价值	公允即公平的意思，又称**公平市场价格**，是指市场参与者在计量日发生的**有序交易**中，**出售一项资产所能收到**或者**转移一项负债所需支付**的价格

【例2-3·单选题】资产按照现在购买相同或相似资产所需支付的现金或现金等价物的金额计量的会计计量属性是（　　）。

A. 重置成本　　B. 公允价值

C. 历史成本　　D. 可变现净值

【本题答案】A

【本题解析】重置成本是指按照当前市场条件，重新取得同样一项资产所需支付的现金或现金等价物金额，所以选项A正确。

(三)会计等式

会计等式又称**会计恒等式、会计方程式**或**会计平衡公式**，是表明**会计要素之间基本关系**的等式。

1. 会计等式的表现形式

会计等式的表现形式如图2-2所示。

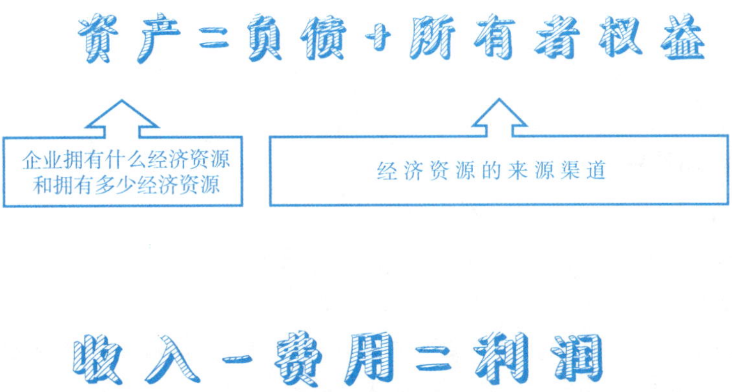

图2-2　会计等式的表现形式

2. 交易或事项对会计等式的影响

理解要点：维持等式的平衡，如图2-3所示。

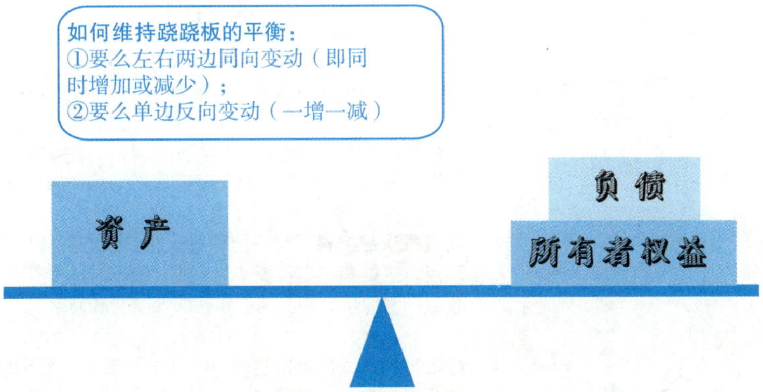

图2-3　维持等式的平衡

【例2-4·单选题】以银行存款15万元偿还企业前欠货款。这项经济业务所引起的会计要素变动情况属于（　　）。

A. 一项资产与一项负债同时增加

B. 一项资产增加，另一项资产减少

C. 一项资产与一项负债同时减少

D. 一项负债增加，另一项负债减少

【本题答案】C

【本题解析】用银行存款偿还欠款，资产减少，负债同样减少。

「考点2」会计科目和借贷记账法（★）

（一）会计科目与账户

1. 会计科目

会计科目简称科目，是对**会计要素**具体内容进行**分类核算**的项目，是进行会计核算和提供会计信息的**基础**。

会计科目可以按其反映的经济内容（所属会计要素）、所提供信息的详细程度及其统驭关系分类，具体见表2－6。

表2－6　会计科目的分类

划分依据	分类	说明
按反映的经济内容划分	资产类科目	是对资产要素内容进行分类核算的项目，按**流动性**分为反映流动资产的科目和反映非流动资产的科目
	负债类科目	是对负债要素的具体内容进行分类核算的项目，按**负债偿还期限长短**分为反映流动负债的科目和反映非流动负债的科目
	共同类科目	是既有资产性质又有负债性质的科目，主要有“**清算资金往来**”“**货币兑换**”“**套期工具**”“**被套期项目**”等科目
	所有者权益类科目	所有者权益类科目是对所有者权益要素的具体内容进行分类核算的项目，主要有“实收资本”（或“股本”）“资本公积”“其他综合收益”“盈余公积”“**本年利润**”“**利润分配**”“库存股”等科目
	成本类科目	成本类科目，是对可归属于**产品生产成本、劳务成本**等具体内容进行分类核算的项目，主要有**“生产成本”“制造费用”“劳务成本”“研发支出”**等科目
	损益类科目	是对收入、费用等要素的具体内容进行分类核算的项目，包括“主营业务成本”“其他业务成本”等
按其提供信息的详细程度及其统驭关系划分	总分类科目	又称总账科目或一级科目，是对会计要素的具体内容进行总括分类、提供总括信息的会计科目
	明细分类科目	又称明细科目，是对总分类科目做进一步分类，提供更为详细和具体会计信息的科目

【知识卡片】

①注意区分成本类科目和损益类科目。成本类科目属于资产负债表范畴，产品或劳务完工后，其成本类科目将结转为资产类科目。而损益类科目属于利润表范畴，其中主营业务成本是指已销售产品的成本。

②按经济内容划分的1～5类科目都属于资产负债表范畴，仅损益类科目属于利润表范畴。

【例2-5·单选题】下列不属于损益类科目的是（　　）。

A. 主营业务收入　　B. 本年利润

C. 所得税费用　　D. 管理费用

【本题答案】B

【本题解析】损益类科目是对收入、费用等的具体内容进行分类核算的项目。本年利润属于所有者权益类科目。

2. 账户

①概念。

账户是根据会计科目设置的，具有一定格式和结构，用于分类**反映会计要素增减变动情况及其结果**的载体。

②分类（同会计科目分类一致）。

账户按照核算的经济内容，分为资产类账户、负债类账户、共同类账户、所有者权益类账户、成本类账户和损益类账户。

账户按照提供信息的详细程度及其统驭关系，分为总分类账户和明细分类账户。

③四个金额要素。

账户的期初余额、期末余额、本期增加发生额、本期减少发生额统称为账户的四个金额要素。

期初余额＋本期增加发生额－本期减少发生额＝期末余额

【例2-6·单选题】下列关于会计账户和会计科目的说法不正确的是（　　）。

A. 会计科目是开设账户的依据，账户的名称就是会计科目

B. 二者都是对会计对象具体内容的科学分类，口径一致，性质相同

C. 没有账户，会计科目就无法发挥作用

D. 会计账户不存在结构，科目则具有一定的格式和结构

【本题答案】D

【本题解析】账户是会计科目的具体运用，具有一定的结构和格式，并通过其结构反映某项经济内容的增减变动及其余额；科目不具有格式和结构，所以选项D错误。

（二）借贷记账法

理论基础

多数同学第一次接触“借”“贷”的时候很容易就联想到“借钱”“贷款”，那么就完了，已经跳进坑里了，这是一种常见的思维惯性，也是学习借贷记账法最大的错误和阻碍，凡是有这种想法的同学，请立即打住。

那么，什么是“借”“贷”？教材曰：“借”“贷”是一种符号，那么，什么又是符号？

我们见过的符号是不是类似有：+、-、×、÷、∵、∴、♂、♀等，那这些符号又代表什么意思呢？比如说+、-代表的意思，可以是数学运算中的加、减，也可以是正数、负数，在物理中还代表正极、负极等，这都是这些科学的创始人赋予这些符号的特定意思，随后大家便统一遵守，“借”“贷”也是如此。

“借”“贷”即借贷记账法的创始人使用的一种符号，赋予了它一定的意义。就像+、-在不同情境里有不同的含义一样，“借”“贷”在不一样的科目性质中也会表示不一样的含义，但总而言之代表“增加”“减少”之意。“借”有时候代表增加，有时候代表减少，“贷”亦是如此。也正因为如此，在初学借贷记账法之时，有一定的难度。

根据会计恒等式（资产+费用=负债+所有者权益+收入），左边的项目，增加用借表示，减少用贷表示；右边的项目，借贷表示增减的方向刚好相反，见图2-4。

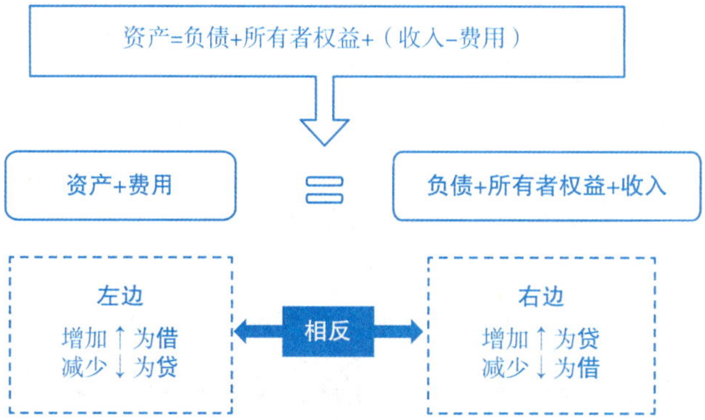

图2-4　会计恒等式与借贷记账方向

会计分录有三要素：①“借”“贷”；②会计科目；③金额。

举例：小彬在商场刷卡100元买了一件衣服。

对于购买者小彬来说（确认会计主体，明确立场），不管是支付的100元还是购买的衣服，对于自己来说都是“资产”，因此，“借”代表增加，“贷”代表减少。

所以：**多**⟶借，**少**⟶贷。

所以：**多**了一件衣服，**少**了100元⟶**借**记一件衣服，**贷**记100元。

这就是“借”“贷”的用法，除此之外，将“衣服”“100元”换成会计科目，就将用一句口头语描述的经济业务用会计语言表达了出来。

1. *借贷记账法的账户结构*

借贷记账法下，账户的左方称为借方，右方称为贷方。

所有账户的借方和贷方按相反方向记录增加数和减少数，即一方登记增加额，另一方就登记减少额。至于“借”表示增加，还是“贷”表示增加，则取决于账户的性质与所记录经济内容的性质。

根据会计恒等式来记忆：

资产+费用=负债+所有者权益+收入

左边的项目，增减与借贷方向相同；右边的项目，增减与借贷方向相反。

①资产类和成本类账户的结构。

增加——借

减少——贷

期末余额——一般在借方，有可能无余额。

期末借方余额 = 期初借方余额 +（本期借方发生额 - 本期贷方发生额）

资产类和成本类账户结构用 T 形账户表示，如图 2 -5 所示。

借方	资产类和成本类账户		贷方
期初余额	×××		
本期增加额	×××	本期减少额	×××
	×××		×××
	…		…
本期借方发生额合计	×××	本期贷方发生额合计	×××
期末余额	×××		

图 2 -5　资产类和成本类账户

②负债类和所有者权益类账户的结构。

增加——贷

减少——借

期末余额——一般在贷方，有可能无余额。

期末贷方余额 = 期初贷方余额 +（本期贷方发生额 - 本期借方发生额）

负债类和所有者权益类账户的结构用 T 形账户表示，如图 2 -6 所示。

借方	负债类和所有者权益类账户		贷方
		期初余额	×××
本期减少额	×××	本期增加额	×××
	×××		×××
	…		…
本期借方发生额合计	×××	本期贷方发生额合计	×××
		期末余额	×××

图 2 -6　负债类和所有者权益类账户

③损益类账户的结构。

损益类账户主要包括收入类账户和费用类账户。

第一，收入类账户。

增加——贷
减少——借
期末转入“本年利润”，结转后无余额。
收入类账户的结构用 T 形账户表示，如图 2 -7 所示。

借方	收入类账户		贷方
本期减少额	×××	本期增加额	×××
本期转出额	×××		×××
	…		…
本期借方发生额合计	×××	本期贷方发生额合计	×××

图 2 -7　收入类账户

第二，费用类账户。
增加——借
减少——贷
期末转入“本年利润”，结转后无余额。
费用类账户的结构用 T 形账户表示，如图 2 -8 所示。

借方	费用类账户		贷方
本期增加额	×××	本期减少额	×××
	×××	本期转出额	×××
	…		…
本期借方发生额合计	×××	本期贷方发生额合计	×××

图 2 -8　费用类账户

2. 借贷记账法的记账规则

记账规则是指采用某种记账方法登记具体经济业务时应当遵循的规则。

借贷记账法的记账规则是 **“有借必有贷，借贷必相等”**。

3. 借贷记账法下的账户对应关系与会计分录

会计分录是对每项经济业务列示出应借、应贷的账户名称（科目）及其金额的一种记录。

会计分录由**应借应贷方向**、相互对应的**科目**及其**金额**三个要素构成。

会计分录按照所涉及账户的多少，分为简单会计分录和复合会计分录。

4. 借贷记账法下的试算平衡（见表2－7）

表2－7　借贷记账法下的试算平衡

分类	解释	依据
发生额试算平衡	全部账户本期借方发生额合计＝全部账户本期贷方发生额合计	**有借必有贷，借贷必相等**
余额试算平衡	全部账户借方期末（初）余额合计＝全部账户贷方期末（初）余额合计	**资产＝负债＋所有者权益**

【例2－7·单选题】关于试算平衡法的下列说法中，不正确的是（　　）。

A. 包括发生额试算平衡法和余额试算平衡法

B. 试算不平衡，表明账户记录肯定有错误

C. 试算平衡说明账户记录一定正确

D. 发生额试算平衡法理论的依据是“有借必有贷、借贷必相等”

【本题答案】C

【本题解析】本题考核试算平衡的定义和特征。试算平衡不一定说明账户记录绝对正确，因为有些错误不会影响借贷双方的平衡关系，如漏记某项经济业务；重记某项经济业务；对相互对应的账户都以大于或小于正确金额的数字进行记账（借贷错误巧合，正好抵销）；对应账户的同方向串户（同方向记错账户）；借贷方向记反等。

「考点3」会计凭证、会计账簿与会计账务处理程序（★★）

会计凭证的框架如图2－9所示。

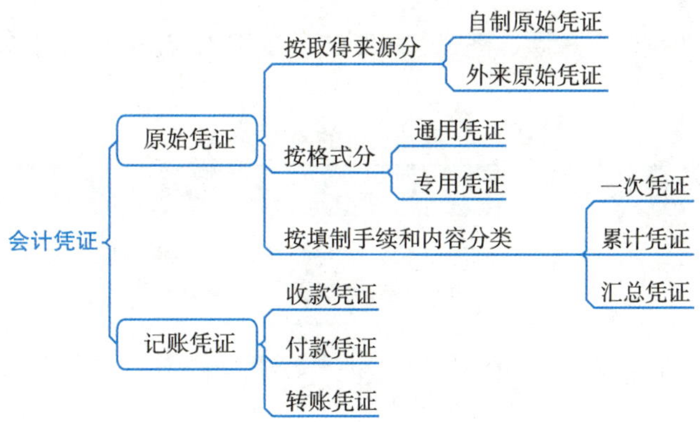

图2－9　会计凭证

（一）会计凭证

1. 会计凭证概述

会计凭证是指记录经济业务发生或者完成情况的书面证明，是登记账簿的依据。

会计凭证按照填制程序和用途可分为原始凭证和记账凭证，见表2－8。

表2－8　会计凭证的分类

分类	定义	作用
原始凭证	原始凭证，又称单据，是指在经济业务发生或完成时取得或编制的，用以记录或证明经济业务的发生或完成情况的原始凭据	记载经济业务的发生过程和具体内容。 常见的有：现金收据、发货票、增值税发票、差旅费报销单、产品入库单、领料单
记账凭证	又称记账凭单，是指会计人员根据审核无误的原始凭证，根据经济业务的内容加以归类，并据以确定会计分录后填制的会计凭证，作为登记账簿的直接依据	记账凭证的作用主要是确定会计分录，进行账簿登记，反映经济业务的发生或完成情况，监督企业经济活动，明确相关人员的责任

理解：会计凭证就是凭什么做出会计记录的书面证明。

【例2－8·单选题】将会计凭证划分为原始凭证和记账凭证两大类的依据是（　　）。

A. 凭证填制的程序和用途　　B. 凭证所反映的经济内容

C. 凭证填制的时间　　D. 凭证填制的人员

【本题答案】A

【本题解析】根据凭证填制的程序和用途，可以将会计凭证分为原始凭证和记账凭证。

2. 原始凭证

①原始凭证的种类。

原始凭证可以按照取得来源、格式、填制的手续和内容进行分类，如表2－9所示。

表2－9　原始凭证的种类

分类依据	凭证类别	具体解释
按取得来源	自制原始凭证	本单位有关部门和人员，在经办或完成某项经济业务时填制的，仅供单位内部使用的原始凭证，如领料单、产品入库单、借款单等
	外来原始凭证	是指在经济业务发生或完成时，从其他单位或个人直接取得的原始凭证，如购买材料取得发票、出差报销的飞机票等
按格式	通用凭证	由有关部门统一印制、在一定范围内使用的具有统一格式和使用方法的原始凭证，如国家印制的增值税发票
	专用凭证	由单位自行印制、仅在本单位内部使用的原始凭证，如领料单、工资费用分配表

续表

分类依据	凭证类别	具体解释
按**填制的手续和内容**	一次凭证	一次填制完成，只**记录一笔经济业务且仅一次有效**的原始凭证，如收据、收料单、发货票等
	累计凭证	在一定时期内多次记录发生的同类经济业务且多次有效的原始凭证，如限额领料单。特点：在一张凭证内可以连续登记相同性质的经济业务
	汇总凭证	是对一定时期内反映经济业务内容相同的若干张原始凭证，按照一定标准综合填制的原始凭证。简化记账工作

②原始凭证的基本内容。

原始凭证的格式和内容因经济业务和经营管理的不同而有所差异，但原始凭证应当具备以下基本内容：

a. 凭证的**名称**；

b. **填制**凭证的**日期**；

c. **填制**凭证单位名称和填制人**姓名**；

d. 经办人员的**签名**或者盖章；

e. **接受**凭证单位**名称**；

f. 经济**业务内容**；

g. **数量**、单价和金额。

③原始凭证的填制要求。

原始凭证的填制，应当符合**记录真实、内容完整、手续完备、书写清楚规范、编号连续、填制及时等要求，不得涂改、刮擦、挖补**。

④原始凭证的审核。

企业应当对原始凭证的**真实性、合法性及合理性、完整性、正确性**等进行审核。电子形式的外来原始凭证，应当附有符合《电子签名法》的电子签名（章）。

3. 记账凭证

①记账凭证的种类。

记账凭证是指会计人员根据审核无误的原始凭证，按照经济业务的内容加以归类，并据以确定会计分录后所填制的**会计凭证**，作为登记账簿的**直接依据**。

记账凭证按照反映经济业务的内容，分为**收款凭证、付款凭证**和**转账凭证**，见表2－10。

表2－10　记账凭证的种类

记账凭证的分类	具体内容
收款凭证	是指用于记录库存现金和银行存款收款业务的记账凭证
付款凭证	是指用于记录库存现金和银行存款付款业务的记账凭证
转账凭证	是指用于记录不涉及库存现金和银行存款业务的记账凭证

②记账凭证的基本内容。

记账凭证的基本内容包括：

a. 填制凭证的**日期**；

b. 凭证**编号**；

c. 经济业务**摘要**；

d. 应借应贷会计**科目**；

e. **金额**；

f. 所附**原始凭证**张数；

g. 填制凭证**人员**、稽核人员、记账人员、会计机构负责人、会计主管人员签名或盖章。

③记账凭证的填制要求。

第一，记账凭证填制的基本要求。

记账凭证的填制除了要做到内容完整、书写清楚和规范外，还必须符合以下要求：

a. 必须**附原始凭证**（结账、更正错账可以不附原始凭证）；

b. 不得将**不同内容和类别**的原始凭证汇总填制在一张记账凭证上（但可汇总同类）；

c. 记账凭证应**连续编号**；

d. 发生错误要**重新填制**；

e. 如有**空行要划线注销**。

【例2－9·单选题】（　　）是登记总分类账户和明细分类账户的依据，能反映经济业务的发生或完成情况，监督企业经济活动，明确相关人员的责任。

A. 记账凭证　　B. 单据　　C. 累计凭证　　D. 汇总凭证

【本题答案】A

【本题解析】记账凭证的主要作用是确定会计分录，进行账簿登记。记账凭证是登记总分类账户和明细分类账户的依据，能反映经济业务的发生或完成情况，监督企业经济活动，明确相关人员的责任。

【例2－10·多选题】下列关于原始凭证和记账凭证的区别，表述正确的有（　　）。

A. 原始凭证是根据发生或完成的经济业务填制的，而记账凭证则是根据审核后的原始凭证填制的

B. 原始凭证仅用以记录、证明经济业务已经发生完成。而记账凭证则要依据会计科目对已经发生或完成的经济业务进行归类、整理编制

C. 原始凭证由经办人员填制，而记账凭证一律由会计人员填制

D. 原始凭证是记账凭证的附件和填制记账凭证的依据，而记账凭证则是登记账簿的直接依据

【本题答案】ABCD

【**本题解析**】原始凭证是由经办人员根据发生或完成的经济业务填制的，是填制记账凭证的依据。记账凭证是由会计人员根据审核后的原始凭证填制的，是登记账簿的直接依据。

第二，收款凭证填制要求。

收款凭证左上角的“借方科目”按收款的性质填写“库存现金”或“银行存款”；日期填写的是填制本凭证的日期；右上角填写填制收款凭证的顺序号；“摘要”填写所记录经济业务的简要说明；“贷方科目”填写与收入“库存现金”或“银行存款”相对应的会计科目，如主营业务收入；“记账”是指该凭证已登记账簿的标记，防止重记或漏记；“金额”是指该项经济业务的发生额；该凭证右边“附单据 ×张”是指该记账凭证所附原始凭证的张数；最下边分别由有关人员签章，以明确账证经管责任。

【**例 2－11·计算题**】2017 年 8 月 8 日，丁公司销售甲产品一批，取得销售收入 20 000 元存入中国银行，并开具增值税专用发票，附原始凭证 3 张，是丁公司 8 月第 3 笔银行存款收款业务。收款凭证的填制，如下表所示。

收 款 凭 证

借方科目：银行存款　　　　2017 年 8 月 8 日　　　　收字号第 3 号

摘要	贷方科目	明细科目	√	贷方金额									
				千	百	十	万	千	百	十	元	角	分
销售甲产品	主营业务收入	甲产品					2	0	0	0	0	0	0
开具增值税专用发票	应交税费	应交增值税（销项税额）						3	4	0	0	0	0
合计：						¥	2	3	4	0	0	0	0

附单据 3 张

会计主管：　　记账：　　出纳：　　审核：　　制单：

第三，付款凭证的填制要求。

付款凭证是根据**审核无误**的有关库存现金和银行存款的**付款业务**的**原始凭证**编制的。

付款凭证的填制方法与收款凭证基本相同，不同的是在付款凭证的左上角应填列贷方科目，即“库存现金”或“银行存款”科目，“借方科目”栏应填写与“库存现金”或“银行存款”相对应的一级科目或明细科目。

对于涉及“库存现金”和“银行存款”之间的相互划转业务，如将现金存入银行或从银行提取现金，为避免重复记账，一般**只填制付款凭证**，不再填制收款凭证。

出纳人员在办理收款或付款业务后，应在原始凭证上加盖“收讫”或“付讫”的戳记，以免重收重付。

【例 2 -12 · 计算题】2017 年 8 月 15 日，丙公司行政部门购买办公用品支付现金 500 元；附原始凭证 3 张，是丙公司 8 月第 7 张现金付款业务。付款凭证的填制，如下表所示。

付 款 凭 证

贷方科目：库存现金　　　　2017 年 8 月 15 日　　　　付字号第 7 号

摘要	借方科目	明细科目	√	借方金额									
				千	百	十	万	千	百	十	元	角	分
购入办公用品	管理费用	办公费							5	0	0	0	0
合计：								¥	5	0	0	0	0

附单据 3 张

会计主管：　　记账：　　出纳：　　审核：　　制单：

第四，转账凭证的填制要求。

转账凭证通常是根据有关转账业务的原始凭证填制的。

转账凭证中“总账科目”和“明细科目”栏应填写应借、应贷的总账科目和明细科目，借方科目应记金额在同一行的“借方金额”栏填列，贷方科目应记金额在同一行的“贷方金额”栏填列，“借方金额”栏合计数与“贷方金额”栏合计数应相等。

【例 2 -13 · 计算题】2017 年 8 月 28 日，甲公司生产车间计提固定资产折旧 1 000 元；附原始凭证 1 张，是甲公司 8 月第 37 笔转账业务。转账凭证的填制，如下表所示。

转 账 凭 证

2017 年 8 月 28 日　　　　转字第 37 号

摘要	总账科目	明细科目	√	借方金额										√	贷方金额									
				千	百	十	万	千	百	十	元	角	分		千	百	十	万	千	百	十	元	角	分
生产车间计提折旧	制造费用	折旧费						1	0	0	0	0	0											
生产车间计提折旧	累计折旧																		1	0	0	0	0	0
合计：							¥	1	0	0	0	0	0					¥	1	0	0	0	0	0

附单据 1 张

财务主管：　　记账：　　审核：　　制单：

④记账凭证的审核。

为了保证会计信息的质量，在记账之前应由有关稽核人员对记账凭证的相关内容进行严格的审核。

审核的内容包括：

a. 记账凭证是否有**原始凭证**为依据，两者内容是否一致；

b. 记账凭证各**项目**的填写是否齐全；

c. 记账凭证应借、应贷**科目**以及对应关系是否正确；

d. 记账凭证与原始凭证**金额**是否一致，**计算**是否正确；

e. 记账凭证**记录**是否文字工整、数字清晰，是否按规定进行**更正**；

f. 出纳人员办理收款或付款业务后，是否已在原始凭证上加盖"收讫"或"付讫"的**戳记**。

4. 会计凭证的保管

会计凭证的保管，是指会计凭证记账后的整理、装订、归档和存查工作。会计凭证作为记账的依据，是重要的会计档案和经济资料。任何单位在完成经济业务手续和记账后，必须将会计凭证按规定的立卷归档制度形成会计档案，妥善保管，防止丢失，不得任意销毁，以便日后随时查阅。

当年形成的会计档案，在会计年度终了后，可由单位会计机构临时保管一年，期满后再移交本单位档案机构统一保管；因工作需要确需推迟移交的，应当经单位档案管理机构同意，且最长不超过三年；单位未设立档案机构的，应在会计机构等机构内部指定专人保管。出纳人员不得兼管会计档案。

【知识卡片】

满足一定条件的单位内部形成的属于归档范围的电子会计凭证等电子会计资料可仅以电子形式保存，形成电子会计档案，无须打印电子会计资料纸质件进行归档保存。

（二）会计账簿

1. 会计账簿的概述

会计账簿，简称账簿，是指由一定格式的**账页组成**的，以经过审核的会计凭证为依据，全面、系统、连续地记录各项经济业务和会计事项的簿籍。会计账簿与会计凭证的区别见表2－11。

表2－11　会计账簿与会计凭证的区别

项目	相同点	区别（记录方式不同）
会计账簿	都是记录经济业务的会计资料	记录是**分类、序时、全面、连续**，提供**系统完整**的核算资料
会计凭证		对经济业务的记录是**零散**的

①会计账簿的基本内容。

会计账簿的基本内容见表2－12。

表2－12　会计账簿的基本内容

基本内容	具体解释
封面	主要用来标明账簿的名称
扉页	主要用来列明会计账簿的使用信息，如科目索引、账簿启用和经管人员一览表等
账页	用来记录经济业务的主要载体，包括账户的名称、日期栏、凭证种类和编号栏、摘要栏、金额栏，以及总页次和分户页次等

②会计账簿的种类。

会计账簿的种类见图2－10。

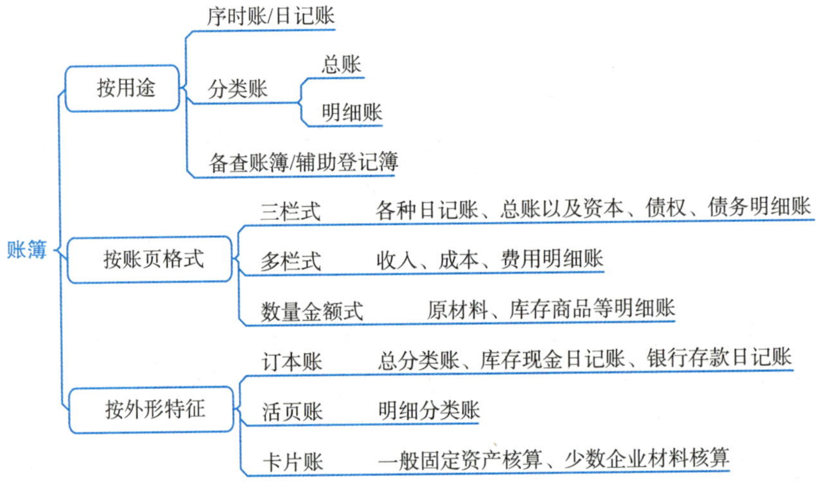

图2－10　会计账簿的种类

2. 会计账簿的启用和登记要求

启用会计账簿时，应当在账簿封面上写明单位名称和账簿名称，并在账簿扉页上附启用表。

企业应当根据审核无误的会计凭证登记会计账簿，并符合有关法律、行政法规和国家统一的会计准则制度的规定。

①登记会计账簿时，应当将会计凭证日期、编号、业务内容摘要、金额和其他有关资料逐项记入账内。账簿记录中的日期，应该填写记账凭证上的日期；以自制原始凭证作为记账依据的，账簿记录中的日期应按有关自制凭证上的日期填列。记账凭证登记完毕后，要在记账凭证上签名或者盖章，并注明已经登账的符号，表示已经登账。

②登记账簿必须使用蓝黑墨水或碳素墨水书写，不得使用圆珠笔（银行的复写账簿除外）或者铅笔书写。

以下情况可以使用红色墨水记账：

a. 按照红字冲账的记账凭证，冲销错误记录；

b. 在不设借贷等栏的多栏式账页中，登记减少数；

c. 在三栏式账户的余额栏前，如未印明余额方向的，在余额栏内登记负数余额；

d. 按照国家规定可以采用红字登记的其他会计记录。

除上述情况外，不得使用红色墨水登记账簿。

③会计账簿应当按照连续编号的页码顺序登记。记账时发生错误或隔页、缺号、跳行的，应在空页、空行处用红色墨水划对角线注销，或者注明“此页空白”或“此行空白”字样，并由记账人员和会计机构负责人（会计主管人员）在更正处签章。

④凡需要结出余额的账户，结出余额后，应当在“借或贷”栏目内注明“借”或“贷”的字样，以示余额的方向；对于没有余额的账户，应在“借或贷”栏内写“平”字，并在“余额”栏“元”处用“θ”表示。库存现金日记账和银行存款日记账必须逐日结出余额。

⑤每一账页登记完毕时，应当结出本页发生额合计及余额，在该账页最末一行“摘要”栏注明“转次页”或“过次页”，并将这一行金额记入下一页第一行有关金额栏内，在该行“摘要”栏注明“承前页”，以保证账簿记录的连续性，便于对账和结账。

⑥账簿记录发生错误时，不得刮擦、挖补或用褪色药水更改字迹，而应采用规定的方法更正。

3. *会计账簿的格式和登记方法*

会计账簿的格式与分类见表2－13。

表2－13　　会计账簿的格式与分类

分类	具体内容	格式
日记账（俗称流水账）	库存现金日记账	主要是三栏式； 必须使用订本账
	银行存款日记账	可采用三栏式，也可采用多栏式
总分类账	—	最常用的为三栏式； 业务少的单位：可根据记账凭证逐笔登记； 业务多的大中型单位：可根据记账凭证汇总表（又称科目汇总表）或汇总记账凭证定期登记
明细分类账	—	三栏式、多栏式、数量金额式； 一般采用活页式、卡片式账簿
总分类账与明细分类账的平行登记	平行登记是指对所发生的每项经济业务都要以会计凭证为依据，一方面记入有关总分类账户，另一方面记入所辖明细分类账户的方法。 平行登记的要点有： ①方向相同； ②期间一致； ③金额相等	

4. 对账与结账

对账是对账簿记录所进行的核对。对账一般分为账证核对、账账核对、账实核对。

结账是将账簿记录定期结算清楚的会计工作。结账的内容通常包括结清各种损益类账户，据以计算确定本期利润；结出各资产、负债和所有者权益账户的本期发生额合计和期末余额。

5. 错账更正的方法

发生记录错误，应当采用正确、规范的方法更正，不得涂改、挖补、刮擦或者用药水消除字迹，不得重新抄写。

错账更正的方法一般有**划线更正法、红字更正法、补充登记法**等，见表2-14。

表2-14 错账更正的方法

更正方法	适用情形
划线更正法	在结账前发现账簿记录有文字或数字错误，而记账凭证没有错误，应当采用划线更正法。 更正时，可在错误数字或文字上划一条红线，在红线上方填写正确的文字或数字，并由记账人员和会计机构负责人（会计主管人员）在更正处盖章，以明确责任。更正时不得只划销错误数字，应将全部数字划销，并保持原有数字清晰可辨，以便审查
红字更正法	适用于两种情形： ①记账后发现记账凭证中应借、应贷会计科目有错误所引起的记账错误。 ②记账后发现记账凭证和账簿中应借、应贷会计科目无误，只是所记金额大于应记金额所引起的记账错误
补充登记法	发现记账凭证和账簿记录中应借、应贷会计科目无误，只是所记金额小于应记金额

6. 会计账簿的保管

①各种账簿要分工明确，指定专人保管。

②未经批准，非经管人员不能随意翻阅查看。

③年度终了更换并启用新账后，对更换下来的旧账要整理装订，造册归档。

④实行会计电算化的单位，满足《会计档案管理办法》第八条有关规定的，可仅以电子形式保存会计账簿，无须定期打印会计账簿；确需打印的，打印的会计账簿必须连续编号，经审核无误后装订成册，并由记账人员和会计机构负责人、会计主管人员签字或者盖章。

⑤不能随意交于其他人员管理，以保证账簿安全和防止任意涂改账簿。

⑥必须按照《会计档案管理办法》规定的保存年限妥善保管，不得丢失和任意销毁。保管期满后，经鉴定可销毁的，可按照审批程序报经批准后销毁。

（三）会计账务处理程序

会计账务处理程序，也称会计核算组织程序或者会计核算形式，是指会计凭证、会计账簿、会计报表相结合的方式。

企业常用的账务处理程序，主要有**记账凭证账务处理程序**、**汇总记账凭证账务处理程序**和**科目汇总表账务处理程序**，它们之间的**主要区别是登记总分类账的依据和方法不同**，见图2－11、表2－15。

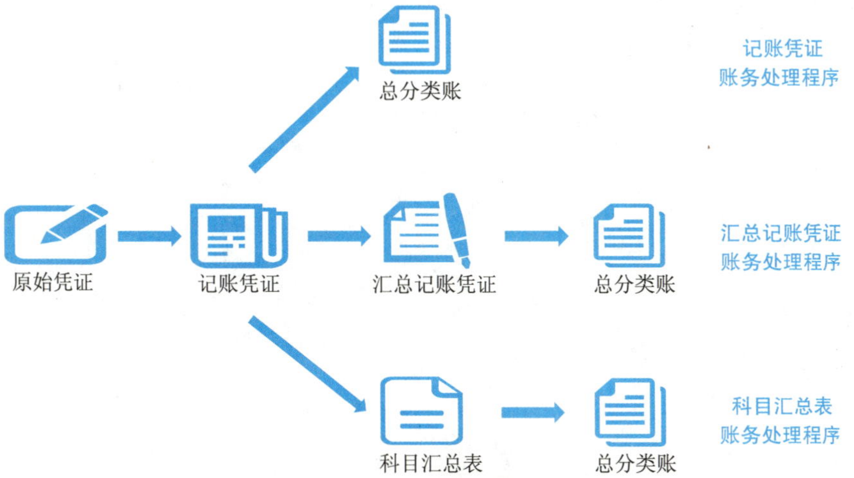

图2－11 账务处理程序

表2－15 账务处理程序

分类	含义	适用单位	优点	缺点
记账凭证账务处理程序	对发生的经济业务，先根据原始凭证或汇总原始凭证填制记账凭证，再直接**根据记账凭证登记总分类账**	**规模较小、经济业务量较少**的单位	**简单明了，易于理解**	登记总分类账的**工作量较大**
汇总记账凭证账务处理程序	先根据原始凭证或汇总原始凭证填制记账凭证，定期根据记账凭证分类编制汇总收款凭证、汇总付款凭证和汇总转账凭证，再**根据汇总记账凭证登记总分类账**	**规模较大、经济业务较多**的单位	**减轻了登记总分类账的工作量**	①当转账凭证较多时，**编制汇总转账凭证的工作量较大**；②按每一贷方账户编制汇总转账凭证，**不利于会计核算的日常分工**
科目汇总表（记账凭证汇总表）账务处理程序	根据记账凭证定期编制科目汇总表，再**根据科目汇总表登记总分类账**	**经济业务较多**的单位	**减轻了登记总分类账的工作量；易于理解，方便学习，并可做到试算平衡**	科目汇总表**不能反映**各个账户之间的**对应关系**，不利于对账目进行检查

【知识卡片】

信息化环境下的账务处理:

①企业使用的会计软件应当提供不可逆的记账功能，确保对同类已记账凭证的连续编号，不得提供对已记账凭证的删除和插入功能，不得提供对已记账凭证日期、金额、科目和操作人的修改功能。

②企业使用的会计软件界面应当使用中文并且提供对中文处理的支持，可以同时提供外国或者少数民族文字界面对照和处理支持。

第 3 天

复习旧内容

第二章　会计基础　考点 1～3

学习新内容

第二章　会计基础　考点 4～7

你今天可能有的心态

今天我们会接触一下离同学们生活比较遥远的内容，比如管理会计和政府会计。对于这部分内容，今年考试的难度已经大大降低，只要求同学们掌握一些基础概念，不要求同学们会计算和写分录，所以这是对同学们非常利好的事情。只要抓住真题的考点，把基础概念掌握，就可以过关。

简单解释今天学习内容

今天我们要学习的是第二章剩下的 4 个考点：财产清查、成本会计基础、管理会计基础、政府会计基础，内容可能会有点枯燥，一定要坚持下来哦。

学习方法

稍微回顾一下昨天的学习内容，然后把本章习题都做一遍，做错的题目、不熟悉的知识点再回归讲义针对性学习！

建议学习时间

2.5 小时

今日打卡

任务内容	预计时间	重点任务要求
早读	30分钟	□ 把昨晚看的教材读一遍 □ 听微课
考点4~7	60分钟	□ 财产清查 □ 成本会计基础 □ 管理会计基础
做作业	30分钟	□ 做教材例题、精练习题 □ 整理消化错题
回忆内容	30分钟	□ 把今天的教材看3遍 □ 背着书，把今天学的内容回忆一遍 □ 梳理今天所学内容框架

「考点4」财产清查

（一）财产清查概述

财产清查是指通过对货币资金、实物资产和往来款项等财产物资进行盘点或核对，确定其实存数，查明账存数与实存数是否相符的一种专门方法（即核对财产是否账实相符）。

财产清查的种类见表2－16。

表2－16　财产清查的种类

分类依据	清查的种类	适用情形
按清查范围分类	全面清查	需要进行全面清查的情况通常有： ①年终决算前； ②在合并、撤销或改变隶属关系前； ③中外合资、国内合资前； ④股份制改造前； ⑤开展全面的资产评估、清产核资前； ⑥单位主要领导调离工作前等
	局部清查	①对**流动性较大**的财产物资，应**根据需要随时轮流盘点或重点抽查**； ②对于**贵重财产物资**，**每月**都要进行清查盘点； ③对于**库存现金**，**每日终了**，应由**出纳**人员进行清点核对； ④对于**银行存款**，企业**至少每月**同银行核对**一次**； ⑤对**债权、债务**，企业应**每年至少**同债权人、债务人核**对一至两次**
按清查时间分类	定期清查	**定期清查**是指按照预先计划安排的时间对财产进行的盘点和核对。 定期清查一般在年末、季末、月末进行
	不定期清查	**不定期清查**是指事前不规定清查日期，而是根据特殊需要临时进行的盘点和核对。 不定期清查主要在以下情况下进行： ①财产物资、库存现金保管人员更换时； ②发生自然灾害和意外损失时； ③上级主管、财政、审计和银行等部门对本单位进行会计检查时； ④进行临时性清产核资时
按清查的执行系统分类	内部清查	**内部清查**是指本单位内部自行组织清查工作小组所进行的财产清查工作。 大多数财产清查都是内部清查
	外部清查	**外部清查**是指由上级主管部门、审计机关、司法部门、注册会计师等根据国家有关规定或情况需要对本单位进行财产清查。外部清查时，一般应有内部人员参与

（二）财产清查的方法与处理

财产清查的方法与处理见表2-17。

表2-17　财产清查的方法与处理

财产类型	清查方法	处理程序
库存现金	**实地盘点法**	采用**实地盘点法**确定库存现金的实存数，然后与库存现金日记账的账面余额相核对，确定账实是否相符。 对库存现金进行盘点时，**出纳人员必须在场**
银行存款	**与开户银行核对账目**的方法	即将本单位银行存款日记账的账簿记录与开户银行转来的对账单逐笔进行核对，来查明银行存款的实有数额。银行存款的清查一般在**月末**进行
实物资产	**实地盘点法、技术推算法**	在实物清查过程中，实物保管人员和盘点人员必须同时在场
往来款项	**发函询证**	往来款项的清查一般采用**发函询证**的方法进行核对
发现问题的处理	对于财产清查中发现的问题，如财产物资的盘盈、盘亏、毁损或其他各种损失应核实情况，调查分析产生的原因，按照国家有关法律法规的规定，进行相应的处理	

「考点5」成本会计基础（★）

（一）成本会计基础

1. 成本会计的概念

成本会计，是基于商品经济条件下，为求得产品的总成本和单位成本而核算全部生产成本和费用的会计活动。成本会计核算的对象是产品成本，是对成本计划执行的结果进行事后的反映。

2. 产品成本的概念

产品成本，是指企业在生产产品过程中所发生的**材料费用**、**职工薪酬**等，以及不能直接计入而按一定标准分配计入的各种**间接费用**。

（二）成本会计的基本原理

1. 成本核算的一般程序（见图2－12）

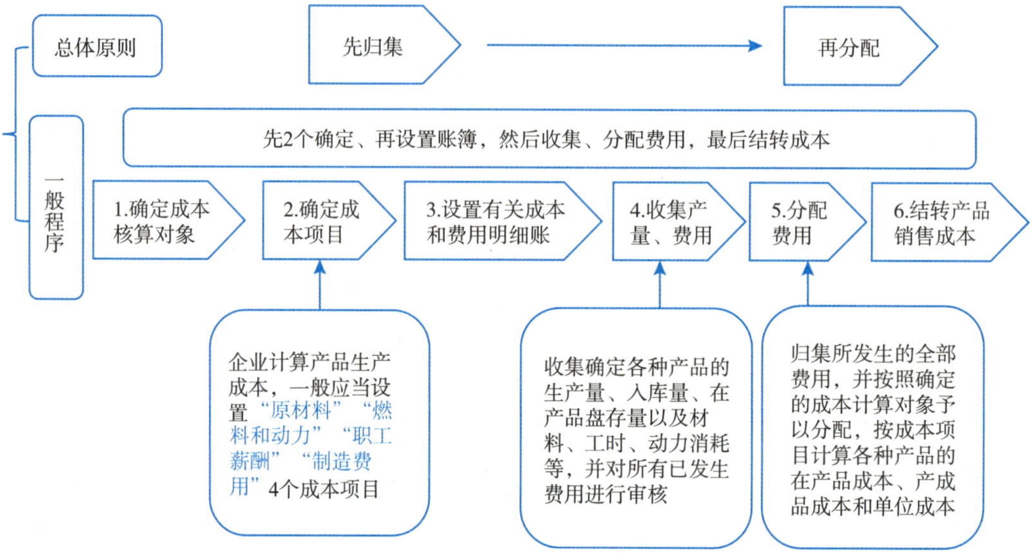

图2－12　成本核算的一般程序

【知识卡片】

成本核算的过程需要两步：先归集，再分配。

说起来简单，做起来却有不少要求，“归集”的过程中，首先需要企业在日常记账时收集整理原始凭证，然后将记录中的费用按不同标准归类；“分配”则要求会计人员根据不同的情况选择适当的成本计算方法。

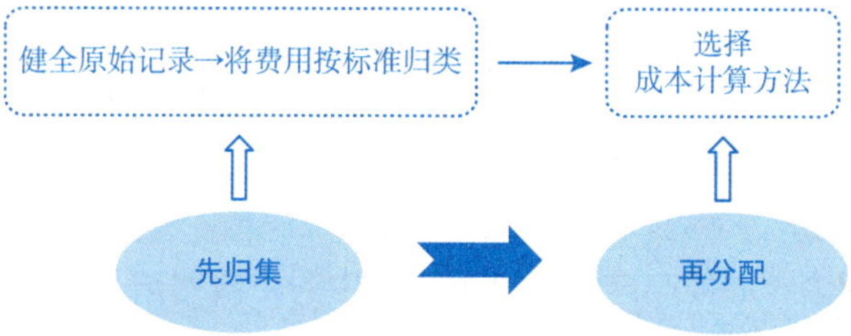

2. 产品成本核算对象

产品成本核算对象，是指确定归集和分配生产费用的具体对象即生产费用承担的客体。成本核算对象的确定，是设立成本明细分类账户、归集和分配生产费用以及正确计算产品成本的前提。

由于产品工艺、生产方式、成本管理等要求不同，产品项目不等同于成本核算对象。

企业应当根据生产经营特点和管理要求来确定成本核算对象。

制造企业一般按照产品品种、批次订单或生产步骤等确定产品成本核算对象：

①大量大批单步骤生产产品或管理上不要求提供有关生产步骤成本信息的，一般按照产品品种确定成本核算对象；

②小批单件生产产品的，一般按照每批或每件产品确定成本核算对象；

③多步骤连续加工产品且管理上要求提供有关生产步骤成本信息的，一般按照每种（批）产品及各生产步骤确定成本核算对象；

④产品规格繁多的，可以将产品结构、耗用原材料和工艺过程基本相同的产品，适当合并作为成本核算对象。

3. *产品成本项目*

①产品成本项目的概念。

为具体反映计入产品生产成本的生产费用的各种经济用途，还应将其进一步划分为若干项目，即产品生产成本项目，简称产品成本或成本项目。

②产品成本项目的设置。

企业应当根据生产经营特点和管理要求，按照成本的经济用途和生产要素内容相结合的原则或者成本性态等设置成本项目。

制造企业，一般可设置**“直接材料”“燃料及动力”“直接人工”和“制造费用”**等项目（见图2－13）。

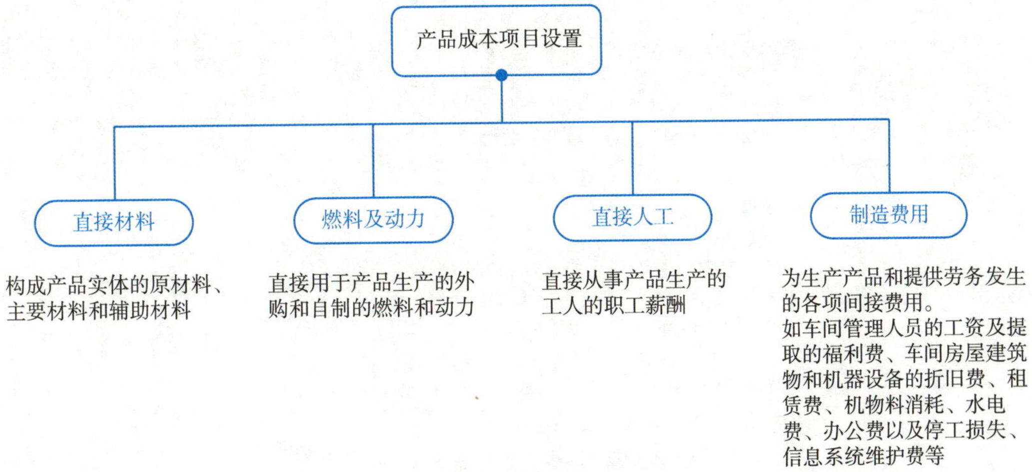

图2－13　产品成本项目设置

【例2－14·单选题】下列各项中，应计入产品成本的是（　　）。

A. 专设销售机构固定资产报废净损失

B. 推广新产品发生的广告费

C. 行政管理部门固定资产修理费

D. 基本生产车间固定资产折旧费

【本题答案】D

【本题解析】固定资产报废净损失计入营业外支出;广告费计入销售费用;行政管理部门固定资产修理费计入管理费用;车间固定资产折旧费先计入制造费用，最后形成产品成本。

4. 产品成本归集和分配

能够确定某一成本对象的，直接计入；由几个成本核算对象共同负担的，选择合理分配标准分配计入。

企业应当根据生产经营特点，以正常生产能力水平为基础，按照资源耗费方式确定合理的分配标准。企业应当按照权责发生制的原则，根据产品生产特点和管理要求结转成本。

企业不得以计划成本、标准成本、定额成本代替实际成本。企业采用计划成本等类似成本进行直接材料日常核算的，期末应当将计划成本等类似成本调整为实际成本。

5. 产品成本计算方法

产品成本计算方法主要包括：品种法、分批法和分步法（见表2－18）。

表2－18　　产品成本计算方法

基本方法	成本计算对象	适用范围	成本计算期	完工产品与在产品成本划分
品种法	产品**品种**	**单步骤、大量生产**的企业，如：发电、供水、采掘	一般定期（每月月末）计算产品成本，成本计算期与会计核算报告期**一致**	①月末一般不存在在产品或在产品数量很少，所以**一般不需要**将生产费用在完工产品与在产品之间进行划分； ②如果月末有在产品，要将生产费用在完工产品和在产品之间进行分配
分批法	产品的**批别**	**单件、小批生产**的企业，如：造船、重型机械及精密仪器制造、新产品试制或试验、在建工程、设备修理作业等	成本计算期与产品生产周期基本**一致**，而与核算报告期**不一致**	**一般不存在**完工产品与在产品之间分配费用的问题
分步法	各种产品的**生产步骤**	**大量大批**的**多步骤**生产，如冶金、纺织、机械制造	定期计算产品成本，与产品的生产周期**不一致**	①月末**需要**将生产费用在完工产品和在产品之间进行费用分配； ②除了按品种计算和结转产品成本外，还需要计算和结转产品的各步骤成本

根据成本管理对各生产步骤成本资料的不同要求（如是否要求计算半成品的成本）和简化核算的要求，分步法又分为逐步结转分步法和平行结转分步法（见表2－19）。

表2－19　　分步法

方法	特点
逐步结转分步法（半成品成本分步法）	①按照产品加工顺序，逐步计算并结转半成品成本，直到最后一个加工步骤完成才能计算产成品成本； ②需要在各步骤完工产品和在产品之间进行分配生产成本
平行结转分步法（不计算半成品成本分步法）	在计算各步骤成本时，不计算各步骤所产半成品的成本，也不计算各步骤所耗上一步骤的半成品成本，而只计算本步骤发生的各项其他成本，以及这些成本中应计入产成品的份额，将相同产品的各步骤成本明细账中的这些份额平行结转、汇总，即可计算出该种产品的产成品成本

【知识卡片】

1. 逐步结转分步法

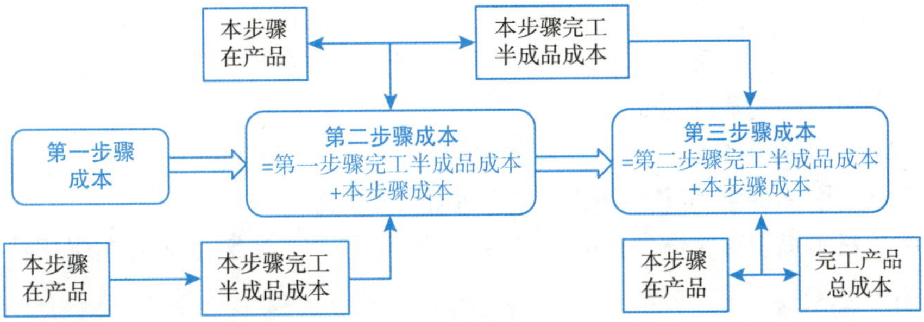

2. 平行结转分步法

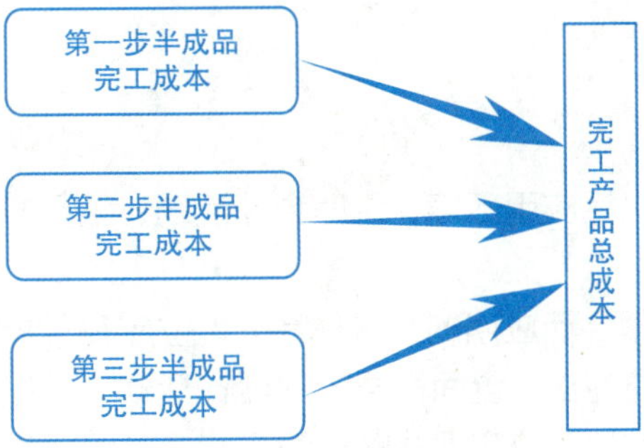

【例2－15·多选题】下列各项中，关于产品成本计算方法表述正确的有（　　）。

A. 平行结转分步法不计算各步骤所产半成品的成本

B. 逐步结转分步法需要计算各步骤完工产品成本和在产品成本

C. 品种法下，月末存在在产品的，应将生产费用在完工产品与在产品之间进行分配

D. 分批法下，批内产品同时完工的，月末不需要将生产费用在完工产品与在产品之间进行分配

【本题答案】ABCD

【本题解析】选项 ABCD 均正确。

「考点6」管理会计基础（★）

（一）管理会计指引

1. 概念

管理会计是会计的重要分支，主要服务于单位（包括企业和行政事业单位）**内部管理需要**，是通过利用相关信息，有机融合财务与业务活动，在单位**规划、决策、控制和评价**等方面发挥重要作用的管理活动。

2. 管理会计指引体系

管理会计指引体系包括**基本指引**、**应用指引**和**案例库**。

管理会计基本指引在管理会计指引体系中起统领作用，是制定应用指引和建设案例库的基础。

在管理会计指引体系中，应用指引居于主体地位，是对单位管理会计工作的具体指导。

案例库是对国内外管理会计经验的总结提炼，是对如何运用管理会计应用指引的实例示范。

（二）管理会计要素

单位应用管理会计，包括应用环境、管理会计活动、工具方法、信息与报告四项管理会计要素。

这四项要素构成了管理会计应用的有机体系，单位应在分析管理会计应用环境的基础上，合理运用管理会计工具方法，全面开展管理会计活动，并提供有用信息，生成管理会计报告，支持单位决策，推动单位实现战略规划。

1. 应用环境

管理会计应用环境是单位应用管理会计的基础。单位应用管理会计，首先应充分了解和分析其应用环境，包括外部环境和内部环境。外部环境主要包括**国内外经济、市场、法律、行业**等因素。

2. 管理会计活动

管理会计活动是单位管理会计的具体开展，是单位利用管理会计信息，运用管理会计工具方法，在规划、决策、控制、评价等方面服务于单位管理需要的相关活动。在了解和

分析其应用环境的基础上，单位应将管理会计活动嵌入**规划、决策、控制、评价**等环节，形成完整的管理会计闭环。

3. 工具方法

管理会计工具方法是实现管理会计目标的具体手段，是单位应用管理会计时所采用的战略地图、滚动预算管理、作业成本管理、本利量分析、平衡计分卡等模型、技术、流程的统称（见表2－20）。

表2－20　　管理会计工具方法

工具方法	说明
战略地图	战略地图通常以**财务、客户、内部业务流程、学习与成长**四个维度为主要内容，通过分析各维度的相互关系，绘制战略**因果关系图**
滚动预算	指企业根据上一期预算执行情况和新的预测结果，按既定的预算编制周期和滚动频率，**对原有的预算方案进行调整和补充**，逐期滚动，持续推进
作业成本法	指以"作业消耗资源、产出消耗作业"为原则，按照资源动因将资源费用追溯或分配至各项作业，计算出作业成本，然后再根据作业动因，将作业成本追溯或分配至各成本对象，最终完成成本计算的过程。 作业成本法主要适用于**作业类型较多且作业链较长**，同一生产线生产多种产品，企业规模较大且管理层对产品成本准确性要求较高，产品、顾客和生产过程多样化程度较高以及间接或辅助资源费用所占比重较大等情况的企业
本量利分析	以成本性态分析和变动成本法为基础，基本公式如下： 营业利润＝（单价－单位变动成本）×业务量－固定成本 本量利分析主要用于企业生产决策、成本决策和定价决策，也可以广泛地用于投融资决策等
平衡计分卡	指基于企业战略，从**财务、客户、内部业务流程、学习和成长**四个维度，将战略规划目标逐层分解转化为具体的、相互平衡的业绩指标体系，并据此进行绩效管理的方法。平衡计分卡通常与战略地图等其他工具结合使用。 平衡计分卡适用于战略规划目标明确、管理制度比较完善、管理水平相对较高的企业。平衡计分卡的应用对象可以是企业、所属单位（部门）和员工

4. 信息与报告

管理会计信息包括管理会计应用过程中的财务信息和非财务信息，是管理会计报告的基本元素。管理会计信息应相关、可靠、及时、可理解。

管理会计报告是管理会计活动成果的重要表现形式，旨在为报告使用者提供满足管理需要的信息，是管理会计活动开展情况和效果的具体呈现。管理会计报告按期间可以分为定期报告和不定期报告，按内容可以分为综合性报告和专项报告等类别。

「考点7」政府会计基础（★）

理论基础

政府会计离我们的生活比较遥远，可能会觉得有一定难度。学习政府会计最好的方法就是和企业会计对比学习，只要掌握正确的学习方法和突破几个重难点，就能轻松搞定该部分内容。政府会计与企业会计既有联系又有区别。建议通过对比学习，着重掌握与企业会计不同的内容。今年教材删减了政府会计核算的全部内容，学习难度大幅下降。

（一）政府会计的概念

政府会计是会计体系的重要分支，它是运用会计专门方法对政府及其组成主体（包括政府所属的行政事业单位等）的财务状况、运行情况（含运行成本）、现金流量、预算执行等情况进行全面核算、监督和报告（见表2－21）。

表2－21　　政府会计标准体系

1. 基本准则	用于规范政府会计目标、政府会计主体、政府会计信息质量要求、政府会计核算基础，以及政府会计要素定义、确认和计量原则、列报要求等原则事项。基本准则指导具体准则和制度的制定，并为政府会计实务问题提供处理原则
2. 具体准则及应用指南	①具体准则依据基本准则制定，用于规范政府会计主体发生的经济业务或事项的会计处理原则，详细规定经济业务或事项引起的会计要素变动的确认、计量、记录和报告；②应用指南是对具体准则的实际应用作出的操作性规定
3. 政府会计制度	依据基本准则制定，主要规定政府会计科目及账务处理、报表体系及编制说明等

根据《基本准则》，政府会计主体主要包括各级政府、各部门、各单位。军队、已纳入企业财务管理体系的单位和执行《民间非营利组织会计制度》的社会团体，不适用政府会计准则制度。

（二）政府会计的特点

1. 双功能

政府会计应当实现**预算会计**和**财务会计**的双重功能。预算会计对政府会计主体预算执行过程中发生的全部预算收入和全部预算支出进行会计核算，主要反映和监督预算收支执行情况。财务会计对政府会计主体发生的各项经济业务或事项进行会计核算，主要反映和监督政府会计主体财务状况、运行情况和现金流量等。

政府会计核算模式实现了预算会计与财务会计适度分离并相互衔接，全面、清晰地反映政府财务信息和预算执行信息。

2. 双基础

预算会计实行收付实现制，国务院另有规定的，从其规定；

财务会计实行权责发生制。

3. 双要素

政府会计要素包括预算会计要素和财务会计要素。其中，预算会计要素包括预算收入、预算支出与预算结余；财务会计要素包括资产、负债、净资产、收入和费用。

4. 双报告

政府会计主体应当编制决算报告和财务报告。政府决算报告的编制主要以收付实现制为基础，以预算会计核算生成的数据为准。政府财务报告的编制主要以权责发生制为基础，以财务会计核算生成的数据为准。

（三）政府会计要素及其确认和计量（见表 2 -22）

表 2 -22　政府会计要素及其确认和计量

要素	类别	确认和计量
政府会计要素	资产	①定义。 资产是指政府会计主体过去的经济业务或者事项形成的，由政府会计主体控制的，预期能够产生服务潜力或者带来经济利益流入的经济资源。 ②计量属性。 政府资产的计量属性主要包括**历史成本、重置成本、现值、公允价值和名义金额**。 政府会计主体在对资产进行计量时，一般应当采用历史成本。采用重置成本、现值、公允价值计量的，应当保证所确定的资产金额能够持续、可靠计量。**无法采用历史成本、重置成本、现值和公允价值计量属性的，采用名义金额（即人民币 1 元）计量**。 ③流动资产与非流动资产。 流动资产：货币资金、短期投资、应收及预付款项、存货等 非流动资产：固定资产、在建工程、无形资产、长期投资、公共基础设施、政府储备资产、文物文化资产、保障性住房和自然资源资产等
	负债	①定义。 负债是指政府会计主体过去的经济业务或事项形成的，预期会导致经济资源流出政府会计主体的现时义务。 ②计量属性。 政府负债的计量属性主要包括历史成本、现值和公允价值。 政府会计主体在对负债进行计量时，一般应当采用历史成本。采用现值、公允价值计量的，应当保证所确定的负债金额能够持续、可靠计量。 ③流动负债与非流动负债。 流动负债：短期借款、应付短期政府债券、应付及预收款项、应缴款项等 非流动负债：长期借款、长期应付款、应付长期政府债券等
	净资产	净资产是指政府会计主体资产扣除负债后的净额，其金额取决于资产和负债的计量
	收入	收入是指报告期内导致政府会计主体净资产增加的、含有服务潜力或者经济利益的经济资源的流入
	费用	费用是指报告期内导致政府会计主体净资产减少的、含有服务潜力或者经济利益的经济资源的流出

续表

要素	类别	确认和计量
政府预算会计要素	预算收入	预算收入是指政府会计主体在预算年度内依法取得的并纳入预算管理的现金流入。 预算收入一般在**实际收到时**予以确认，以实际收到的金额计量
	预算支出	预算支出是指政府会计主体在预算年度内依法发生并纳入预算管理的现金流出。预算支出一般在实际支付时予以确认，以**实际支付**的金额计量
	预算结余	预算结余是指政府会计主体预算年度内预算收入扣除预算支出后的资金余额，以及历年滚存的资金余额。预算结余包括结余资金和结转资金。 **结余资金**是指年度预算执行终了，预算收入实际完成数扣除预算支出和结转资金后剩余的资金。 **结转资金**是指预算安排项目的支出年终尚未执行完毕或者因故未执行，且下年需要按原用途继续使用的资金

你已成功
完成第二章的学习！

扫码领取全程课加入带学群

能让自己登高的，不是借用他人的肩膀，而是自身的学识;能让自己追逐的，不是漫无天际的空想，而是脚踏实地的坚持。

第 4 天

复习旧内容

第二章　会计基础　考点 4 ~ 7

学习新内容

第三章　流动资产　考点 1 ~ 3

你今天可能有的心态

学到现在你可能还是有一点模糊，觉得还没形成会计思维，其实思维的养成并不是一朝一夕的，而是一个循序渐进的过程，模糊也是正常的，继续坚持“仰头往前走，每天往回看”的学习策略，安安静静地去学习，每天都进步一点点，你的会计考试就可以过关了。

简单解释今天学习内容

第三章流动资产分为 18 个考点，分值为 18 分左右。 今天我们要学习的是货币资金：库存现金、银行存款、其他货币资金。

学习方法

学习资产这一章，有两个重点需要掌握：一是理解不同类别资产的概念和特征;二是掌握不同资产账务处理的共同规律和特殊区别。 在这里，我们主要学习三段论的资产处理方法，从取得一持有一处置，弄清楚资产在企业之中流转的来龙去脉。

建议学习时间

2. 5 小时

今日打卡

任务内容	预计时间	重点任务要求
早读	30分钟	□ 把昨晚看的教材读一遍 □ 听微课
考点1~3	60分钟	□ 现金的清查 □ 银行存款的核对 □ 其他货币资金
做作业	30分钟	□ 做教材例题、精练习题 □ 整理消化错题
回忆内容	30分钟	□ 把今天的教材看3遍 □ 背着书，把今天学的内容回忆一遍 □ 梳理今天所学内容框架

第三章　流动资产

考情分析

去年教材的第二章“资产”在今年的教材中做了一个拆分，形成了本教材的第三章“流动资产”和第四章“非流动资产”，这两章可以说是初级会计实务最重要的章节。第三章分值预计在 18 分左右，考试题型覆盖所有题型，一定要高度重视，全面学习掌握各个知识点。

学习资产相关知识，有两个重点需要掌握。一是理解不同类别资产的概念和特征；二是要掌握不同资产账务处理的共同规律和特殊区别。

（一）资产的概念和特征

资产是指企业**过去的交易或者事项**形成的、由企业**拥有或者控制**的、预期会给企业**带来经济利益**的资源。

而流动资产，是指企业拥有或者控制的预计在一个正常营业周期（1 年内）中变现、出售或耗用的资产。

怎么理解？其实，资产就是“钱”或者未来能转换成“钱”的东西，而流动资产就是可以在短期内快速变成钱的东西（当然也包括“钱”本身）。

根据资产的性质和用途，可以对资产进行分类。

本章主要介绍流动资产，包括：货币资金、交易性金融资产、应收及预付款项、存货等流动资产的会计处理。非流动资产将在第四章学习。这里先对这两章主要涉及的，也是重点要学习的资产（包括流动和非流动）做一个简单的介绍（见表 3－1）。

表 3－1　　**资产的类别**

类别	理解要点	具体类别
货币资金	本身就是“**钱**”，一般作为支付手段	根据存放地点和用途进行分类： ①**库存现金**：存放在**财务库房**、用于**日常开支**的钱。 ②**银行存款**：存放在**银行**、**未指定专门用途**的钱。 ③**其他货币资金**：存放在**其他地方**有**专门用途**的钱
应收及预付款项	属于一项**债权**因商业信用产生，可以要求对方未来支付一笔钱或者交付商品	企业的债权——客户或供应商的债务。 ①**应收账款**：为了促进销售，允许客户欠款，未来客户以付钱来清偿。 ②**应收票据**：比应收账款向前更进一步，不再是口说无凭，而有了票据作为凭证，多了一份保证。 ③**预付账款**：供应商的货太紧俏，还没收到货就得提前付款，将来供应商以货物清偿

续表

类别	理解要点	具体类别
交易性金融资产	持有的目的是**投资**赚取差价，比如在二级市场买入股票、债券、基金	—
存货	**存**放在企业库房的**货**物，目的是出售	企业用于出售的产品，以及最终将变成产品的原材料、在产品、半成品、低值易耗品等
固定资产	为了生产、经营、出租而持有，周期较长、流动性较差，可以长期使用，具有**实物形态**，如厂房、设备等	在建工程、固定资产清理相当于固定资产的另外两种形态。 ①如果处于建造或者更新改造过程中，固定资产就要转入在建工程，等完工后再转入固定资产。 ②如果要处置，则要将固定资产转入固定资产清理科目。 ③固定资产价值通过反复使用慢慢转入产品或费用，所以需要计提折旧
无形资产	为了生产、经营而持有，周期较长、流动性较差，可以长期使用，**不具有实物形态**，主要是**知识产权**，如专利、商标、版权	比固定资产更简单，只有单一形态。 如果使用寿命有限，需按期计提摊销金额。 如果寿命无限，无须摊销，但期末要测试是否减值
长期待摊费用	一般金额较大，需要长期摊销到成本费用中，而不是一次性计入费用	—
长期股权投资	指投资期限在 1 年（含 1 年）以上的对外投资。具有投资期限长、投资金额高、稳定性和收益性相对较高等特点	债权投资：指以摊余成本计量的金融资产中的债权投资 其他债权投资 长期股权投资：本书学习的重点 其他权益工具投资
投资性房地产	为赚取租金或资本增值，或两者兼有的房地产	如已出租的土地使用权或建筑物、持有并准备增值后转让的土地使用权

（二）资产的账务处理

资产的账务处理，首先应该掌握其共同的规律，然后在学习中掌握细节差异。

资产的账务处理，可以按照三段论来掌握，即取得—持有—处置三个阶段，每个阶段实质就是资产与其他资产的价值流转，账务处理无非就是记录增加了什么资产、减少了什么资产，如果涉及损益表，还需确认相应的收入或费用。

1. 取得环节

取得一项资产，要付出一定对价，最常见的对价就是钱。因为商业信用的存在，作为支付手段的还有应付票据、应付款项，但应付票据、应付款项只是付钱时间的推迟，最终都会以钱来偿付。

在取得环节，主要是解决资产的入账成本和交易费用的处理。这个环节的账务处理最简单，资产入账成本都是按照取得价款加上相关费用。交易费用一般作为入账成本，但有两个特例，即交易性金融资产的交易费用计入投资收益，控股合并的长期股权投资计入管理费用。

2. 持有环节

资产的持有环节，主要是确定资产持有期间怎么调整账面价值的问题。根据资产计量基础的不同，有不同的账务处理方法。

①按初始成本计量，比如存货。只要没有发生减值，就保持初始成本不变，即期末不用调整账面价值。

②按折旧/摊销成本计量。主要是固定资产和无形资产。固定资产和无形资产可以长期反复使用，如果在购买时一次性计入成本费用会造成会计利润的巨大波动，明显不合理，所以会计通过按期计提折旧或者摊销，慢慢减少其账面价值。根据用途和是否有直接的受益对象，减少的账面价值一般计入资产成本或者当期费用。

③按公允价值计量。所谓公允价值就是公平价值，也就是市场价格。主要是交易性金融资产。交易性金融资产很容易出售变现，市场价值波动较大，所以在期末需要根据其市场价值（即公允价值）调整其账面价值。如果价格升高，那就增加账面价值，并相应增加公允价值变动损益。反之亦是如此。

当然，还有其他计量基础，但因为初级会计实务没有涉及，在这不再介绍。

3. 处置环节

资产处置环节，就是资产从企业账面上消失，比如将资产出售、对外投资、作为支付对价交换其他资产，或者报废等。通过资产处置，结转资产的账面价值，确认增加一项新的资产或收入。

对资产的账务处理的总结如表3-2所示。

表3-2　　资产的账务处理总结

项目	取得	持有	处置
交易性金融资产	实际成本 交易费用计入投资收益	公允价值计量 不考虑减值	处置价款与账面价值差额计入投资收益
应收及预付款项	应收/预付的金额 包括：价款、税款、代垫运杂费	按初始成本计量 考虑减值	结转账面价值
存货	实际成本 **不包括：可抵扣增值税进项税额**	按初始成本计量 考虑减值	①确认收入； ②按账面价值结转成本
固定资产	支付价款+相关税费 **不包括：可抵扣增值税进项税额**	计提折旧 考虑减值	①处置要通过固定资产清理科目。 ②收到价款与账面价值的差额，若属于报废清理产生的损益，计入营业外收支；若属于出售、转让产生的损益，计入资产处置损益
无形资产	支付价款+相关税费 **不包括：可抵扣增值税进项税额**	计提摊销（使用寿命不确定的不计提） 考虑减值	收到价款与账面价值的差额，若属于报废清理产生的损益，计入营业外收支；若属于出售、转让产生的损益，计入资产处置损益
长期股权投资、投资性房地产等	分情况讨论，详见章节正文		

案例导入

本章案例导入如图 3 -1 所示。

左边　财产清单　　　　右边　资产来源

资产和负债按流动性大小排列

资产	负债
流动资产:	流动负债:
货币资金	短期借款
交易性金融资产	应付账款
应收账款	应交税费
存货	应付职工薪酬
	非流动负债:
非流动资产:	应付债券
长期股权投资	
固定资产	所有者权益
在建工程	实收资本
无形资产	资本公积
	盈余公积
	未分配利润
总资产	总负债及所有者权益

图 3 -1　案例导入

小彬准备成立一家公司，销售初级教材，为了维持公司的正常经营，他需要购置哪些资产?

首先，公司得有“钱”（货币资金），才能购置所需的其他资产。 然后，还需购进一批教材（存货）。 为了促进销售，小彬允许客户欠款（应收账款）。 教材要摆放在哪里呢? 对了，还得购买货架，用小汽车送货。 小彬的生意越来越好，于是注册了自己的商标（无形资产）。 此外，小彬决定运用闲钱买股票实现保值增值（交易性金融资产），以及投资其他的公司扩张商业版图（长期股权投资）。

考点地图

货币资金的框架如图 3 -2 所示。

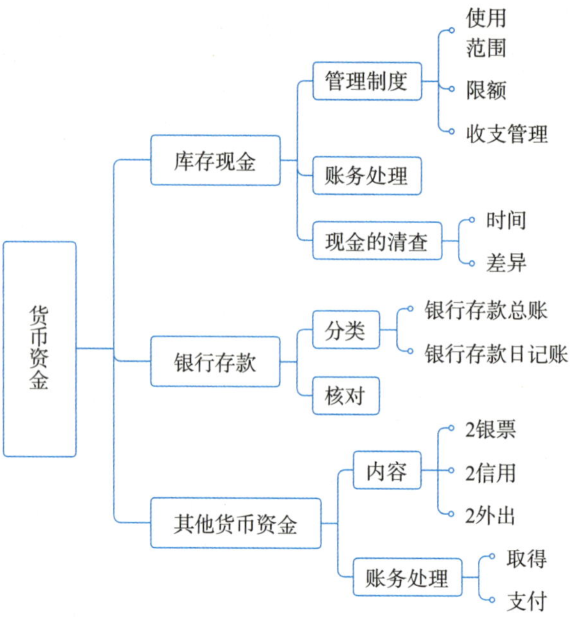

图3－2　货币资金

应收及预付款项框架如图3－3所示。

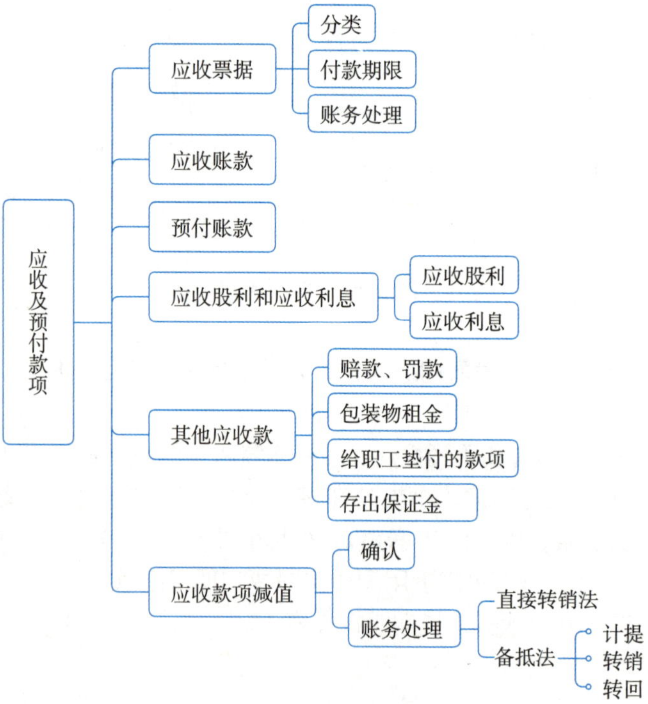

图3－3　应收及预付款项

交易性金融资产和短期投资框架如图3-4所示。

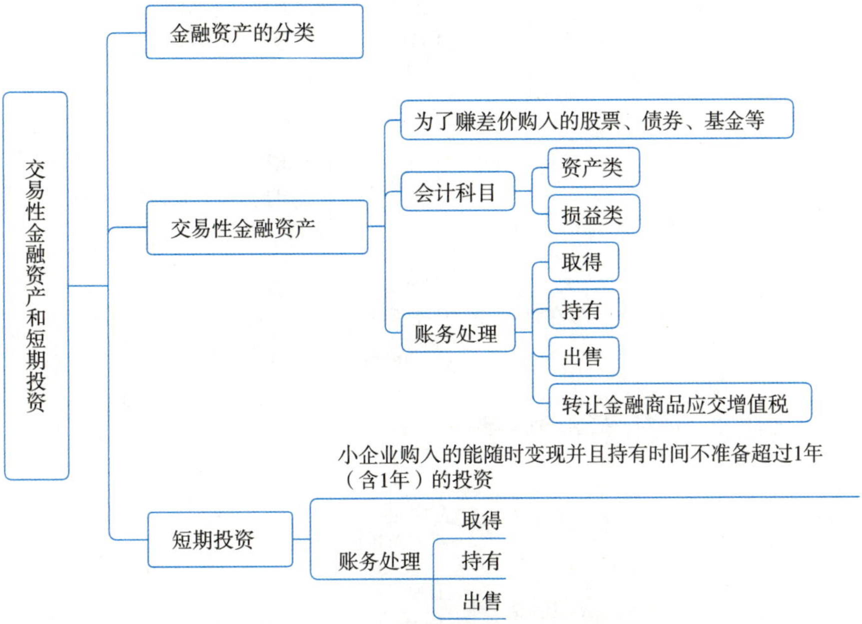

图3-4　交易性金融资产和短期投资

存货框架如图3-5所示。

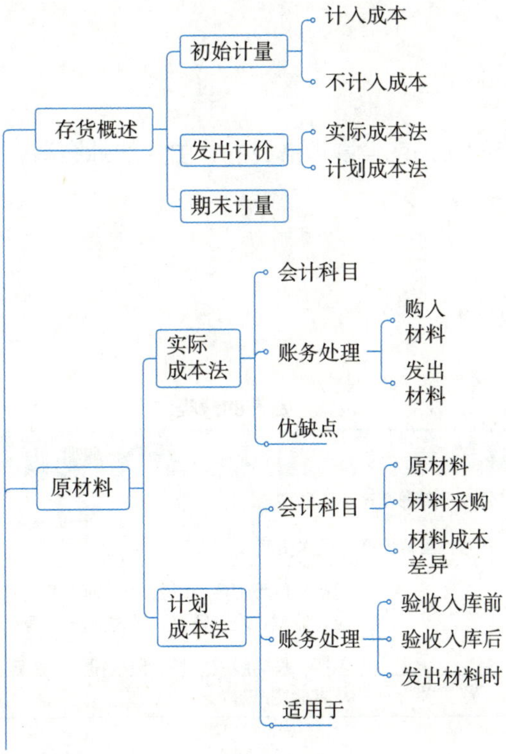

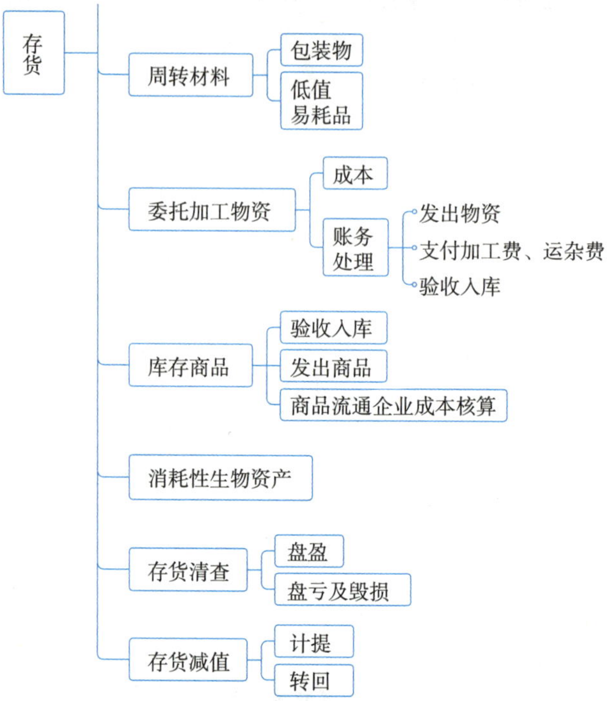

图3-5　存货

理论基础

（一）资产的概念

资产是指企业**过去的交易或者事项**形成的、由企业**拥有或者控制**的、预期会给企业**带来经济利益**的资源。

（二）资产的分类

资产的分类见表3-3。

表3-3　资产的分类

分类依据	具体类别	
根据是否具有实物形态	分为：有形资产、无形资产	
根据来源不同	分为：自有资产、租入资产	
根据流动性不同	流动资产	包括：货币资金、以公允价值计量且其变动计入当期损益的金融资产、应收票据、应收账款、预付账款、其他应收款、存货等
	非流动资产	包括：长期股权投资、债权投资、固定资产、投资性房地产、无形资产及其他资产等

（三）资产确认条件

在确认一项资产时，除符合资产的定义外，还要同时满足以下条件：

第一，与该资产有关的**经济利益很可能流入**企业；

第二，该资产的成本或**价值能够可靠地计量**。

【例3-1·单选题】下列各项中，不符合资产会计要素定义的是（　　）。

A. 原材料　　B. 委托销售物资

C. 盘亏的固定资产　　D. 半成品

【本题答案】C

【本题解析】选项C盘亏的固定资产预期不会给企业带来经济利益，不属于企业的资产。

货币资金

货币资金是指企业生产经营过程中处于**货币形态**的资产，包括**库存现金**、**银行存款**和**其他货币资金**，见图3-6、表3-4。

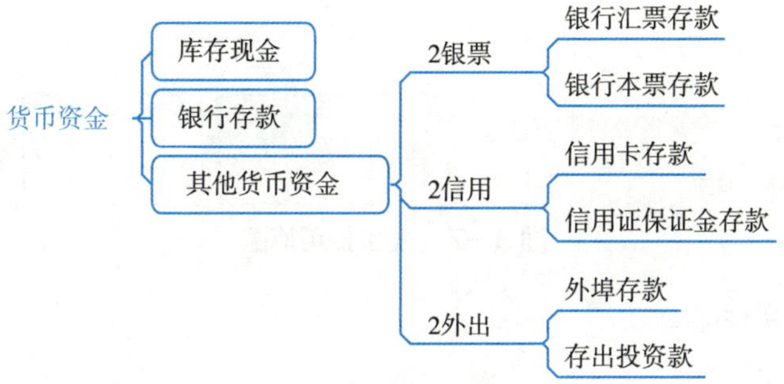

图3-6　货币资金

表3-4　货币资金的科目

货币资金的科目	理解要点（资金性质和用途）
库存现金	存放在企业财务**库房**，用于**日常零星开支**的钱
银行存款	存放在**银行**，**没有专门用途**的钱
其他货币资金	存放在**其他**地方，具有**专门用途**的钱。 具体包括**6类**： 2“**银票**”：**银**行汇**票**存款、**银**行本**票**存款； 2“**信用**”：**信用**卡存款、**信用**证保证金存款； 2“**外出**”：**外**埠存款、存**出**投资款。 【知识卡片】**外**星（信）**人**（银）的6类存款

「考点1」库存现金（★★）

库存现金是指存放于企业财会部门、由**出纳人员**经管的货币。

库存现金是企业**流动性最强**的资产。

企业应当严格遵守国家有关现金管理制度、正确进行现金收支核算，监督现金使用的合法性与合理性。

（一）现金管理制度（重点）

现金管理制度包括现金使用范围、现金限额和现金收支管理规定三个方面的内容。

1. 现金使用范围（见图3－7）

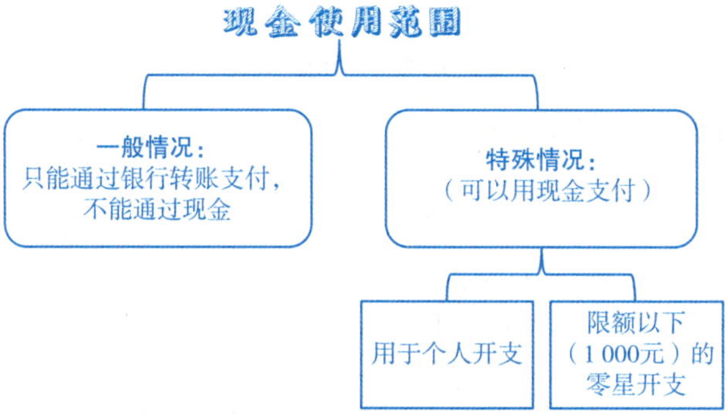

图3－7　现金使用范围

特殊情况具体包括：

①**职工**工资、津贴；

②**个人**劳务报酬；

③根据国家规定颁发给**个人**的科学技术、文化艺术、体育比赛等各种奖金；

④各种劳保、福利费用以及国家规定对**个人**的其他支出；

⑤向**个人**收购农副产品和其他物资的价款；

⑥**出差人员**必须随身携带的差旅费；

⑦结算起点**（1 000元）**以下的零星支出；

⑧中国人民银行确定需要支付现金的其他支出。

2. 现金限额

现金限额是指允许单位留存现金的最高数额，由开户银行根据单位日常零星开支的实际需要核定，见图3－8。

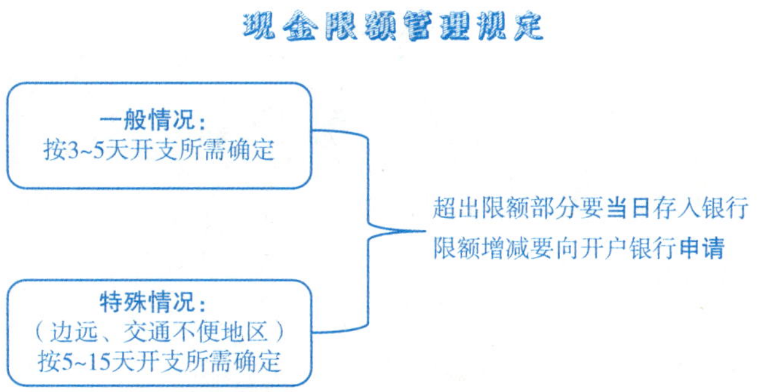

图3-8 现金限额管理规定

3. 现金收支管理规定

收入和支出“两条线”，现金支出**不得从本单位的现金收入中直接支付**，即不得“坐支”现金。

特殊情况需要“坐支”，应当事先报开户银行审查批准，见图3-9。

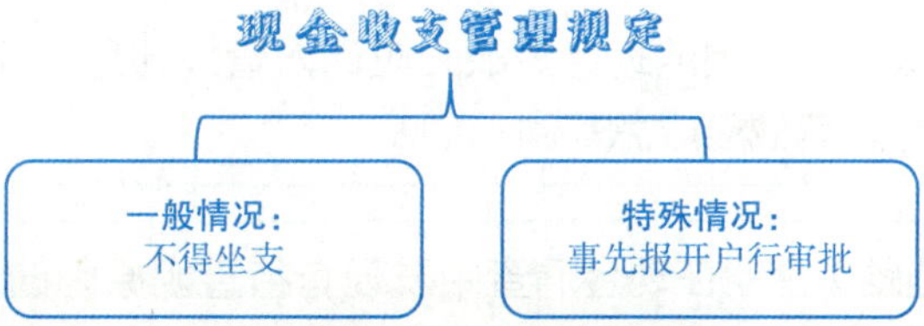

图3-9 现金收支管理规定

（二）库存现金的账务处理

库存现金属于资产，是会计恒等式（资产+费用=负债+所有者权益+收入）左边的项目，增加用“借”表示，减少用“贷”表示。**期末借方**反映期末余额。

企业内部各部门周转使用的备用金，可以单独设置“**备用金**”科目核算。

（三）库存现金的清查（重点）

一般原理：资产的清查，如果确定存在账实不符，要将账面价值调整至账实相符，差额先转入待处理财产损溢，经批准后区分情况进行处理。

企业应当**定期和不定期**清查库存现金。

如果账款不符，发现的有待查明原因的现金短缺或溢余，应先通过“待处理财产损溢”科目核算。按管理权限报经批准后，分情况按表3-5处理：

表 3 -5　　现金的清查

盘查结果	查明情况	会计处理	
		审批前	审批后
现金短缺（盘亏）	①属于应由责任人赔偿或保险公司赔偿的部分，计入**其他应收款**； ②属于无法查明的其他原因，计入**管理费用**	借：待处理财产损溢 　贷：库存现金	借：其他应收款 　　管理费用 　贷：待处理财产损溢
现金溢余（盘盈）	①属于应支付给有关人员或单位的，计入**其他应付款**； ②属于无法查明原因的，计入**营业外收入**	借：库存现金 　贷：待处理财产损溢	借：待处理财产损溢 　贷：其他应付款 　　　营业外收入

【例 3 -2 · 单选题】现金盘点时发现现金短缺，无法查明原因的，经批准后计入（　　）。

A. 营业外支出　　B. 财务费用　　C. 管理费用　　D. 其他业务成本

【本题答案】C

【本题解析】无法查明原因的现金短缺，应计入管理费用。 可以查明原因的现金短缺，按短缺原因，计入其他应收款等科目。

【例 3 -3 · 单选题】企业在现金清查中发现有待查明原因的现金短缺或溢余，已按管理权限批准，下列各项中，有关会计处理不正确的是（　　）。

A. 属于无法查明原因的现金溢余，应借记“待处理财产损溢”科目，贷记“营业外收入”科目

B. 属于应支付给有关单位的现金溢余，应借记“待处理财产损溢”科目，贷记“其他应付款”科目

C. 属于应由保险公司赔偿的现金短缺，应借记“其他应收款”科目，贷记“待处理财产损溢”科目

D. 属于无法查明原因的现金短缺，应借记“营业外支出”科目，贷记“待处理财产损溢”科目

【本题答案】D

【本题解析】无法查明原因的现金短缺，应计入管理费用，所以选项 D 不正确。

「考点 2」银行存款（★★）

（一）银行存款的账务处理

银行存款是企业存放在**银行**或其他**金融机构**的货币资金，也是企业除现金之外流动性最强的资产。

企业应该设置银行存款总账和银行存款日记账，分别进行银行存款的总分类核算和序时、明细分类核算。"银行存款日记账"，根据收付款凭证，按照业务的发生顺序逐笔登记，每日终了，应结出余额。

（二）银行存款的核对（★★★）

①"银行存款日记账"应定期与"银行对账单"核对，至少每月核对一次。

企业银行存款账面余额与银行对账单之间如有差额，应编制"银行存款余额调节表"调节，如果没有记账错误，调节后双方余额应相等。

银行存款余额调节表**不能**作为记账依据。因为存在差异并不属于记账错误，而是记账凭证流转时间的差异，因此也不用调账，等到银行和企业实际收到记账凭证时再做账务处理。

通过银行存款余额调节表，调节后的存款余额表示企业可以动用的银行存款数。

【例3-4·判断题】编制银行存款余额调节表只是为了核对账目，不能作为调节银行存款日记账账面余额的记账依据。（　　）

【本题答案】对

【例3-5·判断题】企业可以根据银行存款余额调节表直接调整银行存款的账面金额。（　　）

【本题答案】错

②银行存款日记账和银行对账单存在差额原因，是存在未达账项，并不属于记账错误，见图3-10。

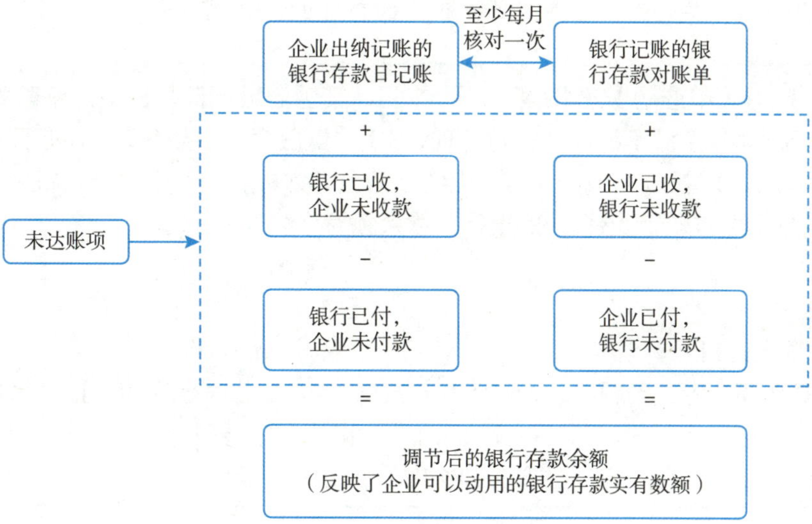

图3-10　未达账项

未达账项，是由于结算凭证在企业与银行之间传递需要时间，造成一方收到凭证已经入账，另一方未收到凭证而未能入账。

银行存款余额调节表如表3-6所示。

表3-6 **银行存款余额调节表**

户名：××

账号：××

开户行：××

项目（摘要）	金额（元）	项目（摘要）	金额（元）
企业银行存款日记账余额		银行对账单余额：	
加：银行已收、企业未收款		加：企业已收、银行未收款	
减：银行已付、企业未付款		减：企业已付、银行未付款	
调节后的存款余额：		调节后的存款余额：	

【知识卡片】

调节银行存款日记账和银行对账单有两条线路：

一条线路是以企业登记的银行存款日记账余额作为起点，加上银行已登记但企业未登记的账项（包括加上企业未收款和减去企业未付账），而不用管企业已经登记的账项（包括企业已收、企业已付的账项，否则会重复登记）。收款要加，付款要减。

另一条线路是以银行登记的对账单余额作为起点，加上企业已登记但银行未登记的账项（包括银行未收款、银行未付款）。收款要加，付款要减。

【例3-6·单选题】2019年3月31日，某企业银行存款日记账余额为150万元，与银行对账单余额不符，经核对发现，3月14日企业收到货款10万元并入账，银行尚未入账；3月30日银行代缴水电费2万元并入账，企业未收到银行付款通知，不考虑其他因素，调节后该企业的银行存款余额为（　　）万元。

A. 142　　B. 148

C. 158　　D. 162

【本题答案】B

【本题解析】做此类题目时，注意调节方向。以企业银行存款日记账余额为基础进行调节时，应加上“银行已收、企业未收”，减去“银行已付、企业未付”，所以调节后该企业的银行存款余额=150-2=148（万元）。

「考点3」其他货币资金（★★）

（一）其他货币资金的内容（★★★）

其他货币资金是指企业除库存现金、银行存款以外的各种货币资金，主要包括**银行汇票存款**、**银行本票存款**、**信用卡存款**、**信用证保证金存款**、**外埠存款**、**存出投资款**等。

> **【知识卡片】**
> 其他货币资金，可以总结为：2“**外**出”+2“**信**用”+2“**银**票”，即其他货币资金是“**外星（信）人（银）**”的**6类存款**。属于常考内容，要求准确记忆6种其他货币资金。

不同种类其他货币资金的账务处理，具体如表3-7所示。

表3-7　　不同种类其他货币资金的账务处理

类别	账务处理
银行汇票存款	①收款人可以将银行汇票背书转让给被背书人，银行汇票的背书转让以**不超过**出票金额的**实际结算金额**为准。 ②银行汇票的提示付款期限为自出票日起**1个月**，超过期限的，银行不予受理
银行本票存款	银行本票的提示付款期限自出票日起最长不得超过**2个月**
信用卡存款	**单位卡账户的资金一律从其基本账户转账存入，不得交存现金，不得将销货收入的款项存入其账户。** 单位卡可购物消费，但不得用于**10万元以上**的商品交易且不得支取现金
信用证保证金存款	是指采用信用证结算方式的企业为开具信用证而存入银行信用证保证金账户的款项
外埠存款	①是指企业为了到外地进行临时或零星采购，而汇往采购地银行开立采购专户的款项。 ②企业将款项汇往外地时，应填写汇款委托书，委托开户银行办理汇款。汇入地银行以汇款单位名义开立临时采购账户，该账户的存款**不计利息，只付不收、付完清户**，除了采购人员可从中提取少量现金外，**一律采用转账结算**
存出投资款	是指企业为购买股票、债券、基金而存入证券公司指定银行开立的投资款专户的款项。 【知识卡片】存出保证金记入“其他应收款”，不属于其他货币资金

（二）其他货币资金的账务处理

“其他货币资金”科目应当按照其他货币资金的种类设置明细科目进行核算，具体如表3-8所示。

表3－8　　其他货币资金的账务处理

	会计分录
取得时	借：其他货币资金——银行汇票／银行本票／外埠存款等 　贷：银行存款等
支付时	借：××资产等 　贷：其他货币资金——银行汇票／银行本票／外埠存款

【例3－7·单选题】下列各项中不会引起其他货币资金发生变动的是（　　）。

A. 企业销售商品收到商业汇票

B. 企业用银行本票购买办公用品

C. 企业将款项汇往外地开立采购专用账户

D. 企业为购买基金将资金存入在证券公司指定银行开立的账户

【本题答案】A

【本题解析】选项A，应该记入“应收票据”；选项B，银行本票属于其他货币资金，用银行本票购买办公用品会导致其他货币资金的减少；选项C，将款项汇往外地开立采购专用账户会引起其他货币资金的增加；选项D，同样会引起其他货币资金的增加。

【例3－8·单选题】下列各项中，关于银行存款业务的表述中正确的是（　　）。

A. 企业单位信用卡存款账户可以存取现金

B. 企业信用保证金存款余额不可以转存其开户行结算户存款

C. 企业银行汇票存款的收款人不得将其收到的银行汇票背书转让

D. 企业外埠存款除采购人员可从中提取少量现金外，一律采用转账结算

【本题答案】D

【本题解析】选项A，企业单位信用卡存款账户不能存现金；选项B，企业信用证保证金存款余额可以转存其开户行结算户存款；选项C，除带现金字样的银行汇票外，企业银行汇票存款的收款人可以将其收到的银行汇票背书转让。

【例3－9·多选题】下列各项中，企业应在“其他货币资金”科目核算的有（　　）。

A. 取得信用卡而存入银行信用卡专户的款项

B. 汇往采购地银行开立采购专户的款项

C. 存入证券公司指定银行开立投资款专户的款项

D. 取得银行本票存入银行的款项

【本题答案】ABCD

【本题解析】其他货币资金主要包括银行汇票存款、银行本票存款、信用卡存款、信用证保证金存款、存出投资款和外埠存款等。

第 5 天

复习旧内容

第三章　流动资产　考点 1 ~ 3

学习新内容

第三章　流动资产　考点 4 ~ 6

你今天可能有的心态

进入第 5 天的学习，是不是感觉有那么一点点想放弃？特别是昨天学习的内容难度开始增加。千万别放弃，《初级会计实务》的难点也就在这一点，后面的内容就一马平川了，成功源于坚持，不放弃！

简单解释今天学习内容

今天继续学习第二章，前期我们学习了流动性最强的资产——货币资金，今天我们继续学习其他流动资产——应收票据、应收账款、预付账款。

学习方法

应收票据是一种购买资产、清偿债务的支付手段。如果把应收票据作为钱的替代物，就很容易理解其账务处理。而应收账款的账务处理与应收票据相似。

建议学习时间

2.5 小时

今日打卡

任务内容	预计时间	重点任务要求
早读	30分钟	□ 把昨晚看的教材读一遍 □ 听微课
考点4~6	60分钟	□ 应收账款
做作业	30分钟	□ 做教材例题、精练习题 □ 整理消化错题
回忆内容	30分钟	□ 把今天的教材看3遍 □ 背着书，把今天学的内容回忆一遍 □ 梳理今天所学内容框架

应收及预付款项

「考点4」应收票据（★★）

（一）应收票据概述

应收票据是指企业因销售商品、提供服务等而收到的商业汇票。

商业汇票是一种由出票人签发的，委托付款人在指定日期无条件支付确定的金额给收款人或者持票人的票据。

商业汇票的付款期限，最长不得超过**6个月**。根据承兑人不同，商业汇票分为**商业承兑汇票**和**银行承兑汇票**。

企业申请银行承兑汇票时，应向其承兑银行按票面金额的**0.5‰**缴纳手续费，将其记入“**财务费用**”科目中。

（二）应收票据的账务处理

应收票据是一种购买资产、清偿债务的支付手段。如果把应收票据作为钱的替代物，就很容易理解其账务处理，具体见表3-9。

表3-9　应收票据的账务处理

交易或事项		会计分录
取得应收票据和收回到期票款（提示：应收账款→应收票据→银行存款）	①因债务人抵偿此前所欠货款而取得的应收票据	借：应收票据 　贷：应收账款
	②因企业销售商品、提供劳务等而收到的商业汇票	借：应收票据 　贷：主营业务收入 　　应交税费——应交增值税（销项税额）
	③商业汇票到期收回款项时，应按实际收到的金额	借：银行存款 　贷：应收票据
应收票据的转让		借：材料采购/原材料/库存商品等 　应交税费——应交增值税（进项税额） 　贷：应收票据 　　银行存款（补差价）
商业汇票向银行贴现（应收票据贴现时的账务处理）		借：银行存款（收到的金额） 　财务费用（贴现利息） 　贷：应收票据（票面价值）

【例 3 -10 · 计算题】甲公司为增值税一般纳税人，2019 年 9 月 1 日向乙公司（增值税一般纳税人）销售一批产品，货款为 1 500 000 元，尚未收到，已办妥托收手续，适用的增值税税率为 13%。

甲公司应编制如下会计分录：

借：应收账款　　1 695 000

　贷：主营业务收入　　1 500 000

　　应交税费——应交增值税（销项税额）　　195 000

2019 年 9 月 15 日，甲公司收到乙公司寄来的一张 3 个月到期的银行承兑汇票，面值为 1 695 000 元，抵付产品货款和增值税税款。甲公司应编制如下会计分录：

借：应收票据　　1 695 000

　贷：应收账款　　1 695 000

2019 年 12 月 15 日，甲公司上述应收票据到期，收回票面金额 1 695 000 元存入银行。甲公司应作如下会计处理：

借：银行存款　　1 695 000

　贷：应收票据　　1 695 000

【例 3 -11 · 计算题】承【例 3 - 10】，假定甲公司于 2019 年 10 月 15 日将上述应收票据背书转让，以取得生产经营所需的 A 种材料，该材料价款为 1 500 000 元，适用的增值税税率为 13%，甲公司应编制如下会计分录：

借：原材料　　1 500 000

　应交税费——应交增值税（进项税额）　　195 000

　贷：应收票据　　1 695 000

【知识卡片】

增值税属于价外税，对于一般纳税人，销售商品要单独确认“应交税费——应交增值税（销项税额）”，购买商品取得增值税专用发票的，要确认“应交税费——应交增值税（进项税额）”。

「考点 5」应收账款（★★★）

（一）应收账款的内容

应收账款是指企业因销售商品、提供劳务等**经营活动**，应向购货单位或接受劳务单位收取的款项，包括企业应向债务人收取的**价款、增值税**及代购货单位垫付的**包装费、运杂费**。

【例3－12·单选题】企业销售商品代购货单位垫付的包装费、运杂费应记入的会计科目是（　　）。

A. 销售费用　　B. 原材料　　C. 应收账款　　D. 管理费用

【本题答案】C

（二）应收账款的账务处理（与应收票据类似）（见表3－10）

表3－10　　应收账款的账务处理

交易或事项	会计分录
销售	借：应收账款 　贷：主营业务收入 　　应交税费——应交增值税（销项税额）
收回应收账款	借：银行存款 　贷：应收账款
企业代购货单位垫付的包装费、运杂费	借：应收账款 　贷：银行存款
收回代垫费用	借：银行存款 　贷：应收账款
收到承兑的商业汇票	借：应收票据 　贷：应收账款
不单独设置“预收账款”科目的企业，预收的账款也在“应收账款”科目核算。如果期末余额在贷方，则反映的是企业预收的账款。关键用途是填制资产负债表	

【例3－13·计算题】甲公司采用托收承付结算方式向乙公司销售商品一批，货款300 000元，增值税税额为48 000元，以银行存款代垫运杂费6 000元，已办理托收手续。

甲公司应编制如下会计分录：

借：应收账款　　354 000
　贷：主营业务收入　　300 000
　　应交税费——应交增值税（销项税额）　　48 000
　　银行存款　　6 000

甲公司实际收到款项时，应编制如下会计分录：

借：银行存款　　354 000
　贷：应收账款　　354 000

如企业应收账款改用应收票据结算，在收到承兑的商业汇票时：

借：应收票据　354 000

　　贷：应收账款　354 000

【例3-14·计算题】甲公司收到丙公司交来商业承兑汇票一张，面值10 000元，用以偿还其前欠货款。

甲公司应编制如下会计分录：

借：应收票据　10 000

　　贷：应收账款　10 000

【例3-15·单选题】某企业采用托收承付结算方式销售一批商品，增值税专用发票注明的价款为1 000万元，增值税税额为160万元，销售商品为客户代垫运杂费5万元，全部款项已办妥托收手续。该企业应确认的应收账款为（　　）万元。

A. 1 000　　B. 1 005　　C. 1 160　　D. 1 165

【本题答案】D

【本题解析】应收账款是指企业因销售商品、提供劳务等经营活动，应向购货单位或接受劳务单位收取的款项，包括企业应向债务人收取的价款及垫付的包装费、运杂费。企业应确认的应收账款的金额=1 000+160+5=1 165（万元）。

「考点6」预付账款

预付账款是指企业按照合同规定预付的款项。

企业应该设置“预付账款”科目，预付款项情况不多的企业，可以不设置“预付账款”科目，而直接通过“应付账款”科目核算，具体见表3-11。

表3-11　预付账款

交易或事项	会计分录
采用预付款方式购入物资，企业向供应单位预付款项时	借：预付账款（实际预付的款项） 　　贷：银行存款
企业收到所购物资，应计入购入物资成本的金额	借：材料采购、原材料、库存商品 　　应交税费——应交增值税（进项税额） 　　贷：预付账款（货物价格+增值税进项税额）
当预付货款小于采购货物所需支付的款项时，需补齐差额	借：预付账款 　　贷：银行存款（不足部分）
当预付货款大于采购货物所需支付的款项时，应收回多付的差额	借：银行存款（收回的多余款项） 　　贷：预付账款

【例 3 -16 · 计算题】甲公司向乙公司采购材料 5 000 千克，每千克单价 10 元，所需支付的价款总额 50 000 元。按照合同规定向乙公司预付货款的 50%，验收货物后补付其余款项，甲公司应编制如下会计分录：

（1）预付 50%的货款时：

借：预付账款——乙公司　　25 000

　　贷：银行存款　　25 000

（2）收到乙公司发来的 5 000 千克材料，验收无误，增值税专用发票记载的货款为 50 000 元，增值税税额为 8 000 元。甲公司以银行存款补付所欠款项 33 000 元，应编制如下会计分录：

借：原材料　　50 000

　　应交税费——应交增值税（进项税额）　　8 000

　　贷：预付账款——乙公司　　58 000

借：预付账款——乙公司　　33 000

　　贷：银行存款　　33 000

第 6 天

复习旧内容

第三章　流动资产　考点 4 ~ 6

学习新内容

第三章　流动资产　考点 7 ~ 10

你今天可能有的心态

经过前面 5 天的学习，你应该已经开始变得自信，可能还有少部分同学还在慢慢突围，这个时候也不必过于慌乱，自己动手将前面所学的框架慢慢画一下，像剥洋葱一样一层层地剥下去，这样你就会对这些知识更加了解。

简单解释今天学习内容

今天继续学习第二章——应收股利和应收利息、其他应收款、应收账款减值、交易性金融资产。

学习方法

交易性金融资产可能是你们遇到的又一难点，但其实也是遵循着资产的三段论：取得、持有和处置，只要记住各个阶段的一些“坑”点(比如取得时初始成本的确认，交易费用要计入投资收益)，要熟悉掌握也是不难的!

建议学习时间

3 小时

今日打卡

任务内容	预计时间	重点任务要求
早读	30分钟	□ 把昨晚看的教材读一遍 □ 听微课
考点7~10	60分钟	□ 应收账款减值 □ 交易性金融资产
做作业	60分钟	□ 默写坏账准备的账务处理 □ 默写交易性金融资产的账务处理 □ 做教材例题、精练习题 □ 整理消化错题
回忆内容	30分钟	□ 把今天的教材看3遍 □ 背着书，把今天学的内容回忆一遍 □ 梳理今天所学内容框架

「考点7」应收股利和应收利息

（一）应收股利的账务处理（见表3－12）

应收股利是指企业应收取的现金股利或应收取其他单位分配的利润。

表3－12　应收股利的账务处理

类别	会计处理
交易性金融资产	宣告发放股利时： 借：应收股利 　　贷：投资收益 实际收到股利时： 借：其他货币资金 　　贷：应收股利
取得投资时支付价款包含有已宣告但尚未分派的现金股利或利润	**计入应收项目，不计入资产成本**

（二）应收利息的账务处理（见表3－13）

应收利息是指企业根据合同或协议规定应向债务人收取的利息。

表3－13　应收利息的账务处理

类别	会计处理
确认利息收入时	借：应收利息 　　贷：投资收益等
实际收到时	借：银行存款 　　贷：应收利息

「考点8」其他应收款（★★）

（一）其他应收款的内容

其他应收款是指企业除应收票据、应收账款、预付账款、应收股利和应收利息以外的其他各种应收及暂付款项。

其他应收款的主要内容包括**（重点）**：

①应收的各种赔款、罚款，如因企业财产等遭受意外损失而应向有关保险公司收取的赔款等；

②应收的出租**包装物租金**（区别于收取的包装物**押金，**包装物押金属于负债，未来要还给对方，所以不属于其他应收款，应计入**其他应付款**）；

③应向**职工**收取的各种**垫付款项**，如为职工垫付的水电费、应由职工负担的医药费、房租费等；

④**存出保证金**（区别于信用证保证金存款，信用证保证金存款属于其他货币资金），如租入包装物支付的押金（收取的押金属于负债，计入其他应付款；支付的押金属于资产，计入其他应收款。此处可根据债权—债务的对应关系来理解）；

⑤其他各种应收、暂付款项。

【例3－17·判断题】企业租入包装物支付的押金应计入其他业务成本。（　　）

【本题答案】错

【本题解析】租入包装物支付的押金，记入“其他应收款”科目。

（二）其他应收款的账务处理

【例3－18·计算题】甲公司以银行存款替副总经理垫付应由其个人负担的医疗费5 000元，拟从其工资中扣回，应编制如下会计分录：

（1）垫支时：

借：其他应收款　　5 000
　　贷：银行存款　　5 000

（2）扣款时：

借：应付职工薪酬　　5 000
　　贷：其他应收款　　5 000

「考点9」应收款项减值（★★★）

（一）应收款项减值损失的确认

企业的各种应收款项，可能会因债务人拒付、破产、死亡等原因而无法收回。这类无法收回的应收款项通常称为坏账。因坏账而遭受的损失为坏账损失。

企业应当在资产负债表日对应收款项的账面价值进行评估，有客观证据表明应收款项发生减值的，应当将该应收款项的账面价值减记至预计未来现金流量现值，减记的金额确认减值损失，计提坏账准备，见图3－11。

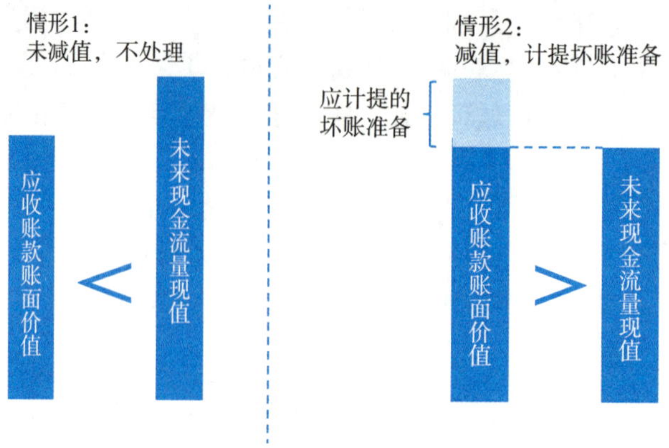

图3－11　减值测试

确定应收账款减值有两种方法，即直接转销法和备抵法。我国会计准则规定，**应收账款减值的核算应采用备抵法。小企业会计准则规定，应收账款减值采用直接转销法（见表3－14）。**

表3－14　确定应收账款减值的两种方法

备抵法	含义	先按预期信用损失计入当期损益，作为坏账准备，待坏账实际发生时冲销已计提的坏账准备和相应的应收款项
	特点	**优点**：符合权责发生制和会计谨慎性要求（在资产负债表中列示应收款项的净额） **缺点**：预期信用损失的估计需要考虑的因素较多，对会计职业判断的要求较高
直接转销法	含义	可能发生的坏账损失不进行会计处理，只有在实际发生坏账时，才作为损失计入当期损益
	特点	**优点**：账务处理简单，符合其偶发性特征和小企业经营管理的特点 **缺点**：不符合权责发生制会计基础，在一定程度上高估了期末应收款项

（二）坏账损失的确认及账务处理（★★★）

1. 直接转销法（小企业专属）（见表3－15）

表3－15　直接转销法

坏账损失的确认	小企业应收及预付款项符合下列条件之一的，减除可收回的金额后确认的无法收回的应收及预付款项，作为坏账损失： ①债务人依法宣告破产、关闭、解散、被撤销，或者被依法注销、吊销营业执照，其清算财产不足清偿的； ②债务人死亡，或者依法被宣告失踪、死亡，其财产或者遗产不足清偿的； ③债务人逾期3年以上未清偿，且有确凿证据证明已无力清偿债务的； ④与债务人达成债务重组协议或法院批准破产重整计划后，无法追偿的； ⑤因自然灾害、战争等不可抗力导致无法收回的； ⑥国务院财政、税务主管部门规定的其他条件

续表

坏账损失的账务处理	借：银行存款（可收回的金额） 营业外支出——坏账损失（差额） 贷：应收账款（账面余额）

2. 备抵法

（1）坏账准备可按以下公式计算：

应收账款账面价值＝应收账款账面余额－坏账准备（坏账准备是资产的备抵科目，贷方表示增加，借方表示减少）

当期**应计提的**坏账准备＝坏账准备的**应有余额**－坏账准备的**已有余额**（月初余额＋本月增加－本月减少）

坏账准备的**应有余额**计算方法：

①应收账款期末余额－预计未来现金流量现值

②应收账款期末余额 ×坏账准备计提比例

（2）坏账准备的账务处理如表3－16所示。

表3－16　　坏账准备的账务处理

交易或事项	会计分录	对财务报表的影响		
		利润表	坏账准备余额	应收账款账面价值
计提坏账准备时	借：**信用减值损失** 贷：坏账准备 【知识卡片】如果之前已经提多了，则需冲减坏账准备	增加“**信用减值损失**”，影响营业利润	增加	减少
实际发生坏账损失时	转销无法收回的应收账款 借：坏账准备 贷：应收账款	不影响	**减少**	不变
已确认并转销的应收款项以后又收回	①预计可以收到钱时，将此前冲销的应收账款转回 借：应收账款 贷：坏账准备 ②实际收到钱时： 借：银行存款 贷：应收账款	不影响	**增加**	减少

【知识卡片】

实际发生坏账损失时会减少坏账准备余额，已经确认的坏账损失又收回的，会增加坏账准备余额。

【例3-19·单选题】2018年12月初，某企业“坏账准备”科目贷方余额为10万元，本月收回上月已确认并作为坏账转销的应收账款5万元。12月31日，综合考虑各种信用减值损失因素，确定本期预期信用损失为18万元，不考虑其他因素，12月末该企业应计提的坏账准备为（　　）万元。

A. 13　　B. 18　　C. 3　　D. 8

【本题答案】C

【本题解析】18-（10+5）=3（万元）。本月收回上月已确认并作为坏账转销的应收账款5万元，应相应恢复坏账准备5万元，所以坏账准备贷方余额=10+5=15（万元）。当期期末坏账准备账面余额应为18万元，所以还需补提3万元坏账准备。

【例3-20·多选题】下列各项中，会导致企业应收账款账面价值减少的有（　　）。

A. 转销无法收回备抵法核算的应收账款

B. 收回应收账款

C. 计提应收账款坏账准备

D. 收回已转销的应收账款

【本题答案】BCD

【本题解析】选项A，借：坏账准备，贷：应收账款，不会影响应收账款的账面价值；选项B，借：银行存款等，贷：应收账款，减少应收账款的账面价值；选项C，借：信用减值损失，贷：坏账准备，减少应收账款的账面价值；选项D，借：应收账款，贷：坏账准备，同时借：银行存款等，贷：应收账款，减少应收账款的账面价值。

交易性金融资产

金融资产的分类如表3-17所示。

表3-17　　金融资产的分类

分类	同时满足条件	举例
1. 以摊余成本计量的金融资产	①以收取合同现金流量为目标； ②合同条款规定，在特定日期产生的现金流量，仅为对本金和以未偿付本金金额为基础的利息的支付	债权投资、贷款、应收账款等
2. 以公允价值计量且其变动计入其他综合收益的金融资产	①既以收取合同现金流量为目标又以出售该金融资产为目标； ②合同条款规定，在特定日期产生的现金流量，仅为对本金和以未偿付本金金额为基础的利息的支付	其他债权投资
3. 以公允价值计量且其变动计入当期损益的金融资产	除上述分类为以摊余成本计量的金融资产和以公允价值计量且其变动计入其他综合收益的金融资产之外的金融资产	交易性金融资产

【知识卡片】

在企业中，库存现金、银行存款、应收账款、应收票据、贷款、其他应收款、应收利息、债权投资、股权投资、基金投资及衍生金融资产均为金融资产。

注意，预付账款不是金融资产，因为其产生的未来经济利益是商品或服务，不是收取现金或其他金融资产的权利。

［考点10］交易性金融资产（★★★）

交易性金融资产，是指以公允价值计算且其变动计入当期损益的金融资产。它是企业为了**近期内出售**而持有的金融资产，例如，企业以**赚取差价为目的**从二级市场购入的**股票、债券、基金**等。

（一）交易性金融资产应设置的会计科目（见表3-18）

表3-18 交易性金融资产应设置的会计科目

类别	具体科目	
资产类科目	交易性金融资产——成本 ——公允价值变动	
损益类科目	公允价值变动损益	假赚，属于账面盈利或亏损，指持有期间价格变动，如股票涨价、跌价
	投资收益	真赚，属于已经实现收益，包括持有期间应收股利和处置收益

（二）交易性金融资产的取得（见表3-19）

表3-19 交易性金融资产的取得

账务处理	企业在取得交易性金融资产时，应当按照该金融资产取得时的公允价值作为初始确认金额。记入“交易性金融资产——成本”科目。 金融资产的公允价值，应当以市场交易价格为基础加以确定
两个特殊考虑	**①已宣告尚未领取的利息或股利，单独确认应收项目。** 企业在取得交易性金融资产所支付的价款中包含的已宣告但尚未领取的现金股利或已到付息期但尚未领取的债券利息，应单独确认为应收项目。 **②相关交易费用计入投资收益。** 企业取得交易性金融资产所发生的相关交易费用应当在发生时计入当期损益，作为投资收益进行会计处理。 发生交易费用取得增值税专用发票的，进项税额经认证后可从当月销项税额中扣减。 会计分录为： 借：交易性金融资产——成本（公允价值） 　　应收股利/应收利息（已宣告尚未发放的股利或利息） 　　投资收益（取得时所发生的相关交易费用） 　　应交税费——应交增值税（进项税额）（发生交易费用取得增值税专用发票的） 　　贷：其他货币资金——存出投资款（支付的总价款）

【例3-21·计算题】某企业购入A上市公司股票180万股，并划分为交易性金融资产，共支付款项1 800万元，其中包括已宣告但尚未发放的现金股利100万元。另外，支付相关交易费用20万元，取得增值税专用发票注明的增值税税额为1.2万元。

该公司应编制如下会计分录：

借：交易性金融资产——成本	1 700
应收股利	100
投资收益	20
应交税费——应交增值税（进项税额）	1.2
贷：其他货币资金——存出投资款	1 821.2

【例3-22·单选题】2018年11月1日，甲公司购入乙公司股票50万股作为交易性金融资产，支付价款400万元，其中包含已宣告但尚未发放的现金股利20万元。另支付相关交易税费8万元。该交易性金融资产的入账金额为（　　）万元。

A. 380　　B. 388

C. 400　　D. 408

【本题答案】A

【本题解析】已宣告尚未发放的股利记入"应收股利"科目，交易费用计入投资收益。

（三）交易性金融资产的持有

①企业持有期间被投资单位宣告发放的现金股利或已到付息期但尚未领取的债券利息，应当确认为应收项目，并计入投资收益。

会计分录为：

借：应收股利/应收利息

　　贷：投资收益

实际收到现金股利或债券利息时：

借：其他货币资金

　　贷：应收股利/应收利息

【知识卡片】

企业只有在同时满足三个条件时，才能确认交易性金融资产所取得的股利或利息收入并计入当期损益：

一是企业收取股利或利息的权利已经确立；

二是与股利或利息相关的经济利益很可能流入企业；

三是股利或利息的金额能够可靠计量。

【例 3-23·计算题】2018 年 1 月 1 日，甲公司购入 A 公司发行的公司债券，该笔债券于 2017 年 7 月 1 日发行，面值为 25 000 000 元，票面利率为 4%，上年债券利息于下年初支付。甲公司将其划分为交易性金融资产，支付价款为 26 000 000 元（其中包含已到付息期但尚未领取的债券利息 500 000 元），另支付交易费用 300 000 元，取得增值税专用发票注明的增值税税额为 18 000 元。2018 年 1 月 8 日，甲公司收到该笔债券利息 500 000 元。2019 年初，甲公司收到该笔债券利息 1 000 000 元。

甲公司应编制如下会计处理：

（1）2018 年 1 月 1 日，购入 A 公司的公司债券时：

借：交易性金融资产——成本　　25 500 000
　　应收利息　　500 000
　　投资收益　　300 000
　　应交税费——应交增值税（进项税额）　　18 000
　　贷：其他货币资金——存出投资款　　26 318 000

（2）2018 年 1 月 8 日，收到购买价款中包含的已宣告发放的债券利息时：

借：其他货币资金——存出投资款　　500 000
　　贷：应收利息　　500 000

（3）2018 年 12 月 31 日，确认 A 公司的公司债券利息收入时：

借：应收利息　　（25 000 000 ×4%）1 000 000
　　贷：投资收益　　1 000 000

（4）2019 年初，收到持有 A 公司的公司债券利息时：

借：其他货币资金——存出投资款　　1 000 000
　　贷：应收利息　　1 000 000

②资产负债表日，交易性金融资产按照公允价值计量，公允价值与账面余额之间的差额计入当期损益。

a. 股价或债券价格上涨。

借：交易性金融资产——公允价值变动
　　贷：公允价值变动损益

b. 股价或债券价格下跌。

借：公允价值变动损益
　　贷：交易性金融资产——公允价值变动

【例 3-24·计算题】假定 2018 年 6 月 30 日，甲公司购买 A 公司债券的初始成本为 25 000 000 元，作为交易性金融资产核算；2018 年 12 月 31 日，甲公司购买的该笔债券的公允价值（市价）为 25 600 000 元。

要求：根据给出的资料，编制相关会计分录。

甲公司应作如下会计处理：

（1）2018年6月30日，购买A公司债券时：

借：交易性金融资产——成本　25 000 000

　　贷：其他货币资金——存出投资款　25 000 000

（2）2018年12月31日，确认该笔债券的公允价值变动损益时：

借：交易性金融资产——公允价值变动　600 000

　　贷：公允价值变动损益　600 000

【例3－25·单选题】2018年12月10日，甲公司购入乙公司股票10万股，作为交易性金融资产核算，支付价款249万元，另支付交易费用0.6万元。12月31日，公允价值为258万元，2018年甲公司利润表中“公允价值变动收益”本年金额为（　　）万元。

A. 9　　B. 9.6　　C. 8.4　　D. 0.6

【本题答案】A

【本题解析】应确认公允价值变动＝258－249＝9（万元）。交易费用计入投资收益。

（四）交易性金融资产的出售

将金融资产出售时的公允价值与其账面余额之间的差额计入投资收益。

会计分录为：

借：其他货币资金

　　贷：交易性金融资产——成本

　　　　　　　　　　　——公允价值变动（也可能在借方）

　　　　投资收益（也可能在借方）

【例3－26·单选题】下列各项中，关于交易性金融资产表述不正确的是（　　）。

A. 取得交易性金融资产所发生的相关交易费用应当在发生时计入投资收益

B. 资产负债表日交易性金融资产公允价值与账面余额的差额计入当期损益

C. 取得交易性金融资产购买价款中已到付息期尚未领取的债券利息计入当期损益

D. 出售交易性金融资产时应将其公允价值与账面余额之间的差额确认为投资收益

【本题答案】C

【本题解析】取得交易性金融资产时，购买价款中包含的已到付息期尚未领取的债券利息计入应收科目。

【例3-27·判断题】企业出售交易性金融资产时，应将其出售时实际收到的款项与其账面价值之间的差额计入当期投资损益，同时将原计入该金融资产的公允价值变动计入当期投资损益。（ ）

【本题答案】错

【本题解析】公允价值变动损益不再转入投资收益。

（五）转让金融商品应交增值税

金融商品转让按照卖出价扣除买入价（不需要扣除已宣告未发放现金股利和已到付息期未领取的利息）后的余额作为销售额计算增值税，即转让金融商品按盈亏相抵后的余额为销售额。

若相抵后出现负差，可结转下一纳税期与**下期**转让金融商品销售额互抵。

年末时仍出现负差的，不得转入下一会计年度。

转让金融商品应交增值税的账务处理见表3-20。

表3-20　转让金融商品应交增值税的账务处理

月末	产生转让收益	借：投资收益 　贷：应交税费——转让金融商品应交增值税
	产生转让损失	借：应交税费——转让金融商品应交增值税 　贷：投资收益
年末	如果有借方余额，说明本年度金融商品转让损失无法弥补，要转出借方余额	借：投资收益 　贷：应交税费——转让金融商品应交增值税

（六）短期投资的核算

根据《小企业会计准则》的相关规定，小企业购入的能随时变现并且持有时间不准备超过1年（含1年）的投资应设置“短期投资”科目核算。该科目应按照股票、债券、基金等短期投资种类进行明细核算，“短期投资”属于流动资产类科目，期末借方余额，反映小企业持有的短期投资成本（见表3-21）。

表3-21　短期投资的核算

阶段	账务处理
取得时	借：短期投资（实际购买的价款和相关税费 减去 已宣告尚未发放的股利或利息） 　应收股利/应收利息（已宣告尚未发放的股利或利息） 　贷：银行存款（实际购买的价款和相关税费）

续表

阶段	账务处理
持有期间	持有期间，被投资单位宣告分派现金股利（或债务人到了应付利息日），应当计入“应收股利”（或“应收利息”）科目。 借：应收股利／应收利息（应收到的现金股利或利息） 　　贷：投资收益
出售时	借：银行存款／库存现金（实际收到的出售价款） 　　贷：短期投资（账面余额） 　　　　应收股利／应收利息（尚未收到的现金股利或债券利息） 　　　　投资收益（差额）

第 7 天

复习旧内容

第三章　流动资产　考点 7～10

学习新内容

第三章　流动资产　考点 11～14

你今天可能有的心态

经过昨天交易性金融资产的学习，你可能会觉得有点难，不要丧气！如果没有学懂，再学一遍就好！结合习题去理解，最终掌握只是时间问题！

简单解释今天学习内容

存货是本章的重难点，存货形式也多种多样，包括库存商品、原材料、在产品、包装物等，通过生产、制造存货，出售进而获得利润，是企业基本的经营形式。今天要学习的内容有：存货概述、原材料、周转材料、委托加工物资。

学习方法

分录不管简单还是复杂，请背着讲义重新写一遍，写完之后再跟原文对比，如有差距，再写一遍。讲义的题目摘自教材经典例题和真题，每个题目都要弄清楚，如果不懂就回归讲义复习找答案辅助理解，题目在精不在多，学会计≠背会计！

建议学习时间

3.5 小时

今日打卡

任务内容	预计时间	重点任务要求
早读	30分钟	□ 把昨晚看的教材读一遍 □ 听微课
考点11~14	90分钟	□ 存货成本的确定 □ 原材料、委托加工物资
做作业	60分钟	□ 比较原材料实际成本核算与计划成本核算的区别 □ 做教材例题、精练习题 □ 整理消化错题
回忆内容	30分钟	□ 把今天的教材看3遍 □ 背着书，把今天学的内容回忆一遍 □ 梳理今天所学内容框架

存货

「考点11」存货概述（★★）

（一）存货的内容

存货是指企业在日常活动中持有以备出售的**产品或商品**、处在生产过程中的在产品、在生产过程或提供劳务过程中储备的材料或物料等。存货是流动资产中流动性较慢的一项资产，人们习惯将减去存货后的流动资产作为速动资产进行管理。存货必须在符合定义的前提下，同时具备与该存货有关的经济利益很可能流入企业和该存货的成本能够可靠地计量两个条件，才能予以确认。

企业的存货通常包括各类材料、在产品、半成品、商品以及周转材料（包括包装物和低值易耗品）、委托代销商品等。

（二）存货的初始计量

企业取得存货应当按照成本计量。存货成本包括采购成本、加工成本和其他成本及自制存货成本等（见表3－22）。

表3－22　　存货的初始计量

成本类别	具体内容	特殊说明
采购成本（价、税、费）	包括： ①购买价款（发票列明价款）； ②相关税费（进口关税、消费税、资源税、不能抵扣的增值税进项税额、教育费附加等）； ③运输费、装卸费、保险费以及其他可归属于存货成本的费用（如运输途中的合理损耗、入库前的挑选整理费）。 【知识卡片】小企业（批发业、零售业）在购买商品过程中发生的第③项费用，记入“销售费用”科目	①**非正常损耗**的直接材料、直接人工和制造费用，应在发生时计入当期损益，不应计入存货成本。如自然灾害、管理不善导致的。 ②存货入库**后**的储存费用，应计入当期损益，但属于生产过程中为达到下一个生产阶段所必需的仓储费用应计入存货成本。 ③不能归属于使存货达到目前场所和状态的其他支出，应在发生时计入当期损益，不得计入存货成本。
加工成本	①存货的加工成本是指在存货的加工过程中发生的追加费用，包括直接人工以及按照一定方法分配的制造费用。 ②企业委托外单位加工完成的存货，其成本包括实际耗用的原材料或者半成品、加工费、装卸费、保险费、委托加工的往返运输费等费用以及按规定应计入成本的税费	
其他成本	企业设计产品发生的设计费用通常应计入当期损益，但是为特定客户设计产品所发生的、可直接确定的设计费用应计入存货的成本	
自制存货的成本	企业自制的存货，包括自制（原材料、包装物、低值易耗品、半成品及库存商品），其成本包括直接材料、直接人工和制造费用等	

【例 3 -28 · 单选题】小规模纳税人购买原材料，发票上价格为 100 万元，增值税 16 万元，另支付保险费 1 万元，则原材料的入账成本为（　　）万元。

A. 116　　B. 117

C. 101　　D. 100

【本题答案】B

【本题解析】原材料的入账成本 =100 +16 +1 =117（万元）。小规模纳税人所缴纳的增值税，不能抵扣进项税额，应计入存货成本。

【例 3 -29 · 单选题】下列各项中，不计入存货采购成本的是（　　）。

A. 负担的运输费用

B. 支付的进口关税

C. 入库后的仓储费

D. 入库前整理挑选费

【本题答案】C

【本题解析】注意区分：存货入库后的仓储费，计入管理费用；采购过程中必不可少的仓储阶段，相应仓储费计入存货采购成本。

【例 3 -30 · 单选题】甲公司为增值税一般纳税人，购入原材料，增值税专用发票注明价款 50 万元，增值税 8 万元，支付装卸费 0.3 万元，入库前挑选整理费 0.2 万元，运费 0.1 万元（不考虑增值税），材料入账价是（　　）万元。

A. 56　　B. 59

C. 50.4　　D. 50.6

【本题答案】D

【本题解析】入账价值 =50 +0.3 +0.2 +0.1 =50.6（万元）

【例 3 -31 · 单选题】某企业为增值税一般纳税人，本期购入一批商品 100 千克，进货价格为 100 万元，增值税进项税额为 13 万元。所购商品到达后验收发现商品短缺 25%，其中合理损失 15%，另外 10%的短缺无法查明原因。该批商品的单位成本为（　　）万元。

A. 1　　B. 1.4

C. 1.2　　D. 1.25

【本题答案】C

【本题解析】运输途中的合理损耗应计入采购成本，其中，合理损耗 15%已包含在购入成本中，另 10%非合理损耗应从购入成本中扣除，可以抵扣的增值税进项税额不计入成本；入库的实际数量为 75 千克（100 -100 ×25%）。该批商品的单位成本 =总成本÷入库总数量 =（100 -100 ×10%）÷（100 -100 ×25%）=1.2（万元）。

（三）发出存货的计价方法

企业发出存货可以按照实际成本法核算，也可以按计划成本法核算。 这里主要讲述实际成本法，见图3－12。

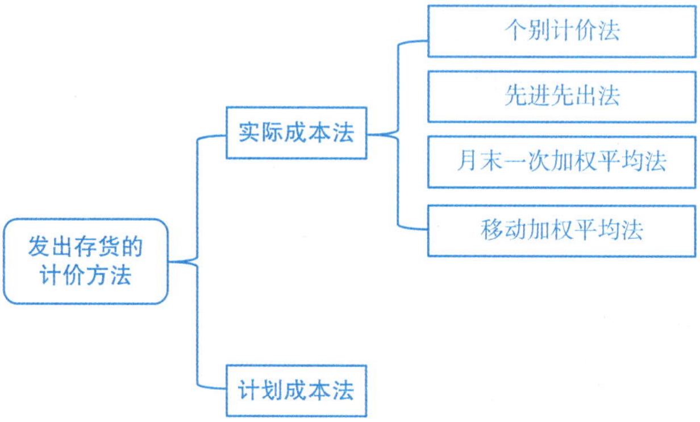

图3－12　发出存货的计价方法

【知识卡片】存货发出计价方法如下表所示。

存货发出计价方法

存货计价方法	具体规则	优缺点
个别计价法	适用于一般不能替代使用的存货、为特定项目专门购入或制造的存货以及提供的劳务，如珠宝、名画等贵重物品	计算准确，但工作量大
先进先出法	在物价持续上升时，期末存货成本接近于市价，而发出成本偏低，会高估企业当期利润和库存存货价值；反之，会低估企业存货价值和当期利润	可以随时结转存货发出成本，但较烦琐
月末一次加权平均法	=（月初存货结存金额＋**本期购入**存货金额）÷（月初存货结存数量＋**本期购入**存货数量）	只在月末计算加权平均单价，简化计算工作，但平时无法从账上提供发出和结存存货的单价及金额，不便于存货日常管理与控制
移动加权平均法	=（原有库存的实际成本＋**本次进货**的实际成本）÷（原有库存存货数量＋**本次进货**数量）	有利于及时了解存货结存情况，比较客观，但计算工作量大

【总结】不同存货计价方法的经济后果可能存在差异，企业应在国家统一会计制度规定范围内尽可能选择发出存货成本偏高的计价方法，以使企业利益相关者特别是股东作出谨慎的经济决策。

【例3-32·多选题】存货计价方法包括（　　）。

A. 先进先出法　　B. 个别计价法　　C. 后进先出法　　D. 加权平均法

【本题答案】ABD

【本题解析】存货计价方法包括先进先出法、个别计价法、移动加权平均法、月末一次加权平均法，不包括后进先出法。

【例3-33·判断题】采用移动加权平均法计算发出存货成本不能在月度内随时结转发出存货的成本。（　　）

【本题答案】错

【例3-34·单选题】某企业采用先进先出法核算发出存货成本。2019年11月期初结存M材料100千克，每千克实际成本为30元；11日购入M材料260千克，每千克实际成本为23元；21日发出M材料240千克。不考虑其他因素，该企业发出M材料的成本为（　　）元。

A. 5 986.67　　B. 7 200　　C. 5 520　　D. 6 220

【本题答案】D

【本题解析】21日发出材料的成本 =100 ×30 +140 ×23 =6 220（元）

「考点12」原材料（★★）

原材料主要包括各种原料、主要材料、辅助材料、外购半成品（外购件）、修理用备件（备品备件）、包装材料、燃料等。

原材料的日常收发及结存，可以采用实际成本核算，也可以采用计划成本核算。

采用实际成本核算的优点：方法简单、核算程序简便易行；缺点：不能直接反映材料成本的节约或超支情况，不便于对材料监督管理，不便于反映和考核材料物资采购、储存及耗用等业务对经营成果的影响。因此，实际成本法适用于材料收发业务较少、监督管理要求不高的企业。

在实务中，对于材料收发业务较多、监督管理复杂且要求较高、计划成本资料较为健全、准确的企业，一般可以采用计划成本进行材料收入、发出的核算。

（一）实际成本核算

1. 会计科目设置（见表3-23）

表3-23　会计科目设置

会计科目	具体内容
原材料	用于核算库存各种材料的收发与结存情况
在途物资	用于核算企业采用实际成本（进价）进行材料、商品等物资的日常核算、价款已付尚未验收入库的各种物资的采购成本

2. 账务处理（见表3-24）

表3-24　　实际成本的账务处理

交易或事项	具体情况	会计分录
购入材料	货款已经支付或开出、承兑商业汇票，同时材料已验收入库	借：**原材料** 　　应交税费——应交增值税（进项税额） 　　贷：银行存款/应付票据等
	货款已经支付或已开出、承兑商业汇票，材料尚未到达或未验收入库	借：**在途物资** 　　应交税费——应交增值税（进项税额） 　　贷：银行存款/应付票据
	发票账单等结算凭证未到，货款尚未支付，材料已验收入库	①月末暂估入库： 借：原材料 　　贷：应付账款——暂估应付账款 ②下月初用红字冲销原暂估入账金额，等实际付款或开出承兑商业汇票后，按正常程序处理
	货款已经预付，材料已验收入库	①预付账款时： 借：预付账款 　　贷：银行存款 ②材料验收入库时： 借：原材料 　　应交税费——应交增值税（进项税额） 　　贷：预付账款 ③预付款项金额小于最终应支付的金额时： 借：预付账款 　　贷：银行存款 ④预付款项金额大于最终应支付的金额时，应作③的相反会计分录
发出材料	发出材料实际成本的确定，可以由企业从个别计价法、先进先出法、月末一次加权平均法、移动加权平均法等方法中选择。 计价方法一经确定，不得随意变更。如需变更，应在附注中予以说明	借：生产成本 　　制造费用 　　管理费用 　　销售费用 　　贷：原材料

逐一举例说明：

①**购入材料。** 由于支付方式不同，原材料入库的时间与付款时间可能一致，也可能不一致，在账务处理上又分为四种情况。

a. 货款已经支出或开出承兑商业汇票，同时材料已验收入库。

【例3－35·计算题】甲公司购入C材料一批，增值税专用发票记载的货款为500 000元，增值税税额为80 000元，对方代垫包装费1 000元，全部款项已用转账支票付讫，材料已验收入库。甲公司应编制如下会计分录：

借：原材料——C材料	501 000	
应交税费——应交增值税（进项税额）	80 000	
贷：银行存款		581 000

b. 货款已经支出、开出商业承兑汇票，材料尚未到达或未验收入库。

【例3－36·计算题】甲公司采用汇兑结算方式购入F材料一批，发票及账单已收到，增值税专用发票记载的货款为20 000元，增值税税额为3 200元，支付保险费1 000元，材料尚未到达。甲公司应编制如下会计分录：

借：在途物资——F材料	21 000	
应交税费——应交增值税（进项税额）	3 200	
贷：银行存款		24 200

c. 货款尚未支付，材料已经验收入库。

【例3－37·计算题】甲公司采用托收承付结算购入G材料一批，增值税专用发票上记载的货款为50 000元，增值税税额为8 000元，对方代垫包装费1 000元。款项尚未支付，材料已验收入库。甲公司应编制如下会计分录：

借：原材料——G材料	51 000	
应交税费——应交增值税（进项税额）	8 000	
贷：应付账款		59 000

d. 货款已经预付，材料尚未验收入库。

【例3－38·计算题】根据与××钢厂的购销合同规定，甲公司购买J材料，向该钢厂预付100 000元货款的80%，计80 000元。已通过汇兑方式汇出。甲公司应编制如下会计分录：

借：预付账款——××钢厂	80 000	
贷：银行存款		80 000

②**发出材料**，见表3－25。

表3－25　　发出材料

情形	账务处理
生产经营领用材料，根据用途使用不同的会计科目	借：生产成本 　　制造费用 　　销售费用 　　管理费用 　　贷：原材料
出售材料结转成本	借：其他业务成本 　　贷：原材料
发出委托外单位加工的材料	借：委托加工物资 　　贷：原材料

（二）采用计划成本核算

案例导入

假设小彬要出门去买5斤苹果，作为一个勤俭持家的人，小彬给自己设定的预算是10元/斤。那么可能出现3种情形：

情形一：经过一番讲价，苹果的价格是8元/斤，比预计的便宜，算下来，能节约10元呢!

情形二：苹果不多不少，正好10元/斤。

情形三：最近台风打坏了好多苹果，物以稀为贵，苹果涨价到了12元/斤，还超支了10元!

如果用计划成本核算，假设不考虑增值税，应该怎么做账?

由于这里涉及两个价格，所以，肯定要设置两个科目来核算不同的价格，我们用“材料采购”这个科目来核算实际成本，用“原材料”来核算计划成本。那两者的差异怎么办呢?这里，我们再引入第三个科目，叫作“材料成本差异”!**（小企业也可以在“原材料”“周转材料”等科目下设置“成本差异”明细科目进行材料成本差异的核算。这里的内容非特别说明均以企业会计准则相关规定为准。）**

会计分录三要素现在已经凑了两个（科目、金额），借贷方向要如何判断呢?我们进行分录推导（见表3－26）。

表3－26　　分录推导

情形一（节约）	借：材料采购 　　贷：库存现金 借：原材料 　　贷：材料采购 　　　　材料成本差异	40（实际成本） 　　40 50（计划成本） 　　40（实际成本） 　　10（倒挤，哪边少了补哪边）

续表

情形二（刚好）	借：材料采购　　50（实际成本） 　贷：库存现金　　50 借：原材料　　50（计划成本） 　贷：材料采购　　50（实际成本）
情形三（超支）	借：材料采购　　60（实际成本） 　贷：库存现金　　60 借：原材料　　50（计划成本） 　材料成本差异　　10（候补，哪边少了补哪边） 　贷：材料采购　　60（实际成本）

1. *原材料核算应设置的会计科目*

原材料核算应设置的会计科目见表3－27。

表3－27　原材料核算应设置的会计科目

会计科目	有关规定
原材料	用于核算**库存（即实际验收入库的）**各种材料的收发与结存。 按**计划成本**核算，借方登记入库材料的计划成本，贷方登记发出材料的计划成本，期末余额在借方，反映企业库存材料的计划成本
材料采购	用于核算企业**在途**材料的**采购成本（即实际成本）**，相当于尚未验收入库的原材料，但是按实际采购成本核算
材料成本差异	反映企业已入库各种材料的实际成本与计划成本的差异。 **借方**登记采购时的超支差异及发出材料应负担的节约差异。（★★） **贷方**登记采购时的节约差异及发出材料应负担的超支差异。（★★） 期末如为借方余额，反映企业库存材料实际成本大于计划成本。 期末如为贷方余额，反映企业库存材料实际成本小于计划成本。

【知识卡片】借超支，贷节约，发出相反！

发出材料的时候要结转成本差异，所以肯定相反。

2. *原理*

从原材料验收入库前、验收入库后、发出三个流转环节来理解计划成本核算方法，具体见表3－28。

实际成本＝计划成本＋超支差－节约差

期末结存材料＝期初材料＋本期购入－本期领用

表 3 -28　　计划成本核算方法

流转环节	会计科目	具体核算方法及会计分录
验收入库前	材料采购（实际成本）	借：材料采购 　　应交税费——应交增值税（进项税额） 　　贷：银行存款等
验收入库后	原材料（计划成本） 材料成本差异（差额）	材料采购——→原材料 按计划成本登记原材料，贷方登记材料采购，差额计入材料成本差异。 会计分录为： 借：原材料（计划成本） 　　材料成本差异（超支差，节约差在贷方） 　　贷：材料采购（实际成本）
发出材料时	原材料（计划成本） 材料成本差异（发出材料应负担的材料成本差异）	根据用途，将原材料转入成本或费用，同时结转应负担的材料成本差异。 会计分录为： 借：生产成本/制造费用/管理费用等 　　贷：原材料 　　　　材料成本差异（也可能在借方）
		①**发出材料应负担的材料成本差异**=发出材料的计划成本 ×本期材料成本差异率 ②**本期材料成本差异率**=期初、本期差异之和÷期初、本期**计划成本之和** =（期初结存材料的成本差异+本期验收入库材料的成本差异）÷（期初结存材料的计划成本+本期验收入库材料的计划成本）×100% ③**发出材料的实际成本**=发出材料的计划成本×（1+成本差异率） 【知识卡片】 ①成本差异**超支为+**，**节约为-**； ②有时候题目没有直接告诉我们差异，但是会告诉我们实际成本和计划成本，那么差异=实际成本-计划成本； ③题目常常会问结存材料的实际成本，计算关键是先算出结存材料的计划成本，再算出**本期材料的成本差异率**

【例 3 -39 · 多选题】下列各项中，关于原材料按计划成本核算的会计处理表述正确的有（　　）。

A. 入库原材料的超支差异应借记“材料成本差异”科目

B. 发出材料应负担的节约差异应借记“材料成本差异”科目

C. 发出材料应负担的超支差异应贷记“材料成本差异”科目

D. 入库材料的节约差异应借记“材料成本差异”科目

【本题答案】ABC

【本题解析】选项 D，入库材料的节约差异应记入“材料成本差异”科目的贷方。

【例 3 -40 · 单选题】某企业材料采用计划成本核算，月初材料计划成本为 30 万元，材料成本差异为节约 2 万元；当月购入材料的实际成本为 110 万元，计划成本为 120 万元；当月领用材料的计划成本为 100 万元，月末该企业结存材料的实际成本为（　　）万元。

A. 48　　B. 46　　C. 50　　D. 54

【本题答案】 B

【本题解析】 本期材料成本差异率 = [-2 + (110 - 120)] ÷ (30 + 120) × 100% = -8%，当月该企业结存材料的实际成本 = (30 + 120 - 100) × (1 - 8%) = 46（万元）。

3. 具体账务处理

①购入材料（分三种情况）。

a. 货款已经支付，同时材料验收入库。

在计划成本下，购入材料无论是否验收入库，都要先通过“材料采购”科目进行核算，以反映企业所购入材料的实际成本，从而与“原材料”科目相比较，计算确定材料成本差异。

【例 3-41 · 计算题】 甲公司购入 L 材料一批，专用发票上记载的货款为 3 000 000 元，增值税税额为 480 000 元，发票账单已收到，计划成本为 3 200 000 元，已验收入库，全部款项以银行存款支付。甲公司应编制如下会计分录：

借：材料采购——L 材料　　3 000 000
　　应交税费——应交增值税（进项税额）　　480 000
　　贷：银行存款　　3 480 000

同时，

借：原材料——L 材料　　3 200 000
　　贷：材料采购——L 材料　　3 000 000
　　　　材料成本差异　　200 000

b. 货款已经支付，同时材料尚未验收入库。

【例 3-42 · 计算题】 甲公司采用汇兑结算方式购入 M1 材料一批，专用发票上记载的货款为 200 000 元，增值税税额为 32 000 元，发票账单已收到，计划成本为 180 000 元，材料尚未入库，款项已用银行存款支付。甲公司应编制如下会计分录：

借：材料采购——M1 材料　　200 000
　　应交税费——应交增值税（进项税额）　　32 000
　　贷：银行存款　　232 000

c. 货款尚未支付，材料已经验收入库，但发票账单尚未收到。

在这种情况下，对于尚未收到发票账单的收料凭证，月末应按计划成本暂估入账，借记“原材料”等科目，贷记“应付账款——暂估应付账款”科目；下月初，用红字予以冲回，借记“原材料”科目（红字），贷记“应付账款——暂估应付账款”科目（红字）。

②发出材料。

在实务中，为了简化核算，企业平常发出原材料不编制会计分录，通常在月末，根据领料单等编制“发料凭证汇总表”结转发出材料的计划成本，按计划成本分别记入“生产成本”“制造费用”“销售费用”“管理费用”“其他业务成本”“委托加工物资”等科目，贷记“原材料”科目，同时结转材料成本差异。

【例3-43·计算题】甲公司根据“发料凭证汇总表”的记录，某月L材料的消耗（计划成本）为：基本生产车间领用2 000 000元，辅助生产车间领用600 000元，车间管理部门领用250 000元，企业行政管理部门领用50 000元。甲公司应编制如下会计分录：

借：生产成本——基本生产车间	2 000 000	
——辅助生产车间	600 000	
制造费用	250 000	
管理费用	50 000	
贷：原材料——L材料		2 900 000

企业日常采用计划成本核算的，发出的材料成本应由计划成本调整为实际成本，通过“材料成本差异”科目进行结转。

材料成本差异率=总差异（期初+本期）÷总计划成本（期初+本期）

=（期初结存材料的成本差异+本期验收入库材料的成本差异）÷（期初结存材料的计划成本+本期验收入库材料的计划成本）×100%

发出材料应负担的成本差异=发出材料的计划成本×本期材料成本差异率

【例3-44·计算题】承【例3-43】，甲公司某月月初结存L材料的计划成本为1 000 000元。成本差异为超支30 740元；当月入库L材料的计划成本为3 200 000元，成本差异为节约200 000元，则：

材料成本差异率=(30 740-200 000)÷(1 000 000+3 200 000)×100%=-4.03%

结转发出材料的成本差异，甲公司应编制如下会计分录：

借：材料成本差异——L材料	116 870	
贷：生产成本——基本生产车间		(2 000 000×4.03%) 80 600
——辅助生产车间		(600 000×4.03%) 24 180
制造费用		(250 000×4.03%) 10 075
管理费用		(50 000×4.03%) 2 015

「考点13」周转材料（★）

周转材料，是指企业能够多次使用，不符合固定资产定义，逐渐转移其价值但仍能保持原有形态的材料物品。

企业的周转材料包括包装物和低值易耗品，以及小企业（建筑业）的钢模板、木模板、脚手架等。

（一）包装物的内容

包装物是指为了包装本企业商品而储备的各种包装容器，如桶、箱、瓶、坛、袋等，其核算内容如表 3-29 所示。

表 3-29　　包装物核算内容

包装物用途	会计科目
生产过程中用于包装产品作为**产品组成部分**的包装物	应记入“**生产成本**”科目
随同商品出售而**不单独计价**的包装物	应记入“**销售费用**”科目
随同商品出售**单独计价**的包装物	记入“**其他业务成本**”科目 销售收入记入“**其他业务收入**”科目
出租或**出借**给购买单位使用的包装物	记入“**其他业务成本**”或“**销售费用**”科目

【补充】

按照小企业会计准则规定，小企业的各种包装材料，如纸、绳、铁丝、铁皮等，应在“原材料”科目内核算；用于储存和保管产品、材料而不对外出售的包装物，应按照价值大小和使用年限的长短，分别在“固定资产”科目或“原材料”科目核算。

（二）包装物的账务处理

为了反映和监督包装物的增减变动及其价值损耗、结存等情况，企业应当设置“**周转材料——包装物**”科目进行核算。借方登记包装物的增加，贷方登记包装物的减少，期末余额在借方，通常反映企业期末结存包装物的金额。

1. 生产领用包装物

借记“生产成本”科目，贷记“周转材料——包装物”“材料成本差异”（采用计划成本核算时使用该科目）等科目。

【例 3-45·计算题】甲公司对包装物采用计划成本核算，某月生产产品领用包装物的计划成本为 100 000 元，材料成本差异率为 -3%。甲公司应编制如下会计分录：

借：生产成本　　97 000
　　材料成本差异　　3 000
　　贷：周转材料——包装物　　100 000

2. 随同商品出售包装物

①随同商品出售而不单独计价的包装物，应按其**实际成本**计入销售费用：

借：销售费用

贷：周转材料——包装物（计划成本）
　　材料成本差异（可能在借方）

【例3－46·计算题】甲公司某月销售商品领用不单独计价包装物的计划成本为50 000元，材料成本差异率为－3%。甲公司应编制如下会计分录：

借：销售费用　　48 500
　　材料成本差异　　1 500
　　贷：周转材料——包装物　　50 000

②随同商品出售而单独计价的包装物，一方面应反映其销售收入，计入其他业务收入；另一方面反映其实际销售成本，计入其他业务成本。

【例3－47·计算题】甲公司为增值税一般纳税人，对包装物采用计划成本核算，某月销售商品领用单独计价包装物的计划成本为80 000元，销售收入为100 000元，开具的增值税专用发票上注明的增值税税额为16 000元，款项已存入银行。该包装物的材料成本差异率为－3%。甲公司应编制如下会计分录：

（1）出售单独计价包装物时：

借：银行存款　　116 000
　　贷：其他业务收入　　100 000
　　　　应交税费——应交增值税（销项税额）　　16 000

（2）结转所售单独计价包装物的成本：

借：其他业务成本　　77 600
　　材料成本差异　　2 400
　　贷：周转材料——包装物　　80 000

该包装物应负担的材料成本差异＝80 000×（－3%）＝－2 400（元），因为负担的是节约差，所以材料成本差异在借方。

3. 出租或出借包装物（见表3－30）

表3－30　**出租或出借包装物**

情形	账务处理
发出	借：周转材料——包装物——出租包装物（或出借包装物） 　　贷：周转材料——包装物——库存包装物
押金（存入保证金）	收取押金时： 借：库存现金／银行存款 　　贷：其他应付款——存入保证金 退还时，编制相反分录
租金	借：库存现金／银行存款／其他应收款 　　贷：其他业务收入

续表

情形	账务处理
相关费用	①包装物的摊销： 借：其他业务成本（出租包装物） 　　销售费用（出借包装物） 　　贷：周转材料——包装物——包装物摊销 ②支出修理费用： 借：其他业务成本（出租包装物） 　　销售费用（出借包装物） 　　贷：库存现金／银行存款／原材料／应付职工薪酬

（三）低值易耗品的内容

作为存货核算和管理的低值易耗品，一般划分为一般工具、专用工具、替换设备、管理用具、劳动保护用品、其他用具等。

（四）低值易耗品的账务处理

企业应当设置"**周转材料——低值易耗品**"科目，借方登记低值易耗品增加，贷方登记低值易耗品减少，期末余额在借方，反映期末结存低值易耗品。

低值易耗品，按照使用次数分次计入成本费用。金额较小的，可在领用时一次计入成本费用。但为了加强实物管理，应在备查簿进行登记。

采用分次摊销法的情况下，需要单独设置"周转材料——低值易耗品——**在库**""周转材料——低值易耗品——**在用**""周转材料——低值易耗品——**摊销**"明细科目。

其中，"周转材料——低值易耗品——摊销"为"周转材料——低值易耗品——在用"明细科目的备抵科目，核算使用中低值易耗品的累计摊销额。

流转路线：在库—在用—摊销。

【例3－48·计算题】甲公司的基本生产车间领用专用工具一批，实际成本为100 000元，不符合固定资产定义，采用分次摊销法进行摊销。该专用工具的估计使用次数为4次。甲公司应编制如下会计分录：

（1）领用专用工具。

借：周转材料——低值易耗品——在用　　100 000

　　贷：周转材料——低值易耗品——在库　　100 000

（2）第一次领用时摊销其价值的1／4。

借：制造费用　　25 000

　　贷：周转材料——低值易耗品——摊销　　25 000

（3）第二次、第三次分别领用摊销其价值的1／4。

借：制造费用　　25 000

　　贷：周转材料——低值易耗品——摊销　　25 000

（4）最后一次摊销时：

借：制造费用　　25 000

　　贷：周转材料——低值易耗品——摊销　　25 000

同时核销在用低值易耗品，注销使用部门的经管责任：

借：周转材料——低值易耗品——摊销　　100 000

　　贷：周转材料——低值易耗品——在用　　100 000

【例3－49·多选题】下列各项中，关于周转材料会计处理表述正确的有（　　）。

A. 多次使用的包装物应根据使用次数分次进行摊销

B. 低值易耗品金额较小的可在领用时一次计入成本费用

C. 随同商品销售出借的包装物的摊销额应计入管理费用

D. 随同商品出售单独计价的包装物取得的收入应计入其他业务收入

【本题答案】ABD

【本题解析】选项C，计入销售费用。

「考点14」委托加工物资（★★）

（一）委托加工物资的内容和成本

委托加工物资是指企业委托外单位加工的各种材料、商品等物资。

委托加工物资的成本包括：加工中**实际耗用物资的成本**、支付的**加工费用**及应负担的**运杂费**、支付的**税费**等。

（二）委托加工物资的账务处理（见表3－31）

表3－31　委托加工物资的账务处理

交易或事项	会计分录
发出物资	借：委托加工物资（实际成本） 　贷：原材料（计划成本） 　　材料成本差异（超支差，节约差在借方）
支付加工费、运杂费	借：委托加工物资 　应交税费——应交增值税（进项税额）（支付加工费取得的增值税进项税额） 　　——应交消费税（收回后用于继续加工，可抵扣的消费税） 　贷：银行存款
加工完成后验收入库	借：库存商品（计划成本） 　材料成本差异（超支差，节约差在贷方） 　贷：委托加工物资（实际成本，包括发出物资实际成本＋加工费、运杂费）

【知识卡片】

委托加工物资涉及的增值税和消费税：

①支付加工费用中可以抵扣的增值税进项税额，记入“应交税费——应交增值税（进项税额）”，不计入委托加工物资成本。

②由受托方代收代缴的消费税：第一，如果收回加工物资用于继续加工的，按规定在计税时准予扣除，记入“应交税费——应交消费税”科目的借方；第二，如果是加工收回后直接销售的，按规定计税时不准予扣除，应将其计入加工物资的成本。

【例3－50·单选题】甲企业是增值税一般纳税人，委托乙加工一批物资，成本100万元，乙公司代收代缴消费税8万元，支付加工费3万元，运费2万元（加工费、运费均不考虑增值税），收回后连续生产应税消费品，下列说法不正确的是（　　）。

A. 乙公司代收代缴的消费税8万元计入成本

B. 支付的加工费计入成本

C. 乙公司代收代缴的消费税计入应交税费——应交消费税借方

D. 委托加工物资成本为105万元

【本题答案】A

【本题解析】借：委托加工物资　　（100＋2＋3）105

应交税费——应交消费税　　8

贷：原材料　　100

银行存款　　13

【例3－51·判断题】企业委托加工物资收回后用于直接销售的，应将受托方代收代缴的消费税计入委托加工物资的成本。（　　）

【本题答案】对

第 8 天

复习旧内容

第三章　流动资产　考点 11～14

学习新内容

第三章　流动资产　考点 15～18

你今天可能有的心态

昨天学习的原材料实际成本法和计划成本法，你可能会觉得有点难，一定要结合课上老师讲的原理去理解，不要死记硬背！重点要结合例题来掌握它的计算方法！

简单解释今天学习内容

今天我们继续来学习存货的内容：库存商品、消耗性生物资产、存货的清查和减值都会在今天学习完。

学习方法

存货的内容非常多，在学习时一定要学会梳理框架，进行考点定位。当你看到题目时，就要形成条件反射，哦！这道题考的是哪个考点，这个考点下又包括了什么内容，必须要烂熟于心，方能掌握牢固！

建议学习时间

3.5 小时

今日打卡

任务内容	预计时间	重点任务要求
早读	30分钟	□ 把昨晚看的教材读一遍 □ 听微课
考点15~18	90分钟	□ 库存商品 □ 存货清查 □ 存货减值
做作业	60分钟	□ 做教材例题、精练习题 □ 整理消化错题
回忆内容	30分钟	□ 把今天的教材看3遍 □ 背着书，把今天学的内容回忆一遍 □ 梳理今天所学内容框架

「考点15」库存商品（★★）

（一）库存商品的内容

库存商品是指企业完成全部生产过程并验收入库，可以作为商品直接对外销售的各种产品。

库存商品具体包括库存产成品、外购商品、存放在门市部准备出售的商品、发出展览的商品、寄存在外的商品、接受来料加工制造的代制品和为外单位加工修理的代修品等。

（二）库存商品的账务处理（见表3－32）

表3－32　库存商品的账务处理

交易或事项	会计分录	
验收入库商品	借：库存商品（实际成本） 　贷：生产成本——基本生产成本	
发出商品	企业销售商品，应确认收入，同时结转销售成本，借记“主营业务成本”等科目，贷记“库存商品”科目	
	①确认收入	借：银行存款／应收账款／应收票据等 　贷：主营业务收入 　　应交税费——应交增值税（销项税额）
	②结转成本	借：主营业务成本 　贷：库存商品

以下通过举例说明：

1. 验收入库商品

【例3－52·计算题】甲公司“商品入库汇总表”记载，某月已验收入库Y产品1 000台，实际单位成本5 000元，计5 000 000元，Z产品2 000台，实际单位成本1 000元，计2 000 000元。甲公司应编制如下会计分录：

借：库存商品——Y产品　　5 000 000
　　　　　　——Z产品　　2 000 000
　贷：生产成本——基本生产成本（Y产品）　　5 000 000
　　　　　　　——基本生产成本（Z产品）　　2 000 000

2. 发出商品

【例3－53·计算题】甲公司月末汇总的发出商品中，当月已实现销售的Y产品有500台，Z产品有1 500台。该月Y产品实际单位成本5 000元，Z产品实际单位成本1 000元。在结转其销售成本时，甲公司应编制如下会计分录：

借：主营业务成本　　　　4 000 000
　贷：库存商品——Y产品　　　　2 500 000
　　　　　　　——Z产品　　　　1 500 000

3. 商品流通企业成本核算方法

商品流通企业的库存商品可以采用毛利率法和售价金额核算法进行日常核算。

①毛利率法。

毛利率是指根据本期销售净额乘以上期实际（或本期计划）毛利率匡算本期销售毛利，并据以计算发出存货和期末存货成本的一种方法。

计算公式：

毛利率＝销售毛利÷销售额×100%

销售净额＝销售收入－销售退回与折让

销售毛利＝销售净额×毛利率

销售成本＝销售净额－销售毛利

期末存货成本＝期初存货成本＋本期购货成本－本期销售成本

这一方法是商品流通企业，尤其是商业批发企业常用的计算本期商品销售成本和期末库存商品成本的方法。

【例3－54·计算题】某商场采用毛利率法进行核算，2018年4月1日针织品存货1 800万元，本月购进3 000万元，本月销售收入3 400万元，上季度该类商品毛利率为25%。本月已销售商品和月末库存商品的成本计算如下：

销售毛利＝销售净额×毛利率＝3 400×25%＝850（万元）

本月销售成本＝销售净额－销售毛利＝3 400－850＝2 550（万元）

月末库存商品成本＝1 800＋3 000－2 550＝2 250（万元）

②售价金额核算法。

a. 售价金额核算法是指平时商品的购入、加工回收、销售价均按售价记账，售价与进价的差额通过“商品进销差价”科目核算，期末计算进销差价率和本期已销售商品应分摊的进销差价，并据以调整本期销售成本的一种方法。

b. 计算公式：

商品进销差价率＝**总差价÷总售价**

＝（期初库存商品进销差价＋本期购入商品进销差价）÷（期初库存商品售价＋本期购入商品售价）×100%

本期销售商品应分摊的商品进销差价＝本期商品销售收入×商品进销差价率

本期销售商品成本＝本期商品销售收入－本期销售商品应分摊的商品进销差价

=本期销售商品收入 ×（1－商品进销差价率）

期末结存商品的成本=期初+本期增加－本期减少

=期初库存商品的进价成本+本期购进商品的进价成本－本期销售商品的成本

【知识卡片】

售价金额核算法账务处理类似于计划成本法。

对于从事商业零售业务的企业（如百货公司、超市等），由于经营的商品种类、品种、规格等繁多，而且要求按商品零售价格标价，采用其他成本计算结转方法均较困难，因此广泛采用这一方法。

【例3－55·单选题】某企业库存商品采用售价金额法核算，2018年5月初库存商品售价总额为14.4万元，进销差价率为15%，本月购入库存商品进价成本总额为18万元，售价总额为21.6万元，本月销售商品收入为20万元，该企业本月销售商品的实际成本为（　　）万元。

A. 20　　B. 16.8　　C. 17　　D. 16

【本题答案】B

【本题解析】本月的商品进销差价率=（期初库存商品进销差价+本期购入商品进销差价）÷（期初库存商品售价+本期购入商品售价）×100%=（14.4×15%+21.6－18）÷（14.4+21.6）×100%=16%，所以该企业本月销售商品的实际成本=20－20×16%=16.8（万元）。

【例3－56·计算题】某商场为增值税一般纳税人，库存商品采用售价金额核算法核算与管理。2020年7月，期初库存商品的进价成本总额为1 000 000元，售价总额为1 100 000元；本月购进商品的进价成本总额为750 000元，售价总额为900 000元；本月实现销售收入共计1 200 000元。有关会计处理如下：

（1）本月购进商品验收入库，按售价金额入账，编制如下会计分录：

借：库存商品	900 000	
应交税费——应交增值税（进项税额）	97 500	
贷：银行存款		847 500
商品进销差价		150 000

（2）确认本月商品销售收入，编制如下会计分录：

借：银行存款	1 356 000	
贷：主营业务收入		1 200 000
应交税费——应交增值税（销项税额）		156 000

同时，按售价结转销售成本，注销柜台的商品经管责任，编制如下会计分录：

借：主营业务成本	1 200 000	
贷：库存商品		1 200 000

（3）月末，计算销售商品应分摊商品进销差价：

商品进销差价率 =（100 000 +150 000）÷（1 100 000 +900 000）×100% =12.5%

已销商品应分摊的商品进销差价 =1 200 000 ×12.5% =150 000（元）

本期销售商品的实际成本 =1 200 000 -150 000 =1 050 000（元）

期末结存商品的实际成本 =1 000 000 +750 000 -1 050 000 =700 000（元）

将平时按售价结转的销售成本调整为实际成本，编制如下会计分录：

借：商品进销差价　　　　150 000

　　贷：主营业务成本　　　　150 000

调整后本月实际的商品销售成本为 1 050 000 元。

［考点 16］消耗性生物资产（★★）

生物资产，是指农业活动所涉及的活的动物或植物。 生物资产分为消耗性生物资产、生产性生物资产和公益性生物资产。 本部分介绍消耗性生物资产的会计处理。

消耗性生物资产，是指企业（农、林、牧、渔业）生长中的大田作物、蔬菜、用材林以及存栏待售的牲畜等，如玉米和小麦等庄稼、养殖的鱼等。

消耗性生物资产的账务处理（了解即可）如表 3 -33 所示。

表 3 -33　　消耗性生物资产的账务处理

1. 初始计量	①外购	借：消耗性生物资产 　贷：银行存款／应付账款等
	②自行栽培的大田作物和蔬菜、自行营造的林木、自行繁殖的育肥畜、水产养殖的动植物等	借：消耗性生物资产（收获前／郁闭前／出售前等发生的必要支出金额） 　贷：银行存款
2. 后续支出	借：消耗性生物资产（更新、补植林木等） 　管理费用（管护费用等） 　贷：银行存款／应付账款等	
3. 处置	借：银行存款（实际收到的金额） 　贷：主营业务收入 借：主营业务成本 　贷：消耗性生物资产	

企业至少应当于每年年度终了对消耗性生物资产进行检查，有确凿证据表明由于遭受自然灾害、病虫害、动物疫病侵袭或市场需求变化等原因，使消耗性生物资产的可变现净值低于其账面价值的，应当按照可变现净值低于账面价值的差额，计提生物资产跌价准备，并计入当期损益。 可变现净值应当分别按照存货减值的办法确定。

消耗性生物资产减值的影响因素已经消失的，减记金额应当予以恢复，并在原已计提的跌价准备金额内转回，转回的金额计入当期损益。

「考点17」存货清查（★★）

存货清查是指通过对存货的实地盘点，确定存货的实有数量，并与账面结存数核对，从而确定存货实存数与账面结存数是否相符的一种专门方法，即检查存货账实是否相符。

企业应当设置“待处理财产损溢”科目，期末处理后，本科目应无余额。

（一）存货盘盈的账务处理

两步走：首先，用待处理财产损溢反映盘盈的存货；然后，经批准后冲减管理费用（见表3-34）。

表3-34 存货盘盈的账务处理

企业发生存货盘盈时	借：原材料/库存商品 　贷：待处理财产损溢
在按管理权限报经批准后	借：待处理财产损溢 　贷：**管理费用**

【知识卡片】

库存现金盘盈待处理财产损溢是转入**其他应付款**或者**营业外收入**。

【例3-57·计算题】甲公司在财产清查中盘盈J材料1 000千克，实际单位成本60元。经查属于材料收发计量方面的错误。甲公司应编制如下会计分录：

（1）批准处理前。

借：原材料　　60 000

　贷：待处理财产损溢　　60 000

（2）批准处理后。

借：待处理财产损溢　　60 000

　贷：管理费用　　60 000

（二）存货盘亏及毁损的账务处理

两步走：首先，将损失（包括存货成本和不能抵扣的进项税额）转入待处理财产损溢；然后，报经批准后，根据原因转入相应的会计科目（见表3-35）。

表 3 -35　　存货盘亏及毁损的账务处理

企业发生存货盘亏及毁损时	借：待处理财产损溢 　　贷：原材料 　　　　库存商品 　　　　应交税费——应交增值税（进项税额转出） 【知识卡片】管理不善要转出，自然灾害不用转出
在按管理权限报经批准后应作会计处理	借：原材料（入库的残料价值） 　　其他应收款（保险公司和过失人的赔偿） 　　管理费用（一般经营损失的部分） 　　营业外支出（属于非正常损失的部分） 　　贷：待处理财产损溢

【知识卡片】小企业发生的存货毁损、盘盈及盘亏的处理：

小企业存货发生毁损，按取得的处置收入、可收回的责任人赔偿和保险赔款，扣除其成本、相关税费后的净额，应当计入营业外支出或营业外收入。发生的存货盘盈，按照实现的收益计入营业外收入；发生的存货盘亏损失应当计入营业外支出。

【例 3 -58 · 计算题】甲公司在财产清查中发现盘亏 K 材料 500 千克，实际单位成本 200 元，经查属于一般经营损失。假定不考虑相关税费，甲公司应编制如下会计分录：

（1）批准处理前。

借：待处理财产损溢　　100 000

　　贷：原材料　　100 000

（2）批准处理后。

借：管理费用　　100 000

　　贷：待处理财产损溢　　100 000

【例 3 -59 · 单选题】某企业核算批准后的存货毁损净损失，下列各项中，计入管理费用的是（　　）。

A. 由自然灾害造成的损失　　B. 应由保险机构赔偿的损失

C. 应由责任人赔偿的损失　　D. 管理不善造成的损失

【本题答案】D

【本题解析】选项 A，应计入营业外支出；选项 BC，应计入其他应收款。

【例 3 -60 · 单选题】某企业原材料采用实际成本核算。2018 年 6 月 29 日该企业对存货进行全面清查。发现短缺原材料一批，账面成本 12 000 元。已计提存货跌价准备 2 000 元，经确认，应由保险公司赔款 4 000 元，由过失人员赔款 3 000 元，假定不考虑其他因素，该项存货清查业务应确认的净损失为（　　）元。

A. 3 000　　B. 5 000　　C. 6 000　　D. 8 000

【本题答案】A

【本题解析】存货的账面价值为 12 000 - 2 000 = 10 000（元），故净损失为 10 000 - 4 000 - 3 000 = 3 000（元）。

[考点18] 存货减值（★★）

（一）存货跌价准备的计提和转回

资产负债表日，存货应当按照成本与**可变现净值**孰低计量（见图3-13）。

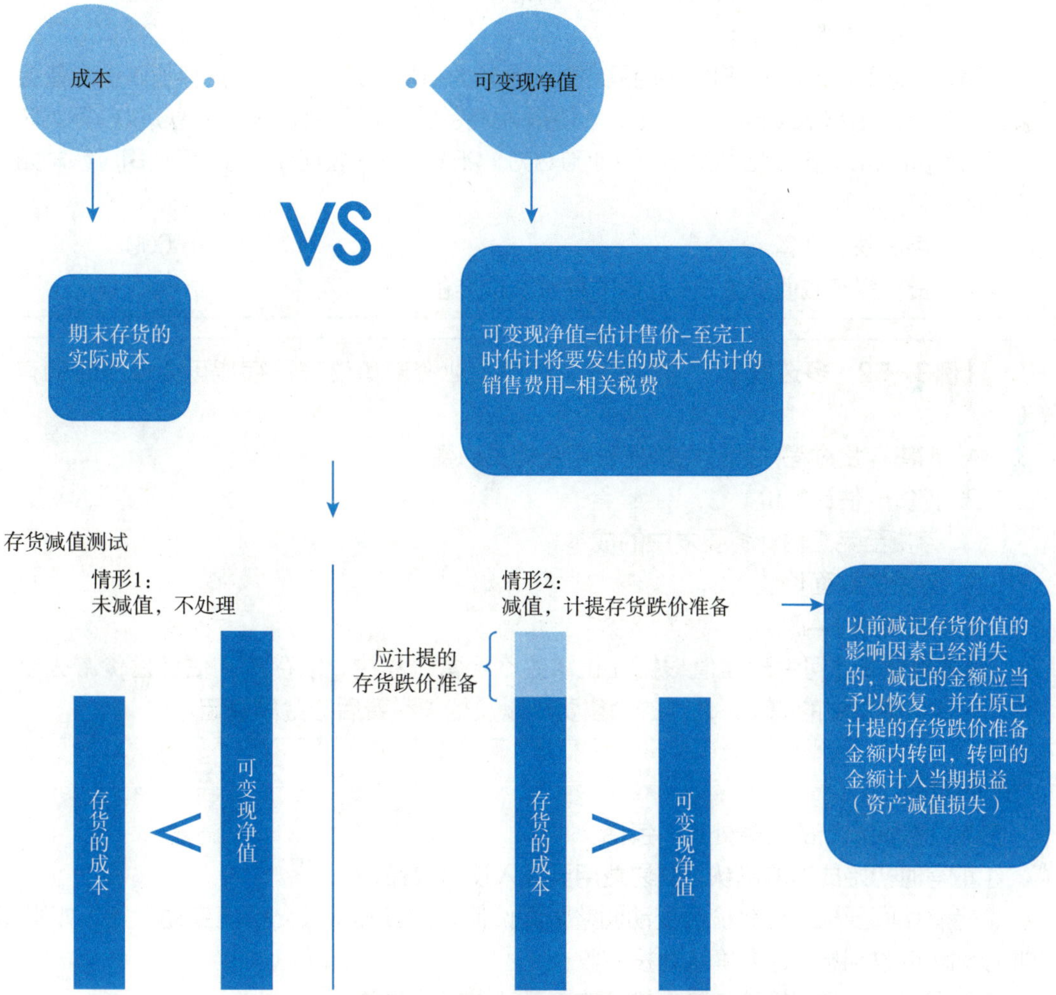

图3-13　存货跌价准备的计提和转回

（二）存货跌价准备的账务处理（类似于坏账准备计提）

1. 当存货成本高于其可变现净值时

借：资产减值损失

　　贷：存货跌价准备（差额）

2. 转回已计提的存货跌价准备金额时

借：存货跌价准备（恢复增加的金额不能超过已计提金额）

　　贷：资产减值损失

【例3－61·计算题】2017年12月31日，甲公司A商品的账面余额（成本）为100 000元。由于市场价格下跌，预计可变现净值为80 000元，由此应计提的存货跌价准备为20 000元。甲公司应编制如下会计分录：

借：资产减值损失——计提的存货跌价准备　　20 000

　　贷：存货跌价准备　　20 000

假设2018年6月30日，A商品的账面余额为100 000元，已计提存货跌价准备金额20 000元，由于市场价格有所上升，使得A商品的预计可变现净值为95 000元，应转回的存货跌价准备为15 000元［（100 000－95 000）－20 000］。甲公司应编制如下会计分录：

借：存货跌价准备　　15 000

　　贷：资产减值损失——计提的存货跌价准备　　15 000

【例3－62·多选题】下列各项中，影响企业资产负债表日存货可变现净值的有（　　）。

A. 销售存货过程中估计的销售费用及相关税费

B. 存货的估计售价

C. 存货至完工估计将要发生的成本

D. 存货的账面价值

【本题答案】ABC

【本题解析】可变现净值根据在正常生产经营过程中，以存货的估计售价减去至完工估计将要发生的成本、估计的销售费用以及相关税费后的金额确定。

躲坑作战1

交易性金融资产的账务处理，包括：

①取得时初始成本的确认，交易费用要计入投资收益；

②持有期间要根据公允价值变动调整账面价值，相应确认公允价值变动损益；如果有应收股利和应收利息，还要确认为投资收益；

③处置时，将收到价款与账面价值的差额计入投资收益。

躲坑作战2

交易性金融资产的账务处理如表 3 -36 所示。

表 3 -36　　交易性金融资产会计处理

<table>
<tr><th>交易或事项</th><th colspan="3">会计分录</th></tr>
<tr><td>取得时</td><td colspan="3">借：交易性金融资产——成本（公允价值）
　　应收股利（已宣告尚未发放的股利）/应收利息（已到付息期但尚未领取的利息）
　　投资收益（取得时所发生的相关交易费用）
　　应交税费——应交增值税（进项税额）（发生相关交易费用取得增值税专用发票的）
　　贷：其他货币资金——存出投资款（支付的总价款）</td></tr>
<tr><td rowspan="4">持有期间</td><td rowspan="2">①企业持有期间被投资单位宣告现金股利或在资产负债表日按分期付息、一次还本债券投资的票面利率计算的利息收入</td><td>宣告时</td><td>借：应收股利/应收利息
　　贷：投资收益</td></tr>
<tr><td>收到时</td><td>借：其他货币资金
　　贷：应收股利/应收利息</td></tr>
<tr><td rowspan="2">②资产负债表日，交易性金融资产按照公允价值计量，公允价值与账面余额之间的差额计入当期损益</td><td>股价或债券价格上涨</td><td>借：交易性金融资产——公允价值变动
　　贷：公允价值变动损益</td></tr>
<tr><td>股价或债券价格下跌</td><td>借：公允价值变动损益
　　贷：交易性金融资产——公允价值变动</td></tr>
<tr><td>出售</td><td colspan="3">借：其他货币资金
　　贷：交易性金融资产——成本
　　　　　　　　　　　——公允价值变动
　　　投资收益（也可能在借方）</td></tr>
</table>

你已成功
完成第三章的学习！

扫码领取全程课加入带学群

精神成就事业，态度决定一切，太阳每天都是新的，你是否每天都在努力。

第 9 天

复习旧内容

第三章　流动资产　考点 15～18

学习新内容

第四章　非流动资产　考点 1～2

你今天可能有的心态

完整地学习了一个星期之后，你会发现慢慢地进入了状态，即使遇到一点困难也没有那么焦躁了，加油坚持住，这是一个好的开始!

简单解释今天学习内容

今天进入第四章非流动资产的学习，第四章非流动资产分为 6 个考点，分值在 18 分左右。 前期我们学习了几类重要的流动资产，对于企业来说，非流动资产也是企业源源不断产生利润的“幕后功臣”，接下来，我们就一起来看一看固定资产、无形资产和长期待摊费用吧!

学习方法

固定资产等其他资产，与存货账务的处理基本相同，都是分为“初始计量—后续计量—处置”三个环节，因此一定要养成“从上往下”“从宏观到微观”的学习思路。

建议学习时间

3.5 小时

今日打卡

任务内容	预计时间	重点任务要求
早读	30分钟	□ 把昨晚看的教材读一遍 □ 听微课
考点1~2	90分钟	□ 固定资产 □ 自行研究开发的无形资产
做作业	60分钟	□ 总结固定资产各项账务处理 □ 做教材例题、精练习题 □ 整理消化错题
回忆内容	30分钟	□ 把今天的教材看3遍 □ 背着书，把今天学的内容回忆一遍 □ 梳理今天所学内容框架

第四章 非流动资产

考情分析

本章是从去年教材的第二章“资产”拆分出来的，与本教材的第三章“流动资产”共同构成了整个“资产”板块，这两章是初级会计实务最重要的章节之一。第四章分值预计18分左右，考试题型覆盖所有题型。尤其是今年教材新增了债权投资、长期股权投资、投资性房地产等非流动资产内容，一定要高度重视，全面学习掌握各个知识点。

非流动性资产是指不能在1年或者超过1年的一个营业周期内变现或者耗用的资产。非流动资产包括流动资产以外的债权投资、其他债权投资、长期应收款、长期股权投资、其他权益工具投资、其他非流动金融资产、投资性房地产、固定资产、在建工程、生产性生物资产、油气资产、使用权资产、无形资产、开发支出、商誉、长期待摊费用、递延所得税资产、其他非流动资产等。

考点地图

固定资产的框架如图4－1所示。

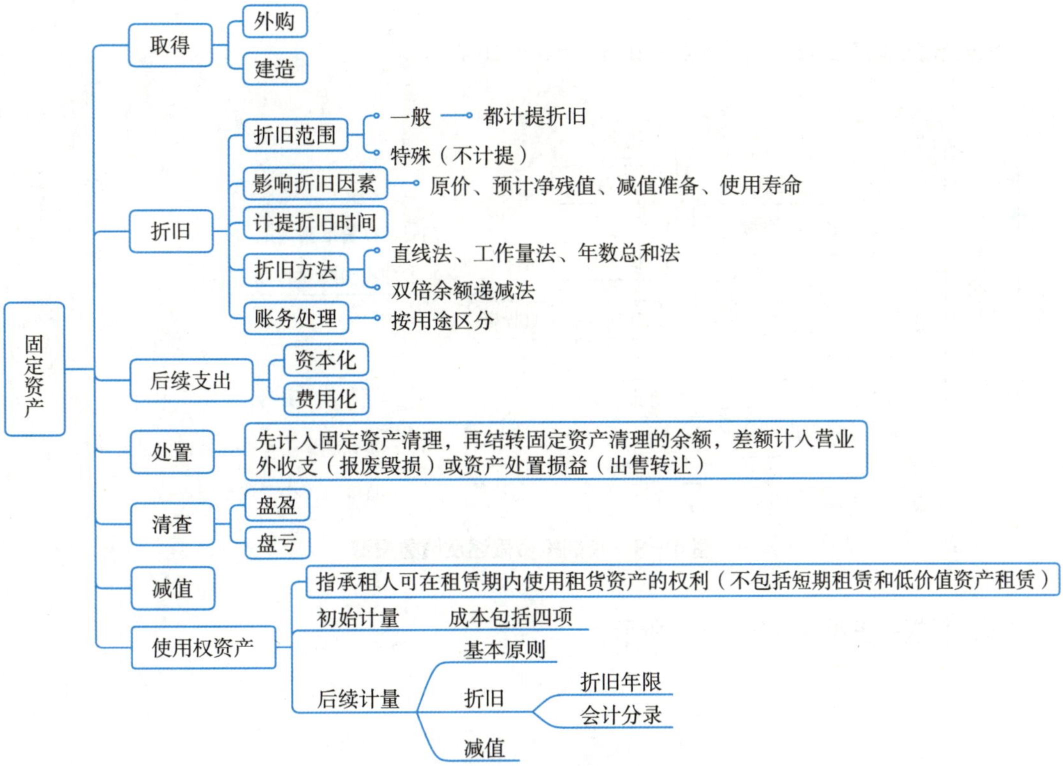

图4－1 固定资产

无形资产和长期待摊费用的框架如图4－2所示。

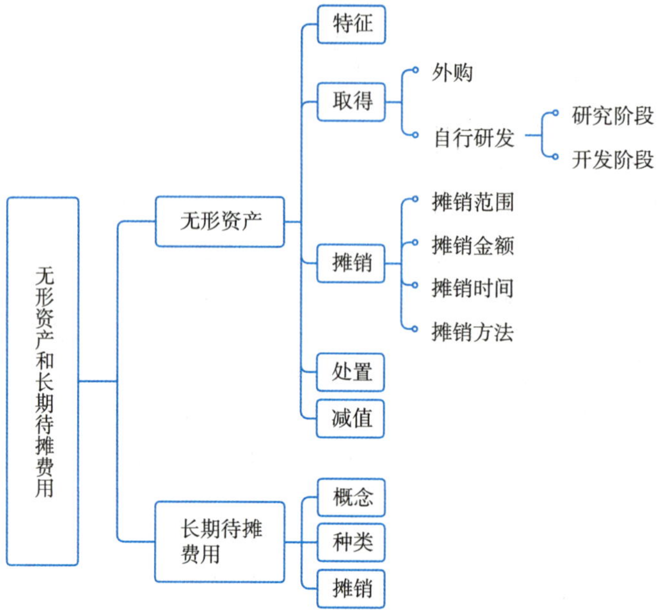

图4－2　无形资产和长期待摊费用

长期投资概述及债权投资框架如图4－3所示。

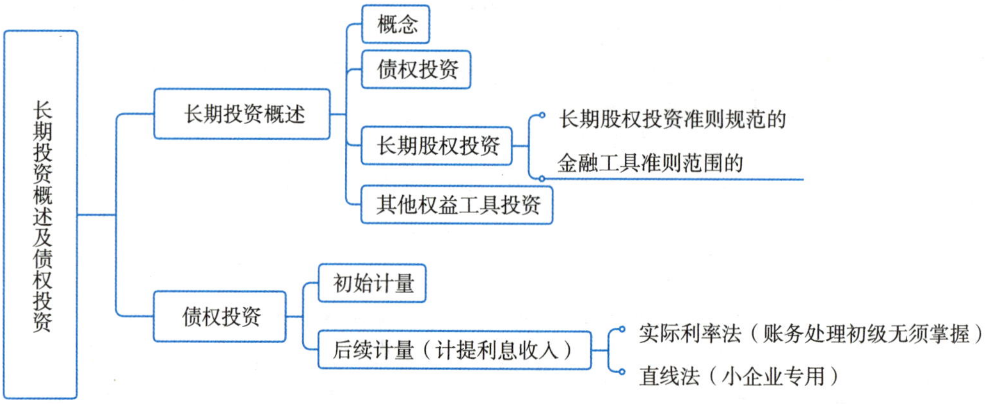

图4－3　长期投资概述及债务投资

长期股权投资框架如图4－4所示。

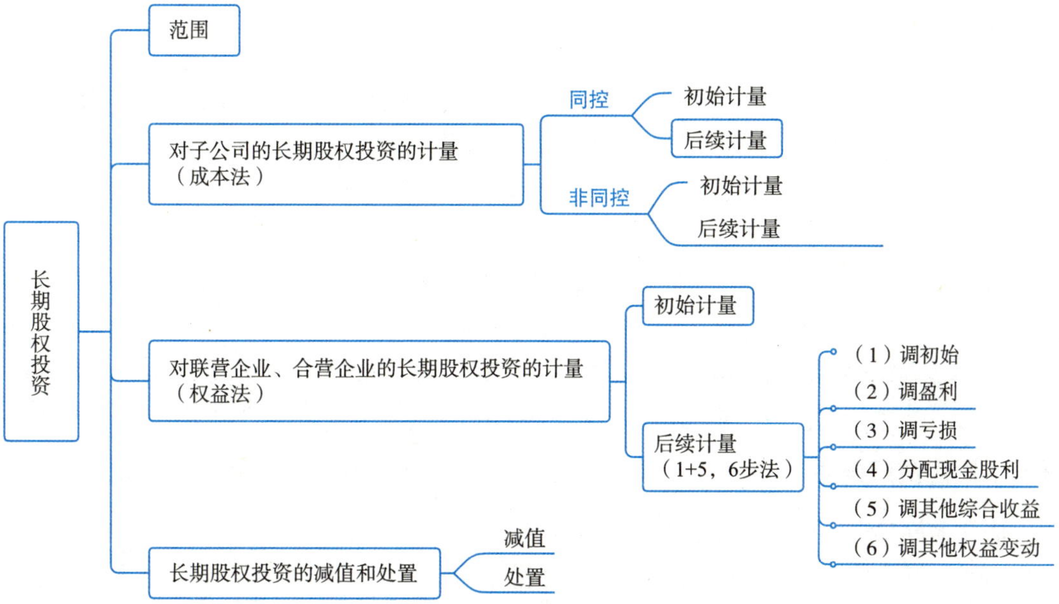

图 4 -4　长期股权投资

投资性房地产框架如图 4 -5 所示。

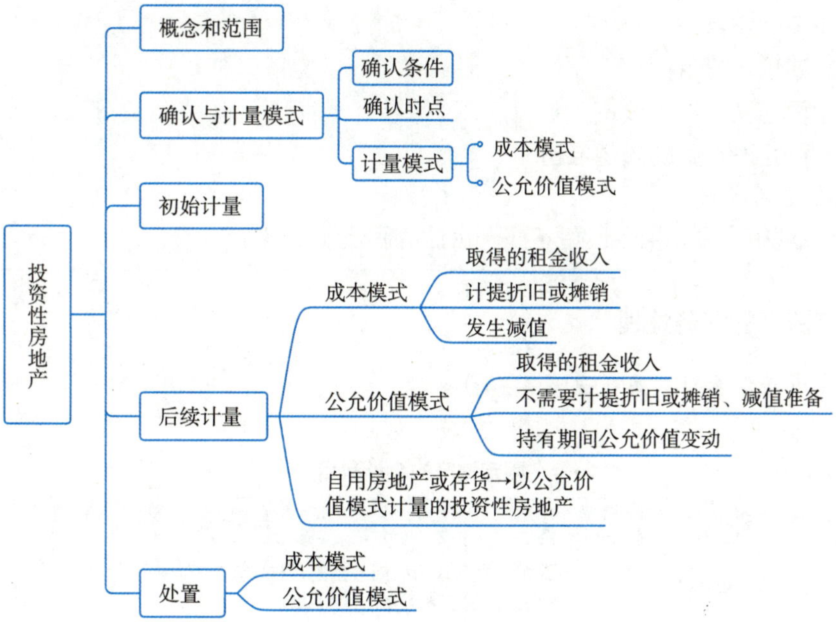

图 4 -5　投资性房地产

生产性生物资产框架如图 4 -6 所示。

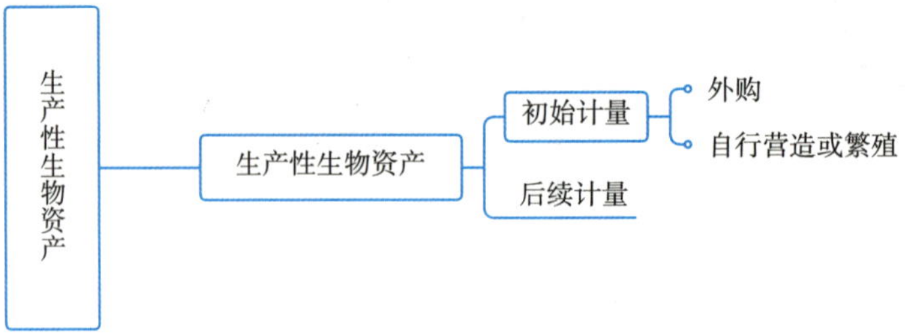

图4－6　生产性物资产

「考点1」固定资产（★★★）

（一）固定资产概述

固定资产是指同时具有以下特征的有形资产：

①为生产商品、提供劳务、出租或经营管理而持有的；不像存货一样为了对外出售（区别于存货等流动资产的重要特征）。

②使用寿命超过一个会计年度。

【例4－1·单选题】下列各项中，不会导致固定资产账面价值发生增减变动的是（　　）。

A. 盘盈固定资产

B. 短期租入设备

C. 以固定资产对外投资

D. 对固定资产计提减值准备

【本题答案】B

【本题解析】短期租入设备不属于企业的固定资产。

（二）固定资产的账务处理

1. 固定资产的会计科目（见表4－1）

表4－1　固定资产的会计科目

	会计科目	使用规定
取得	工程物资	核算企业为在建工程而准备的各种物资的实际成本。 【知识卡片】工程物资**不属于存货**
	在建工程	核算企业**基建、更新改造**等在建工程发生的支出，反映企业**尚未达到预定可使用状态**的在建工程的成本
	固定资产	核算企业固定资产原价

续表

	会计科目	使用规定
持有	累计折旧	属于固定资产调整科目，固定资产应按月计提折旧
	固定资产减值准备	固定资产发生减值的，应当设置“固定资产减值准备”科目
处置	固定资产清理	核算企业因出售、报废、毁损、对外投资、非货币性资产交换、债务重组等原因转出的固定资产价值以及在清理过程中发生的费用等

2. 固定资产的取得

①外购固定资产（价＋税＋费）。

企业外购的固定资产，应按实际支付的购买价款、相关税费、使固定资产达到预定可使用状态前所发生的可归属于该项资产的**运输费、装卸费、安装费**和**专业人员服务费**等，作为固定资产的取得成本。

可以抵扣的增值税进项税额，不计入固定资产成本，见表4－2。

【知识卡片】

小规模纳税人不可以抵扣进项税额，因此，购入固定资产发生的增值税进项税额应计入固定资产成本!

表4－2　固定资产的取得

项目		会计分录
购入**不需要安装**的固定资产		借：固定资产 应交税费——应交增值税（进项税额） 贷：银行存款
购入**需要安装**的固定资产	购入时	借：在建工程 应交税费——应交增值税（进项税额） 贷：银行存款
	支付安装费用等时	借：在建工程 应交税费——应交增值税（进项税额） 贷：银行存款
	安装完毕达到预定可使用状态时	借：固定资产 贷：在建工程

企业以一笔款项购入多项没有单独标价的固定资产，应将各项资产单独确认为固定资产，并按各项固定资产公允价值的比例对总成本进行分配，分别确定各项固定资产的成本。

【例 4 -2 · 计算题】 2020 年 5 月 10 日，甲公司购入一台不需要安装的设备，取得的增值税专用发票上注明的价款为 30 000 元，增值税税额为 3 900 元，另支付包装费 700 元，税率 6%，增值税税额为 42 元，款项以银行存款支付。甲公司为增值税一般纳税人，应编制如下会计分录：

借：固定资产　（价款 + 运杂费）30 700
　　应交税费——应交增值税（进项税额）　（3 900 +42）3 942
　　贷：银行存款　34 642

【例 4 -3 · 计算题】 甲公司用银行存款购入一台需要安装的设备，增值税专用发票上注明的价款为 200 000 元，增值税税额为 26 000 元，另支付安装费并取得增值税专用发票，注明安装费 40 000 元，税率 9%，增值税税额为 3 600 元。假设甲公司为增值税一般纳税人，应编制如下会计分录：

（1）购入需要安装的设备时：

借：在建工程　200 000
　　应交税费——应交增值税（进项税额）　26 000
　　贷：银行存款　226 000

（2）支付安装费时：

借：在建工程　40 000
　　应交税费——应交增值税（进项税额）　3 600
　　贷：银行存款　43 600

（3）设备安装完毕交付使用时，确定的固定资产成本 =200 000 +40 000 =240 000（元）：

借：固定资产　240 000
　　贷：在建工程　240 000

【例 4 -4 · 计算题】 2020 年 7 月 1 日，甲公司向乙公司一次购进了三台不同型号且具有不同生产能力的设备 A、B、C，共支付款项 100 000 000 元，增值税税额 13 000 000 元，另支付包装费 750 000 元，增值税税额 45 000 元，全部以银行存款转账支付；假定设备 A、B、C 的公允价值分别为 45 000 000 元、38 500 000 元、16 500 000 元。甲公司为增值税一般纳税人，应编制如下会计分录：

（1）确定应计入固定资产成本的金额，包括购买价款、包装费：

应计入固定资产的成本 =100 000 000 +750 000 =100 750 000（元）

（2）确定设备 A、B、C 的价值分配比例为：

设备 A 应分配的固定资产价值比例 =45 000 000 ÷（45 000 000 +38 500 000 +16 500 000）×100% =45%

设备 B 应分配的固定资产价值比例 =38 500 000 ÷（45 000 000 +38 500 000 +16 500 000）×100% =38.5%

设备 C 应分配的固定资产价值比例 =16 500 000 ÷（45 000 000 +38 500 000 +16 500 000）×100% =16.5%

（3）确定设备 A、B、C 各自的成本：

设备 A 的成本 =100 750 000 ×45% =45 337 500（元）

设备 B 的成本 =100 750 000 ×38.5% =38 788 750（元）

设备 C 的成本 =100 750 000 ×16.5% =16 623 750（元）

（4）甲公司应作如下会计分录：

借：固定资产——设备 A	45 337 500
——设备 B	38 788 750
——设备 C	16 623 750
应交税费——应交增值税（进项税额）	13 045 000
贷：银行存款	113 795 000

②建造固定资产。

企业自行建造固定资产，应按建造该项资产达到预定可使用状态前所发生的必要支出，作为固定资产的成本。

自建固定资产应先通过“在建工程”科目核算，工程达到预定可使用状态时，再从“在建工程”科目转入“固定资产”科目。 企业自建固定资产，主要有自营和出包两种方式。

a. 自营工程。

自营工程是指企业自行组织工程物资采购、自行组织施工人员施工的建筑工程和安装工程。

账务处理如表 4 -3 所示。

表 4 -3　　账务处理

交易或事项		会计分录
外购工程物资		借：工程物资 　　应交税费——应交增值税（进项税额） 　　贷：银行存款/应付账款等
领用各种物资	领用工程物资	借：在建工程 　　贷：工程物资
	领用外购原材料	借：在建工程 　　贷：原材料
	领用自产的原材料、商品	借：在建工程 　　贷：库存商品（或原材料）
发生的其他费用（如分配工程人员工资等）		借：在建工程 　　贷：银行存款 　　　　应付职工薪酬
达到预定可使用状态		借：固定资产（按其成本） 　　贷：在建工程

【知识卡片】

建造过程中发生的支出、领用的物资，均计入在建工程；建造完毕后，由在建工程转入固定资产。

【例4－5·计算题】甲公司自建厂房一栋，购入为工程准备的各种物资500 000元，支付的增值税税额为65 000元，全部用于工程建设。领用一批本企业生产的水泥，实际成本为400 000元。工程人员应计工资100 000元，支付安装费用30 000元，税率为9%，增值税税额为2 700元。工程完成并达到预定可使用状态。甲公司应编制如下会计分录：

（1）购入工程物资时：

借：工程物资　　500 000
　　应交税费——应交增值税（进项税额）　　65 000
　　贷：银行存款　　565 000

（2）工程领用工程物资时：

借：在建工程　　500 000
　　贷：工程物资　　500 000

（3）工程领用本企业生产的水泥时：

借：在建工程　　400 000
　　贷：库存商品　　400 000

（4）分配工程人员工资时：

借：在建工程　　100 000
　　贷：应付职工薪酬　　100 000

（5）支付发生的其他费用时：

借：在建工程　　30 000
　　应交税费——应交增值税（进项税额）　　2 700
　　贷：银行存款　　32 700

（6）工程完工并达到预定可使用状态时：

工程转入固定资产的成本＝500 000＋400 000＋100 000＋30 000＝1 030 000（元）

借：固定资产　　1 030 000
　　贷：在建工程　　1 030 000

b. 出包工程。

出包工程是指企业通过招标方式将工程项目发包给建造承包商，由建造承包商组织施工的建筑工程和安装工程。企业支付给建造承包商的工程价款作为工程成本，通过“在建工程”核算。

3. 固定资产的折旧

思考：对于机器设备等固定资产，假设初始成本10 000元，预计可使用10年，你觉得应该如何将固定资产计入成本费用比较合理，是购买时一次性计入费用，还是按使用年限平均分摊？

①**固定资产折旧概述**见表4－4。

表4－4　　固定资产折旧概述

项目	说明	
折旧概述	企业应当在固定资产的使用寿命内，按照确定的方法对应计折旧额进行系统分摊。 应计折旧额＝固定资产原价－预计净残值－固定资产减值准备 固定资产的使用寿命、预计净残值一经确定，不得随意变更	
影响折旧的因素	①固定资产原价	固定资产的成本
	②预计净残值	固定资产预计使用寿命已满并处于使用寿命终了时的预期状态，企业目前从该项资产处置中获得的扣除预计处置费用后的金额
	③固定资产减值准备	固定资产已计提的固定资产减值准备累计金额
	④固定资产的使用寿命	企业使用固定资产的预计期间，或者该固定资产所能生产产品或提供劳务的数量
计提折旧的范围	除以下情况外，企业应当对所有固定资产计提折旧： ①已提足折旧仍继续使用的固定资产； ②单独计价入账的土地； ③处于更新改造或改扩建期间的固定资产； ④提前报废的固定资产	
折旧时间	固定资产应当按月计提折旧，当月增加，当月不计提，从下月起计提折旧；当月减少，当月仍计提，从下月起不计提折旧	
特殊情况	①已达到预定可使用状态但尚未办理竣工决算的固定资产，应当按照估计价值确定其成本，并计提折旧；待办理竣工结算后，再按实际成本调整原来的暂估价值，但不需要调整原已计提的折旧额。 ②固定资产使用寿命、预计净残值和折旧方法的改变应当作为会计估计变更	

②**固定资产折旧方法**见表4－5。

表4－5　　固定资产折旧方法

企业可选用的折旧方法	具体规定
年限平均法（直线法）	年折旧额＝（原价－预计净残值）÷预计使用年限＝原价×年折旧率 年折旧率＝（1－预计净残值率）÷预计使用年限×100% 月折旧额＝年折旧额÷12
工作量法	单位工作量折旧额＝［固定资产原价×（1－预计净残值率）］÷预计总工作量 某项固定资产月折旧额＝该项固定资产当月工作量×单位工作量折旧额

续表

企业可选用的折旧方法	具体规定
双倍余额递减法	年折旧率 =2 ÷预计使用年限×100%（不考虑残值率的直线法折旧率的两倍） 折旧额 = 每个折旧年度年初固定资产账面净值×折旧率 在固定资产折旧年限到期的前两年内，将固定资产的账面净值扣除预计净残值后的净值平均摊销
年数总和法	折旧率 = 尚可使用年限÷预计使用年限的年数总和×100% 折旧额 =（固定资产原值 - 预计净残值）×折旧率
【知识卡片】已计提减值准备的固定资产，应当按照该项资产的账面价值（固定资产账面余额扣减累计折旧和减值准备后的金额）以及尚可使用寿命重新计算确定折旧率和折旧额	

下面通过举例说明：

a. 年限平均法（直线法）。

【例 4 -6 · 计算题】甲公司有一幢厂房，原价为 5 000 000 元，预计可使用 20 年，预计报废时的净残值率为 2%。该厂房的折旧率和折旧额的计算如下：

年折旧率 =（1 -2%）÷20 =4.9%

月折旧额 =5 000 000 ×4.9%÷12 =20 416.67（元）年限平均法的特点是将固定资产的应计折旧额均衡地分摊到固定资产预计使用寿命内，采用这种方法计算的每期折旧额是相等的。

b. 工作量法。

【例 4 -7 · 计算题】某企业的一辆运货卡车的原价为 600 000 元，预计总行驶里程为 500 000 千米，预计报废时的净残值率为 5%，本月行驶 4 000 千米，该辆汽车的月折旧额计算如下：

单位工作量折旧额 = 固定资产原价×（1 - 预计净残值率）÷预计总工作量
=600 000 ×（1 -5%）÷500 000
=1.14（元/千米）

本月折旧额 =4 000 ×1.14 =4 560（元）

c. 双倍余额递减法。

【例 4 -8 · 计算题】某企业一项固定资产的原价为 1 000 000 元，预计使用年限为 5 年，预计净残值为 4 000 元，按双倍余额递减法计提折旧，每年的折旧额计算如下：

年折旧率 =2 ÷5 ×100% =40%

第一年应提的折旧额 =1 000 000 ×40% =400 000（元）

第二年应提的折旧额 =（1 000 000 -400 000）×40% =240 000（元）

第三年应提的折旧额 =（1 000 000 - 400 000 - 240 000）×40% =144 000（元）

从第四年起改用年限平均法（直线法）计提折旧：

第四年、第五年的折旧额 = [（1 000 000 - 400 000 - 240 000 - 144 000）- 4 000] ÷2 =106 000（元）

d. 年数总和法。

【例 4 -9 · 计算题】某企业一项固定资产的原价为 1 000 000 元，预计使用年限为 5 年，预计净残值为 4 000 元，按年数总和法计提折旧，计算的各年折旧额如下表所示：

单位：元

年数	尚可使用年限	原价 - 净残值	变动折旧率	年折旧额	累计折旧
1	5	996 000	5 / 15	332 000	332 000
2	4	996 000	4 / 15	265 600	597 600
3	3	996 000	3 / 15	199 200	796 800
4	2	996 000	2 / 15	132 800	929 600
5	1	996 000	1 / 15	66 400	996 000

③固定资产折旧的账务处理。

固定资产应当按月计提折旧，计提的折旧应当记入“累计折旧”科目，并根据用途和受益对象性质计入相关资产的成本或者当期损益。

会计分录：

借：在建工程（建造固定资产过程中使用的固定资产）

　　其他业务成本（出租）

　　制造费用（基本生产车间使用）

　　销售费用（销售部门使用）

　　管理费用（管理部门使用）

　　贷：累计折旧

4. 固定资产后续支出（见表 4 -6）

表 4 -6　固定资产后续支出

概念	固定资产在使用过程中发生的更新改造支出、修理费用等	
账务处理	**资本化的**更新改造支出（满足固定资产确认条件）	①计入固定资产成本，如有被替换的部分，应同时将被替换部分的账面价值从该固定资产原账面价值中扣除。 ②将固定资产的账面价值记入“在建工程”。 完工并达到预定可使用状态时，从“在建工程”科目转入“固定资产”科目

续表

账务处理	**费用化的**维修费支出（不满足固定资产确认条件）	①行政管理部门使用设备的日常维修：计入**管理费用**； ②销售部门使用设备的日常维修：计入销售费用

【例4－10·计算题】甲航空公司2010年12月购入一架飞机总计花费80 000 000元（含发动机），发动机当时的购买价为5 000 000元。公司未将发动机作为一项单独的固定资产进行核算。2019年6月末，公司开辟新航线，航程增加。为延长飞机的空中飞行时间，公司决定更换一部性能更为先进的发动机。新发动机购价7 000 000元，增值税专用发票上注明的增值税税额为910 000元；另需支付安装费用100 000元。税率为9%，增值税税额为9 000元。假定飞机的年折旧率为3%，不考虑预计净残值的影响，替换下的老发动机报废且无残值收入，甲公司应编制如下会计分录：

（1）2019年6月末飞机的累计折旧金额＝80 000 000×3%×8.5＝20 400 000（元），将固定资产转入在建工程：

借：在建工程　　59 600 000
　　累计折旧　　20 400 000
　　贷：固定资产　　80 000 000

（2）购入并安装新发动机：

借：工程物资　　7 000 000
　　应交税费——应交增值税（进项税额）　　910 000
　　贷：银行存款　　7 910 000

借：在建工程　　7 000 000
　　贷：工程物资　　7 000 000

（3）支付安装费用：

借：在建工程　　100 000
　　应交税费——应交增值税（进项税额）　　9 000
　　贷：银行存款　　109 000

（4）2019年6月末老发动机的账面价值＝5 000 000－5 000 000×3%×8.5＝3 725 000（元）。终止确认老发动机的账面价值：

借：营业外支出——非流动资产处置损失　　3 725 000
　　贷：在建工程　　3 725 000

（5）新发动机安装完毕，投入使用，固定资产的入账价值＝59 600 000＋7 000 000＋100 000－3 725 000＝62 975 000（元）：

借：固定资产　　62 975 000
　　贷：在建工程　　62 975 000

5. 固定资产的处置

固定资产处置包括固定资产的出售、报废、毁损、对外投资、非货币性资产交换、债务重组等。

固定资产处置，应通过“固定资产清理”科目核算，具体环节如表4－7所示。

表4－7　　固定资产处置的具体环节

具体环节	会计分录
固定资产转入清理	将固定资产账面价值转入固定资产清理科目： 借：固定资产清理 　　累计折旧 　　固定资产减值准备 　　贷：固定资产
发生的清理费用等	借：固定资产清理 　　应交税费——应交增值税（进项税额） 　　贷：银行存款
收到出售固定资产的价款、收回残料价值和收到变价收入等	借：银行存款 　　原材料 　　贷：固定资产清理 　　　　应交税费——应交增值税（销项税额）
保险赔偿等	借：其他应收款 　　贷：固定资产清理
清理净损益	**①属于自然灾害等非正常原因造成的毁损、已丧失使用功能而报废产生的损益——营业外收支** 借：营业外支出 　　贷：固定资产清理 或： 借：固定资产清理 　　贷：营业外收入 **②生产经营期间正常处置损失——资产处置损益** 借：固定资产清理 　　贷：资产处置损益 或作相反的分录
【知识卡片】首先，固定资产处置过程中发生的支出、回收的残料等全部先计入固定资产清理。其次，结转固定资产清理的余额，若属于毁损报废清理产生的损益，计入营业外收支；若属于出售转让产生的损益，计入资产处置损益	

【例4－11·计算题】甲公司出售一座建筑物，原价为2 000 000元，已计提折旧1 500 000元，未计提减值准备，实际出售价格为1 200 000元，增值税税率为9%，增值税税额为108 000元，款项已存入银行。不考虑其他相关因素，甲公司应编制如下会计分录：

（1）将出售固定资产转入清理时：

借：固定资产清理　　500 000
　　累计折旧　　1 500 000
　　贷：固定资产　　2 000 000

（2）收回出售固定资产的价款时：

借：银行存款　　1 308 000
　　贷：固定资产清理　　1 200 000
　　　　应交税费——应交增值税（销项税额）　　108 000

（3）结转出售固定资产实现的利得时：

借：固定资产清理　　（1 200 000 -500 000）700 000
　　贷：资产处置损益　　700 000

【例4 -12 · 计算题】乙公司现有一台设备由于性能等原因决定提前报废，原价500 000元，已计提折旧450 000元，未计提减值准备，取得报废残值变价收入20 000元，增值税税额为2 600元。 报废清理过程中发生自行清理费用3 500元。 有关收入、支出均通过银行办理结算。 不考虑其他相关因素，乙公司应编制如下会计分录：

（1）将报废固定资产转入清理时：

借：固定资产清理　　50 000
　　累计折旧　　450 000
　　贷：固定资产　　500 000

（2）收回残料变价收入时：

借：银行存款　　22 600
　　贷：固定资产清理　　20 000
　　　　应交税费——应交增值税（销项税额）　　2 600

（3）支付清理费用时：

借：固定资产清理　　3 500
　　贷：银行存款　　3 500

（4）结转报废固定资产发生的净损失时：

借：营业外支出——非流动资产处置损失　　33 500
　　贷：固定资产清理　　（50 000 -20 000 +3 500）33 500

【例4 -13 · 单选题】下列关于固定资产的表述中，正确的是（　　）。

A. 经营出租的生产设备计提的折旧计入其他业务成本

B. 当月新增固定资产，当月开始计提折旧

C. 行政管理部门固定资产的日常修理费计入在建工程

D. 设备报废清理费计入管理费用

【本题答案】 A

【本题解析】 选项 B，应从下月开始计提折旧；选项 C，应计入管理费用；选项 D，应计入固定资产清理借方，最终转入营业外收支。

6. 固定资产清查

①固定资产盘盈。

企业在财产清查中盘盈的固定资产，作为前期差错处理。

企业在财产清查中盘盈的固定资产，在按管理权限报经批准前先通过“以前年度损益调整”科目核算。盘盈的固定资产，应按**重置成本**确定其入账价值，借记“固定资产”科目，贷记“以前年度损益调整”科目。

【例 4 -14 · 计算题】 2012 年 1 月 8 日，丁公司在财产清查过程中，发现 2010 年 12 月购入的一台设备尚未入账，重置成本为 30 000 元，假定丁公司按净利润的 10%计提法定盈余公积，不考虑相关税费的影响。丁公司应编制如下会计分录：

（1）盘盈固定资产时：

借：固定资产　30 000

　　贷：以前年度损益调整　30 000

（2）结转为留存收益时：

借：以前年度损益调整　30 000

　　贷：盈余公积——法定盈余公积　3 000

　　　　利润分配——未分配利润　27 000

②固定资产盘亏，分两步处理见表 4 -8。

表 4 -8　固定资产盘亏处理方法

第一步：企业在财产清查中盘亏的固定资产	借：待处理财产损溢（盘亏的账面价值） 　　累计折旧 　　固定资产减值准备 　　贷：固定资产
第二步：按管理权限报经批准后处理时	借：其他应收款（可收回的保险赔偿或过失人赔偿） 　　营业外支出——盘亏损失 　　贷：待处理财产损溢

【例 4 -15 · 计算题】 乙公司进行财产清查时发现短缺一台笔记本电脑，原价为 10 000 元，已计提折旧 7 000 元，购入时增值税税额为 1 300 元。乙公司应编制如下会计分录：

（1）盘亏固定资产时：

借：待处理财产损溢　　3 000
　　累计折旧　　7 000
　　贷：固定资产　　10 000

（2）转出不可抵扣的进项税额：

借：待处理财产损溢　　390
　　贷：应交税费——应交增值税（进项税额转出）　　390

（3）报经批准转销时：

借：营业外支出——盘亏损失　　3 390
　　贷：待处理财产损溢　　3 390

根据现行增值税制度规定，购进货物及不动产发生非正常损失，其负担的进项税额不得抵扣，其中购进货物包括被确认为固定资产的货物。

非正常损失的固定资产不可抵扣进项税 = 账面净值（即固定资产原价 - 已计提折旧）× 适用税率。据此在本例中，该笔记本电脑因盘亏，其购入时的增值税进项税额不可从销项税额中抵扣的金额为：（10 000 - 7 000）× 13% = 390（元）。

7. 固定资产的减值

固定资产在资产负债表日存在可能发生减值的迹象时，其可收回金额低于账面价值的，企业应当将该固定资产的账面价值减记至可收回金额，减记的金额确认为减值损失，计入当期损益，同时计提相应的资产减值准备。

固定资产减值会计处理为：

借：资产减值损失——固定资产减值损失
　　贷：固定资产减值准备

固定资产减值损失一经确认，在以后会计期间不得转回。

【知识卡片】

可以转回的减值准备的资产有：应收款项、存货、消耗性生物资产。

【例 4 - 16 · 计算题】 2012 年 12 月 31 日，丁公司的某生产线存在可能发生减值的迹象，经计算，该机器的可收回金额合计为 1 230 000 元，账面价值为 1 400 000 元，以前年度未对该生产线计提过减值准备。丁公司应编制如下会计分录：

借：资产减值损失——固定资产减值损失　　170 000
　　贷：固定资产减值准备　　170 000

8. 使用权资产

使用权资产，是指承租人可在租赁期内使用租赁资产的权利。使用权资产的核算范围，为核算承租人除采用简化处理的短期租赁和低价值资产租赁外的所有租赁业务取得的使用权资产。

短期租赁：指在租赁期开始日，租赁期不超过 12 个月的租赁。包含购买选择权的租赁不属于短期租赁。

低价值资产租赁：指单项租赁资产为全新资产时价值较低的租赁（如笔记本电脑、普通办公家具等单价不超过 10 000 元、台式电脑等单价不超过 5 000 元等）（见表 4 -9）。

表 4 -9　使用权资产

会计科目	规定	
使用权资产	核算企业使用权资产的成本	
使用权资产累计折旧	属于使用权资产的调整科目，核算企业使用权资产的累计折旧	
使用权资产减值准备	属于使用权资产的调整科目，核算企业使用权资产的减值准备	
租赁负债	核算租赁使用权资产形成尚未偿付的负债。在租赁开始日，租赁负债应当按照租赁期开始日尚未支付的租赁付款额现值进行初始计量，设置两个明细科目：	
	——租赁付款额	租赁期开始日尚未支付的租赁付款额
	——未确认融资费用	“使用权资产”与“租赁负债——租赁付款额”的差额

①使用权资产的初始计量（见表 4 -10）。

表 4 -10　使用权资产的初始计量

计量原则	在租赁期开始日，承租人应当按照成本对使用权资产进行初始计量	
成本构成	①租赁负债的初始计量金额； ②初始直接费用（为达成租赁的增量成本）； ③在租赁期开始日或之前支付的租赁付款额（存在租赁激励的，应扣除已享受的租赁激励相关金额）； ④承租人为拆卸及移除租赁资产、复原租赁资产所在场地或将租赁资产恢复至租赁条款约定状态预计将发生的成本	
会计处理	①租赁负债的初始计量金额	借：使用权资产（A 的现值） 　　租赁负债——未确认融资费用（差额） 　　贷：租赁负债——租赁付款额（A）
	②承租人发生的初始直接费用	借：使用权资产 　　贷：银行存款
	③存在租赁激励的，扣除租赁激励相关金额	借：银行存款 　　贷：使用权资产

【知识卡片】计算租赁付款额现值折现率的选择

承租人应当采用**租赁内含利率**作为折现率，无法确定租赁内含利率的，应当采用承租人**增量借款利率**作为折现率。

【例 4 -17】甲公司与出租人乙公司签订了一份办公楼租赁合同，约定每年的租赁付款额为 50 000 元，于每年年末支付：不可撤销租赁期 5 年，合同约定在第 5 年年末，甲公司有权选择以每年 50 000 元租金续租 5 年，也有权选择以 1 000 000 元的价格购买该办公楼。甲公司无法确定租赁内含利率，可以确定其增量借款利率为 5%。

甲公司在租赁开始时选择续租5年，即实际租赁期为10年。不考虑税费等相关因素。

计算使用权资产和租赁负债：

租赁付款额 =50 000 ×10 =500 000（元）

使用权资产的成本 = 租赁付款额的现值 =50 000 ×（P/A，5%，10）

=50 000 ×7.72 =386 000（元）

其中：（P/A，5%，10）为年金现值系数（取两位小数为7.72）。

未确认融资费用 =500 000 -386 000 =114 000（元）

甲公司编制会计分录如下：

借：使用权资产　386 000

　　租赁负债——未确认融资费用　114 000

　　贷：租赁负债——租赁付款额　500 000

【例4 -18】承【例4 -17】甲公司为获得该办公楼向前任租户支付款项15 000元，向促成此项租赁交易的房地产中介支付佣金5 000元。作为对甲公司的激励，乙公司同意补偿了5 000元佣金。

（1）将初始费用20 000元（15 000 +5 000）计入使用权资产的初始成本：

借：使用权资产　20 000

　　贷：银行存款　20 000

（2）将收到的租赁激励从使用权资产入账价值中扣除：

借：银行存款　5 000

　　贷：使用权资产　5 000

甲公司使用权资产的初始成本 =386 000 +20 000 -5 000 =401 000（元）

②使用权资产的后续计量（见表4 -11）。

表4 -11　使用权资产的后续计量

基本原则	在租赁期开始日后，承租人应当采用成本模式对使用权资产进行后续计量		
会计处理	折旧	承租人应当参照固定资产有关规定计提折旧，关于折旧年限： ①承租人能够合理确定租赁期届满时取得租赁资产所有权的，应当在租赁资产剩余使用寿命内计提折旧； ②承租人无法合理确定租赁期届满时能够取得租赁资产所有权的，应在租赁期与租赁资产剩余使用寿命两者孰短的期间内计提折旧	会计分录： 借：管理费用 　　贷：使用权资产累计折旧
	减值	借：资产减值损失 　　贷：使用权资产减值准备	

「考点2」无形资产和长期待摊费用（★★）

（一）无形资产

1. 无形资产概述（见图4－7）

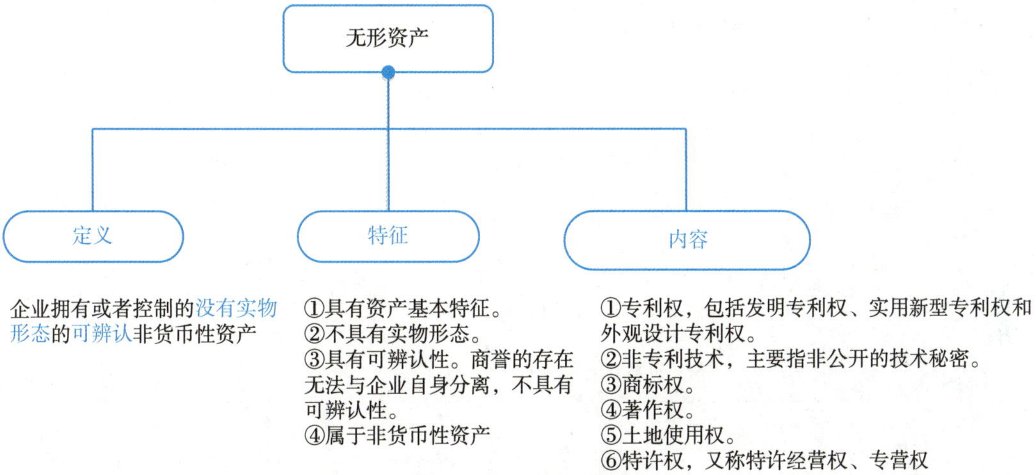

图4－7　无形资产概述

2. 无形资产账务处理

①无形资产核算设置的会计科目。

设置“无形资产”“累计摊销”等科目。

②无形资产取得（见表4－12）。

表4－12　无形资产取得的账务处理

外购的无形资产	其成本包括购买价款、相关税费以及直接归属于使该项资产达到预定用途所发生的其他支出	
	借：无形资产 　　应交税费——应交增值税（进项税额） 　　贷：银行存款	
自行研究开发的无形资产	企业内部研究开发项目所发生的支出应区分研究阶段支出和开发阶段支出。 研究阶段支出全部费用化。 开发阶段支出，符合资本化条件的，计入无形资产的成本。不符合资本化条件的，计入当期损益（管理费用）	

续表

自行研究开发的无形资产	①企业自行开发无形资产发生不满足资本化条件的研发支出（研究阶段或开发阶段）： 借：研发支出——费用化支出 　　贷：原材料 　　　　银行存款 　　　　应付职工薪酬
	②期（月）末，不满足资本化条件的支出： 借：管理费用 　　贷：研发支出——费用化支出
	③满足资本化条件的研发支出（开发阶段）： 借：研发支出——资本化支出 　　贷：原材料 　　　　银行存款 　　　　应付职工薪酬
	④满足资本化条件的研究开发项目达到预定用途形成无形资产的： 借：无形资产 　　贷：研发支出——资本化支出

【知识卡片】

如果无法可靠区分研究阶段的支出和开发阶段的支出，应将其发生的研发支出全部费用化，计入当期损益。

【例 4－19·计算题】甲公司自行研究、开发一项技术，截至 2018 年 12 月 31 日，发生研发支出合计 2 000 000 元，经测试该项研发活动完成了研究阶段，从 2019 年 1 月 1 日开始进入开发阶段。2019 年发生开发支出 300 000 元，假定符合《企业会计准则第 6 号——无形资产》规定的开发支出资本化条件，取得增值税专用发票注明的税额为 48 000 元。2019 年 6 月 30 日，该项研发活动结束，最终开发出一项非专利技术。

甲公司应编制如下会计分录：

（1）2018 年发生的研发支出：

借：研发支出——费用化支出　　2 000 000

　　贷：银行存款等　　2 000 000

（2）2018 年 12 月 31 日，发生的研发支出全部属于研究阶段的支出：

借：管理费用　　2 000 000

　　贷：研发支出——费用化支出　　2 000 000

（3）2019 年，发生开发支出并满足资本化确认条件：

借：研发支出——资本化支出 300 000

应交税费——应交增值税（进项税额） 48 000

贷：银行存款等 348 000

（4）2019 年 6 月 30 日，该技术研发完成并形成无形资产：

借：无形资产 300 000

贷：研发支出——资本化支出 300 000

【例 4 –20 · 单选题】2011 年 3 月某企业开始自行研发一项非专利技术，至 2011 年 12 月 31 日研发成功并达到预定可使用状态，累计研究支出为 160 万元，累计开发支出为 500 万元（其中符合资本化条件的支出为 400 万元）。该非专利技术使用寿命不能合理确定，假定不考虑其他因素，该业务导致企业 2011 年度利润总额减少（　　）万元。

A. 100　　B. 160

C. 260　　D. 660

【本题答案】C

【本题解析】研究阶段支出 160 万元和开发阶段不符合资本化条件支出 100 万元应计入当期损益。

③无形资产的摊销。

a. 摊销范围。

使用寿命有限的无形资产应进行摊销。使用寿命不确定的无形资产不应摊销。

b. 应摊销的金额及摊销时间。

使用寿命有限的无形资产，通常其残值应当视为零。

对于使用寿命有限的无形资产应当自可供使用（即达到预定用途）当月起开始摊销，处置当月不再摊销。

摊销起始时间：当月增加，当月开始摊销；当月减少，当月停止摊销（注意固定资产是当月新增，下月折旧，当月减少，当月仍提）。

无形资产摊销方法包括直线法、生产总量法等。

c. 会计分录。

借：管理费用（企业自用）

其他业务成本（出租）

制造费用（生产产品）

贷：累计摊销

【例4-21·计算题】2012年1月1日，甲公司将其自行开发完成的非专利技术出租给丁公司，该非专利技术成本为3 600 000元，双方约定的租赁期限为10年，甲公司每月应摊销30 000元，每月摊销时，甲公司应编制如下会计分录：

借：其他业务成本　　30 000

　　贷：累计摊销　　30 000

④无形资产的处置。

企业处置无形资产，也区分两种情形：

a. 无形资产出售。

企业出售无形资产时，属于日常经营活动，应将所取得的价款与该无形资产账面价值及相关税费的差额作为资产处置利得或损失，计入当期损益（资产处置损益）。

b. 无形资产报废。

如果无形资产预期不能为企业带来经济利益，例如，该无形资产已被其他新技术所替代，则应将其报废并予转销，其账面价值转作当期损益。转销时，应按已计提的累计摊销，借记“累计摊销”科目；按其账面余额，贷记“无形资产”科目；按其差额，借记“营业外支出”科目。已计提减值准备的，还应同时结转减值准备。

【例4-22·计算题】甲公司将其购买的一项专利权转让给乙公司，该专利权的成本为600 000元，已摊销220 000元，实际取得的转让价款为500 000元，增值税税额为30 000元，款项已存入银行。甲公司应编制如下会计分录：

借：银行存款　　530 000

　　累计摊销　　220 000

　　贷：无形资产　　600 000

　　　　应交税费——应交增值税（销项税额）　　30 000

　　　　资产处置损益　　[500 000-(600 000-220 000)] 120 000

⑤无形资产的减值。

无形资产在资产负债表日存在可能发生减值的迹象时，且其可收回金额低于账面价值时，企业应做如下处理：

借：资产减值损失

　　贷：无形资产减值准备

无形资产减值损失一经确认，在以后会计期间不得转回。

【例4-23·计算题】2012年12月31日，市场上某项新技术生产的产品销售势头较好，已对甲公司产品的销售产生重大不利影响。甲公司外购的类似专利技术的账面价值为800 000元，剩余摊销年限为4年，经减值测试，该专利技术的可收回金额为750 000元。甲公司应编制如下会计分录：

借：资产减值损失——无形资产减值损失　　50 000

　　贷：无形资产减值准备　　50 000

【例 4 -24 · 多选题】下列各项中，关于无形资产会计处理表述正确的有（　　）。

A. 使用寿命不确定的无形资产应按生产总量法摊销

B. 无形资产减值损失确认后不得转回

C. 使用寿命有限的无形资产应进行摊销

D. 使用寿命不确定的无形资产不计提减值准备

【本题答案】BC

【本题解析】选项 A，使用寿命不确定的无形资产不应进行摊销；选项 D，无论无形资产使用寿命是否能确定，资产负债表日存在减值迹象的，均应进行减值测试，可收回金额低于账面价值的，应当计提减值准备。

（二）长期待摊费用（见图 4 -8）

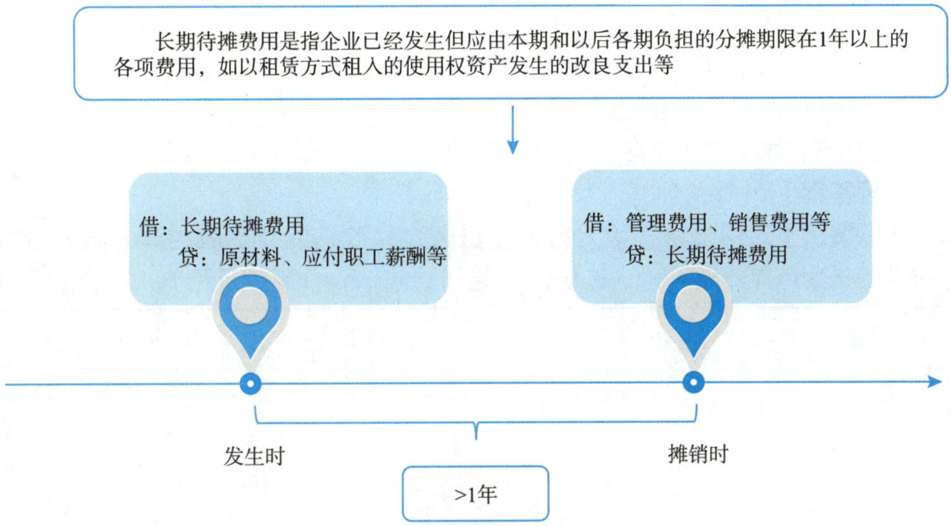

图 4 -8　长期待摊费用

【例 4 -25 · 计算题】2019 年 4 月 1 日，甲公司对其以租赁方式新租入的办公楼进行装修发生以下有关支出：领用生产用材料 800 000 元；发生有关人员工资等职工薪酬 400 000 元。2019 年 11 月 30 日，该办公楼装修完工，达到预定可使用状态并交付使用，按租赁期 10 年开始进行摊销。假定不考虑其他因素，甲公司应该编制如下会计分录：

（1）装修领用原材料时：

借：长期待摊费用　　800 000

　贷：原材料　　800 000

（2）确认工程人员职工薪酬时：

借：长期待摊费用　　400 000

　　贷：应付职工薪酬　　400 000

（3）12 月摊销装修支出时：

借：管理费用　　10 000

　　贷：长期待摊费用　　10 000

甲公司长期待摊费用合计为 1 200 000 元（800 000 +400 000），每月摊销金额为 10 000 元（1 200 000 ÷10 ÷12）。

【例 4 –26 · 单选题】企业对租赁方式租入的办公楼进行装修改造，发生以下支出：领用外购原材料 50 万元，购进该批原材料支付的装卸费等 8. 5 万元；确认装修人员的薪酬为 43. 5 万元。 不考虑其他因素，下列关于该企业装修办公楼支出的会计处理结果正确的是（　　）。

A. 管理费用增加 93. 5 万元

B. 管理费用增加 102 万元

C. 长期待摊费用增加 93. 5 万元

D. 长期待摊费用增加 102 万元

【本题答案】D

【本题解析】对租赁方式租入办公楼进行装修改造的支出应当计入长期待摊费用，确认的长期待摊费用 =50 +8. 5（装卸费）+43. 5 =102（万元）。

第 10 天

复习旧内容

第四章　非流动资产　考点 1 ~ 2

学习新内容

第四章　非流动资产　考点 3

你今天可能有的心态

开始接触到了今年新增的内容，尤其是长期股权投资，有点畏惧心理，不要担心，继续往下学!

简单解释今天学习内容

今天主要介绍长期投资的概念和种类，再单独学习一下债权投资的账务处理。

学习方法

先了解一个基本的概念，跟着老师课程学习熟悉一下就好了。

建议学习时间

2.5 小时

今日打卡

任务内容	预计时间	重点任务要求
早读	30分钟	□ 把昨晚看的教材读一遍 □ 听微课
考点3	60分钟	□ 长期投资的种类 □ 债权投资的账务处理
做作业	30分钟	□ 做教材例题、精练习题 □ 整理消化错题
回忆内容	30分钟	□ 把今天的教材看3遍 □ 背着书，把今天学的内容回忆一遍 □ 梳理今天所学内容框架

「考点3」长期投资概述及债权投资（★★）

（一）长期投资概述

长期投资，是指企业投资期限在1年（含1年）以上的对外投资。长期投资的种类及具体内容如表4－13所示。

表4－13　长期投资

种类	具体内容
1. 债权投资	指以摊余成本计量的金融资产中的债权投资 如企业投资的普通债券、小企业准备长期（在1年以上）持有的债券投资
2. 其他债权投资	既以收取合同现金流量为目标又以某个特定日期出售该金融资产为目标管理的金融资产投资，其性质属于以公允价值计量且其变动计入其他综合收益的金融资产
3. 长期股权投资	根据投资方在股权投资后对被投资单位能够施加影响的程度，划分为： ①长期股权投资准则规范的： 包括对联营企业、合营企业和子公司的投资 ②金融工具准则范围的： 以公允价值计量且其变动计入当期损益的金融资产
4. 其他权益工具投资	以公允价值计量且其变动计入其他综合收益的金融资产，包括权益投资和债权投资。其中，权益投资中除投资于普通股以外的各种权益金融工具投资分类为其他权益工具投资，如对优先股的投资等

（二）债权投资（见表4－14）

表4－14　债权投资

<table>
<tr><th>交易或事项</th><th colspan="2">账务处理及相关说明</th></tr>
<tr><td>初始计量</td><td colspan="2">借：债权投资——成本／长期债券投资——面值（面值金额）
——利息调整／长期债券投资——溢折价（差额，也可能在贷方）
应收利息（已到付息期但尚未领取的利息）
贷：银行存款（实际支付的价款）
【说明】长期债券投资科目及其相关明细科目（面值、溢折价）是小企业核算长期债券投资的专设科目</td></tr>
<tr><td rowspan="2">后续计量（资产负债表日计提利息收入）</td><td>实际利率法</td><td>账务处理初级无须掌握
【说明】实际利率法的优缺点：摊余成本和投资收益计算较为准确，但相关计算及会计处理较为复杂</td></tr>
<tr><td>直线法（小企业专用）</td><td>借：应收利息／长期债券投资——应计利息（债券面值×票面利率）
贷：投资收益（差额）
长期债券投资——溢折价（溢折价初始金额÷计息期数，也可能在借方）
【说明】直线法的优缺点：计算处理简便易行，但摊余成本和投资收益计算不够准确</td></tr>
</table>

【**例4-27·计算题**】甲公司为一家小企业。2019年1月1日，从二级市场购入乙公司债券，支付价款合计510 000元(含已宣告但尚未领取的利息10 000元)，另支付交易费用10 000元。该债券面值500 000元，剩余期限为2年，票面年利率为4%，每半年付息一次，合同现金流量特征仅为对本金和以未偿付本金金额为基础的利息的支付。甲企业准备持有至到期，分类为长期债券投资进行核算与管理。

假定不考虑增值税等其他因素，甲公司的账务处理如下：

（1）2019年1月1日，购入乙公司债券时：

借：长期债券投资——面值　　500 000
　　　　　　　　——溢折价　　10 000
　　应收利息　　10 000
　　贷：银行存款　　520 000

其中：“长期债券投资——溢折价”在以后确认投资收益时采用直线法摊销。

（2）2019年1月5日，收到2018年下半年利息10 000元：

借：银行存款　　10 000
　　贷：应收利息　　10 000

（3）2019年6月30日和12月31日及2020年6月30日和12月31日，分别确认投资收益。

每半年应收利息=500 000×4%÷2=10 000（元）；溢折价摊销=10 000÷4=2 500（元）：

借：应收利息　　10 000
　　贷：长期债券投资——溢折价　　2 500
　　　　投资收益　　7 500

（4）2019年7月5日和2020年1月5日及2020年7月5日，分别收到各半年的应收利息：

借：银行存款　　10 000
　　贷：应收利息　　10 000

（5）2021年1月5日，收到半年利息及本金合计510 000元：

借：银行存款　　510 000
　　贷：长期债券投资——面值　　500 000
　　　　应收利息　　10 000

第 11 天

复习旧内容

第四章 非流动资产 考点 3

学习新内容

第四章 非流动资产 考点 4

你今天可能有的心态

今天正式开始学长期股权投资，是会有点难！但不要怕，学几天就会发现其实没那么难！

简单解释今天学习内容

长期股权投资分为对子公司的投资和对联营、合营企业的投资，听起来似乎不好理解，但学了之后会发现只是施加影响的重要程度不同而已，详见正文！

学习方法

长期股权投资也属于资产，当然也遵循着资产的三段论学习，即“初始计量—后续计量—处置”，只是有点复杂，慢慢学，不难！

建议学习时间

4 小时

今日打卡

任务内容	预计时间	重点任务要求
早读	30分钟	□ 把昨晚看的教材读一遍 □ 听微课
考点4	150分钟	□ 长期股权投资的账务处理
做作业	30分钟	□ 做教材例题、精练习题 □ 整理消化错题
回忆内容	30分钟	□ 把今天的教材看3遍 □ 背着书，把今天学的内容回忆一遍 □ 梳理今天所学内容框架

「考点4」长期股权投资（★★★）

（一）长期股权投资的范围

长期股权投资包括投资方持有的对联营企业、合营企业以及子公司的投资（见表4－15）。

表4－15 长期股权投资的范围

类别	影响程度（经济实质）	持股比例（法律形式）	后续计量方法
对**子公司**的股权投资	能够**控制** （直接决定其财务经营政策）	一般达到50%以上	成本法
对**合营企业**的股权投资	能够**共同控制** （与其他合营方集体控制）	一般在20%～50%之间	权益法
对**联营企业**的股权投资	具有**重大影响** （能够参与其财务经营决策，例如在董事会中占有席位）	一般在20%～50%之间	权益法

【知识卡片】

长期股权投资的后续计量主要有成本法和权益法两种，按照企业会计准则规定，投资方能够对被投资单位实施控制（如子公司）的长期股权投资应当采用成本法核算。按照小企业会计准则规定，长期股权投资是指小企业准备长期持有的权益性投资。小企业的长期股权投资应按照成本进行计量。

（二）对子公司的长期股权投资的计量（成本法）

1. 同一控制下控股合并

第一，初始计量。

①基本原则。

a. 初始入账金额（初始投资成本）：合并日被合并方所有者权益在最终控制方合并报表中**账面价值**的份额。

b. 付出对价为非现金资产的：按账面价值终止确认，不确认处置资产的损益

c. 差额的处理：付出对价的账面价值与长投账面价值的差额，计入资本公积——股本溢价

d. 两类费用的处理：

企业合并的**中介费用**（审计费、律师费、评估咨询费等）：计入**管理费用**。

发行股票的券商佣金：冲资本公积——股本溢价，不足冲减的，依次冲盈余公积、未分配利润。

②会计分录如表4－16所示。

表4－16　　会计分录

以支付现金、转让非现金资产或承担债务方式作为合并对价	以发行权益性证券作为合并对价
借：长期股权投资（合并日被合并方所有者权益在最终控制方合并报表中账面价值的份额） 　贷：××负债（账面价值） 　　××资产（账面价值） 　　资本公积——股本溢价（差额，倒挤） 借：管理费用（审计费、律师费、评估咨询费等） 　贷：银行存款	借：长期股权投资（合并日被合并方所有者权益在最终控制方合并报表中账面价值的份额） 　贷：股本（发行股数×面值） 　　资本公积——股本溢价（差额，倒挤） 借：资本公积——股本溢价（券商佣金等） 　贷：银行存款 借：管理费用（审计费、律师费、评估咨询费等） 　贷：银行存款

【例4－28·计算题】甲公司和乙公司为同一母公司最终控制下的两家公司。2019年6月30日，甲公司向其母公司支付现金43 400 000元，取得母公司拥有乙公司100%的股权，于当日起能够对乙公司实施控制。合并后乙公司仍维持其独立法人地位继续经营。2019年6月30日母公司合并报表中乙公司的净资产账面价值为40 000 000元。在甲、乙公司合并前采用的会计政策相同。假定不考虑相关税费等其他因素影响。

合并日，甲公司应作账务处理如下：

借：长期股权投资——乙公司　　40 000 000
　资本公积——股本溢价　　3 400 000
　贷：银行存款　　43 400 000

第二，后续计量。

①基本原则。

a. 成本法核算的长期股权投资，除了追加、收回投资、减值以及处置，账面价值永远不变。

b. 除取得投资时实际支付的价款或对价中包含的已宣告但尚未发放的现金股利或利润外，投资企业应当按照被投资单位宣告发放的现金股利或利润中应享有的份额确认投资收益。

②会计分录如表4－17所示。

表4－17　　会计分录

交易或事项	会计分录
被投资单位宣告发放现金股利	①被投资单位宣告发放现金股利 借：应收股利 　贷：投资收益 ②在实际收到时 借：银行存款 　贷：应收股利

【例4-29·计算题】 甲公司和乙公司为同一母公司最终控制下的两家公司。2019年1月1日，甲公司以支付现金200万元的方式取得乙公司有表决权的股份60%。2019年12月31日，乙公司利润表显示当年实现净利润100万元。2020年2月20日发布经股东会批准的利润决算报告，决定分配现金股利60万元的利润分配方案；并于2020年3月20日发放了全部股利。甲公司对乙公司的股权投资采用成本法核算，2019年12月31日被投资方乙公司当年实现净利润，甲公司不需要作会计处理。

2020年2月20日发布利润分配公告，甲公司应编制如下会计分录：

借：应收股利　　360 000

　贷：投资收益　　360 000

2020年3月20日，收到乙公司发放的股利，应编制如下会计分录：

借：银行存款　　360 000

　贷：应收股利　　360 000

2. 非同一控制下控制合并

第一，初始计量。

①基本原则。

a. **初始入账金额（初始投资成本）**：付出对价的**公允价值**（即付出资产或承担负债或发行权益工具的公允价值）。

b. 付出对价为非现金资产的：视同出售，正常确认处置资产的损益（具体损益科目同处置该资产）。

c. 两类费用的处理：与同一控制相同。

②会计分录如表4-18所示。

表4-18　会计分录

以支付现金、转让非现金资产或承担债务方式作为合并对价	以发行权益性证券作为合并对价
借：长期股权投资（付出对价公允价值） 　贷：××负债（公允价值） 　　××资产（公允价值，相当于卖掉资产，正常确认处置资产的损益） 借：管理费用（审计费、律师费、评估咨询费等） 　贷：银行存款	借：长期股权投资（发行股数×购买日股价） 　贷：股本（发行股数×面值） 　　资本公积——股本溢价（差额，倒挤） 借：资本公积——股本溢价（券商佣金等） 　贷：银行存款 借：管理费用（审计费、律师费、评估咨询费等） 　贷：银行存款

【例 4 -30 · 计算题】甲公司和乙公司为非同一控制下的两家独立公司。2019 年 6 月 30 日，甲公司以其拥有的固定资产对乙公司投资，取得乙公司 60%的股权。该固定资产原值 1 500 万元，已累计计提折旧 400 万元，已计提减值准备 50 万元，投资日该固定资产的公允价值为 1 250 万元。2019 年 6 月 30 日乙公司的可辨认净资产公允价值为 2 000 万元。假定不考虑相关税费等其他因素影响。

投资日，甲公司应作账务处理如下：

借：长期股权投资——乙公司　　12 500 000
　　累计折旧　　4 000 000
　　固定资产减值准备　　500 000
　　贷：固定资产　　15 000 000
　　　　资产处置损益　　2 000 000

【例 4 -31 · 计算题】甲公司和乙公司为非同一控制下的两家独立公司。2019 年 6 月 30 日甲公司以发行普通股 9 000 万股取得乙公司有表决权的股份 60%。该股票面值为每股 1 元，市场发行价格为 5 元。向证券承销机构支付股票发行相关税费 1 350 万元。假定不考虑其他因素影响。

购买日，甲公司应作如下账务处理：

借：长期股权投资——乙公司　　450 000 000
　　贷：股本　　90 000 000
　　　　资本公积——股本溢价　　360 000 000

支付发行相关税费：

借：资本公积——股本溢价　　13 500 000
　　贷：银行存款　　13 500 000

第二，后续计量（与同一控制相同）。

（三）对联营企业、合营企业的长期股权投资的计量（权益法）

1. *初始计量*

第一，基本原则。

①初始入账金额（初始投资成本）：付出对价的**公允价值** + **交易费用**（审计费、律师费、评估咨询费等）。

②付出对价为非现金资产的：视同出售，正常确认处置资产的损益（具体损益科目同处置该资产）。

③发行股票的券商佣金：冲资本公积——股本溢价，不足冲减，依次冲盈余公积、未分配利润。

第二，会计分录如表 4 -19 所示。

表 4 -19　　会计分录

以支付现金、转让非现金资产或承担债务方式作为合并对价	以发行权益性证券作为合并对价
借：长期股权投资——投资成本（付出对价公允价值 + **交易费用**） 　贷：××负债（公允价值） 　　××资产（公允价值，相当于卖掉资产，正常确认处置资产的损益）	借：长期股权投资——投资成本（发行股数×购买日股价 + **交易费用**） 　贷：股本（发行股数×面值） 　　资本公积——股本溢价（差额，倒挤） 借：资本公积——股本溢价（券商佣金等） 　贷：银行存款

【知识卡片】

在购买日，**要比较初始投资成本（付出成本）与应享有被投资单位可辨认净资产公允价值的份额（取得公允）**

①付出成本≥取得公允，不用调整初始投资成本。

②付出成本＜取得公允，需调增长投的初始投资成本，同时确认营业外收入。

会计分录为：

借：长期股权投资——投资成本

　贷：营业外收入

【提示】可以理解为“报喜不报忧”。

【例 4 -32 · 计算题】甲公司和乙公司为非同一控制下的两家独立小型有限责任股份公司。2019 年 6 月 30 日，甲公司以支付现金 200 万元取得乙公司有表决权的股份 20%。取得投资日，乙公司可辨认净资产公允价值为 800 万元。假定不考虑其他因素影响。

购买日，甲公司应作账务处理如下：

借：长期股权投资——投资成本　　2 000 000

　贷：银行存款　　2 000 000

【本题解析】因为初始成本 200 万元 >享有被投资单位在购买日的可辨认净资产公允价值份额 160 万元（800 ×20%），所以不用调整初始成本。

假设：取得投资日，甲公司可辨认净资产公允价值为 1200 万元。

因为初始成本 200 万元＜享有被投资单位在购买日的可辨认净资产公允价值份额 240 万元（1 200 ×20%），所以要调增初始成本。

借：长期股权投资——投资成本　　（240 -200）40

　贷：营业外收入　　40

2. 后续计量

第一，基本原则：

在初始投资成本确定后，在投资持有期间根据投资企业享有被投资单位所有者权益份额的变动对投资的账面价值进行调整。

第二，原理解读：

权益法，就是个“跟屁虫”，它盯着对方的所有者权益（即净资产），净资产变了，就要跟着调整。

比如，甲年初花了 1 000 亿元，买了 20%的乙公司股票，能够对其施加重大影响，将其作为长期股权投资，并采用权益法核算。

那长期股权投资的成本就是 1 000 亿元。期末，乙公司实现净利润 100 亿元，也就是净资产增加了 100 亿元，那长期股权投资也要调增 20 亿元。

当然，导致净资产变动的情形，除了有实现净利润，还有发生净亏损、宣告发放现金股利、其他综合收益变动、其他权益变动等。但要注意的是，类似发放股票股利、盈余公积转增资本等属于所有者权益项目的内部重分类事项，并不会导致净资产发生变动，所以不用调整长期股权投资的账面价值。

第三，具体账务处理（1 +5，6 步法）如表 4 -20 所示。

表 4 -20　　财务处理

步骤	做题要点	会计分录
调整初始投资成本（投资日）	①比较：初始投资成本与享有被投资单位在**购买日**可辨认净资产公允价值的份额。 ②前者 <后者，才调	借：长期股权投资——投资成本 　贷：营业外收入
被投资单位实现盈利	按比例确认被投资单位的利润： 投资收益 =**净利润**×持股比例	借：长期股权投资——损益调整 　贷：投资收益
被投资单位发生净亏损	①**投资损失的计算**： 投资收益 =净亏损×持股比例 ②**超额亏损：按顺序**。 冲减长投账面价值（通过损益调整科目，将长投账面价值调减到 0 为止）→冲减长期应收款→确认预计负债→账外备查登记 （以后又开始赚钱了，反着依次调回来）	借：投资收益 　贷：长期股权投资——损益调整① 　　　长期应收款② 　　　预计负债③ 还不够，则账外备查④ （以后赚钱则依次作相反的分录）
被投资单位宣告发放现金股利	不确认投资收益，视同投资的收回，应冲减长投账面价值	借：应收股利 　贷：长期股权投资——损益调整 借：银行存款 　贷：应收股利
被投资单位其他综合收益发生变动	对于应当转入当期损益的“其他综合收益”，将来处置时，应当将其转入“投资收益”科目	借：长期股权投资——其他综合收益 　贷：其他综合收益 （或作相反的分录）
被投资单位其他权益变动	除净损益、宣告发放现金股利、其他综合收益以外的其他变动，记入“资本公积——其他资本公积”科目	借：长期股权投资——其他权益变动 　贷：资本公积——其他资本公积 （或作相反的分录）

【知识卡片】

被投资单位发放股票股利（不影响权益总额），投资企业不作账务处理，但应在备查账簿中登记。

（四）长期股权投资的减值和处置

1. 减值

借：资产减值损失

  贷：长期股权投资减值准备

长期股权投资的减值一经确认，后期无法转回。

2. 处置

第一，基本原则：

①处置时要结转长期股权投资的账面价值（即要考虑长期股权投资减值准备）。

②实际收到的金额与长期股权投资账面价值的差额记入“投资收益”科目（注意：若有尚未领取的现金股利或利润也要考虑）。

③对于应当转入当期损益的其他综合收益以及“资本公积——其他资本公积”在处置时应当按对应的处置比例结转至“投资收益”科目。

第二，会计处理：

借：银行存款（实际收到价款）

  长期股权投资减值准备（若有）

  贷：长期股权投资——投资成本

          ——损益调整（可能在借方）

          ——其他综合收益（可能在借方）

          ——其他权益变动（可能在借方）

    应收股利 （若有）

    投资收益（差额，可能在贷方）

借：其他综合收益

  贷：投资收益

（或作相反的分录）

借：资本公积——其他资本公积

  贷：投资收益

（或作相反的分录）

第 12 天

复习旧内容

第四章　非流动资产　考点4

学习新内容

第四章　非流动资产　考点5

你今天可能有的心态

昨天的长期股权投资学起来可能有点难，不过今天做完题之后会发现好了一点，但还是有点没理解透，这很正常，长期股权投资至少需要三四天才能完全掌握熟悉！继续学习新内容。

简单解释今天学习内容

投资性房地产主要关注其后续计量，看清楚是用成本模式还是公允价值模式，其中成本模式跟固定资产和无形资产的账务处理很像！重点关注公允价值模式！

学习方法

固定资产或存货转成以公允价值计量的投资性房地产是最常考的点，尤其是转换后的公允价值与账面价值差额的比较，理清思路，多加练习即可轻松拿分！

建议学习时间

3.5 小时

今日打卡

任务内容	预计时间	重点任务要求
早读	30分钟	□ 把昨晚看的教材读一遍 □ 听微课
考点5	90分钟	□ 投资性房地产的账务处理
做作业	60分钟	□ 做教材例题、精练习题 □ 整理消化错题
回忆内容	30分钟	□ 把今天的教材看3遍 □ 背着书，把昨天和今天学的内容都回忆一遍 □ 梳理今天所学内容框架

「考点5」投资性房地产（★★★）

（一）投资性房地产的概念及范围

投资性房地产，是指为赚取租金或资本增值，或两者兼有而持有的房地产（见表4－21）。

表4－21　　投资性房地产的范围

范围	要点
已出租的土地使用权（经营租赁）	企业租入后再**转租**的土地使用权**不属于**
持有并准备增值后转让的土地使用权	按照**国家规定认定的闲置土地不属于**此类
已出租的建筑物（经营租赁）	①包括自行建造或开发完成后用于出租的建筑物； ②企业租入再**转租**的建筑物不属于投资性房地产

【知识卡片】

①某项房地产，部分用于赚取租金或资本增值、部分用于生产商品、提供劳务或经营管理，能够**单独计量和出售的**、用于赚取租金或资本增值的部分，应当确认为**投资性房地产**。**不能**够**单独计量和出售**的、用于赚取租金或资本增值的部分，**不确认为投资性房地产**。

②企业自用房地产和作为存货的房地产不属于投资性房地产。

【例4－33·单选题】下列各项中，属于投资性房地产的是（　　）

A. 房地产公司持有的商品房

B. 持有并准备增值后转让的土地使用权

C. 待出租的建筑物

D. 以经营租赁方式租入后再转租的建筑物

【本题答案】B

【本题解析】

投资性房地产包括：（1）已出租的土地使用权；（2）持有并准备增值后转让的土地使用权；（3）已出租的建筑物。选项A，应当为房地产公司的存货；选项C，待出租的建筑物不属于投资性房地产；选项D，以经营租赁方式租入的建筑物不属于企业持有的资产。

（二）投资性房地产的确认与计量模式

1. 投资性房地产的确认条件

投资性房地产在符合其定义的前提下，同时满足下列条件的予以确认：

①与该投资性房地产有关的经济利益很可能流入企业，即有证据表明企业能够获取租金或资本增值，或两者兼而有之。

②该投资性房地产的成本能够可靠地计量。

2. 投资性房地产的确认时点

①对已出租的土地使用权、建筑物，其作为投资性房地产的确认时点一般为**租赁期开始日，即土地使用权、建筑物进入出租状态、开始赚取租金的日期**。

②对持有并准备增值后转让的土地使用权，其作为投资性房地产的确认时点为企业**将自用土地使用权停止自用、准备增值后转让**的日期。

3. 投资性房地产的计量模式

投资性房地产的计量分为成本模式和公允价值模式两种（见表4－22）。

表4－22　投资性房地产的计算

计量模式	相关说明	
成本模式	是指投资性房地产的初始计量和后续计量均采用实际成本进行核算，外购、自行建造等按照**初始购置或自行建造的实际成本**计量，后续计量（计提折旧／摊销／减值）参照固定资产／无形资产相关规定	
公允价值模式	含义	是指投资性房地产初始计量采用实际成本核算，后续计量按照投资性房地产的公允价值进行计量
	使用条件	企业**只有存在确凿证据表明投资性房地产的公允价值能够持续可靠取得**的，才可以采用**公允价值模式**对投资性房地产进行后续计量。即需同时满足： ①投资性房地产所在地有活跃的房地产交易市场; ②企业能够从活跃的房地产交易市场上取得同类或类似房地产的市场价格及其他相关信息，从而对投资性房地产的公允价值作出合理的估计

【补充说明】

①可以从以成本模式计量转为以公允价值模式计量，但不可以从以公允价值模式计量转为以成本模式计量。

②同一企业只能采用一种模式对所有投资性房地产进行后续计量，不得同时采用两种计量模式，且企业一旦选择采用公允价值模式，就应当对其所有投资性房地产均采用公允价值模式进行后续计量。

③成本模式同固定资产、无形资产，要折旧或摊销、减值。公允价值模式应满足一定条件，不用折旧、摊销、减值，但在期末要确认公允价值变动。

（三）投资性房地产的初始计量

企业取得投资性房地产，在成本模式下或公允价值模式下均应按照**取得时的实际成本**核算。

在初始计量时，要注意后续计量模式是成本模式还是公允价值模式。如果是成本模式，应使用“投资性房地产”科目计量其初始成本。如果是公允价值模式，应使用“投资性房地产——成本”科目。

【例4-34·计算题】2020年2月，甲公司从其他单位购入一块使用年限为50年的土地，并在此土地上开始自行建造两栋厂房。2020年11月，甲公司预计厂房即将完工，与乙公司签订了经营租赁合同，将其中的一栋厂房租赁给乙公司使用。合同约定于厂房完工交付使用时开始起租，租赁期为6年，每年年末支付租金288万元。2020年12月5日，两栋厂房同时完工达到预定可使用状态并交付使用。该土地使用权的成本为900万元，至2020年12月5日，该土地使用权已累计计提摊销16.50万元；两栋厂房的实际造价成本均为1 200万元，能够单独出售。两栋厂房分别占用土地为这块土地的一半面积。甲公司应作账务处理如下：

（1）两栋厂房达到预定可使用状态并交付使用时：

借：固定资产——厂房　　12 000 000
　　投资性房地产——厂房　　12 000 000
　　贷：在建工程——厂房　　24 000 000

（2）将出租厂房应分摊的土地使用权转作投资性房地产累计摊销：

借：投资性房地产——已出租土地使用权　　4 500 000
　　累计摊销　　82 500
　　贷：无形资产—土地使用权　　4 500 000
　　　　投资性房地产累计摊销　　82 500

（四）投资性房地产的后续计量（见表4-23）

表4-23　投资性房地产的后续计量

计量模式	交易或事项	会计分录
成本模式	①取得的租金收入	借：银行存款 贷：其他业务收入 应交税费——应交增值税（销项税额）
	②计提折旧（建筑物）或摊销（土地使用权）	借：其他业务成本 贷：投资性房地产累计折旧（或摊销）
	③发生减值	借：资产减值损失 贷：投资性房地产减值准备
公允价值模式	①取得的租金收入	同成本模式
	②持有期间公允价值变动	借：投资性房地产——公允价值变动 贷：公允价值变动损益 （或作相反的分录）

续表

计量模式	交易或事项	会计分录
投资性房地产的转换	自用房地产或存货→以公允价值模式计量的投资性房地产 **【提示】非投转公投，一定要注意公允价值与账面价值的大小**	借：投资性房地产——成本（公允价值） 累计折旧 / 累计摊销 固定资产减值准备 / 无形资产减值准备 / 存货跌价准备 **公允价值变动损益**（倒挤，借差） 贷：固定资产 / 无形资产 / 开发产品 **其他综合收益**（倒挤，贷差） **【说明】** ①若公允价值 <原账面价值→差额计入公允价值变动损益（减值，差额在借方）； ②若公允价值 >原账面价值→差额计入其他综合收益（增值，差额在贷方，处置时转入损益）

【例 4 -35 · 计算题】 承【例 4 - 34】甲公司按月计提投资性房地产折旧和摊销。预计出租的厂房使用寿命为 20 年，预计净残值为 0；土地使用权按 50 年摊销。按照年限平均法计提折旧和摊销。甲公司应作账务处理如下：

（1）每月计提折旧 50 000 元和摊销 7 500 元：

借：其他业务成本——出租厂房折旧　　50 000

——投资性房地产累计摊销　　7 500

贷：投资性房地产累计折旧　　50 000

投资性房地产累计摊销　　7 500

（2）每月确认应收租金收入 24 万元：

借：其他应收款——应收租金　　（2 880 000 ÷ 12）240 000

贷：其他业务收入　　240 000

【例 4 -36 · 计算题】 2020 年 4 月 2 日，甲企业购入一栋写字楼用于对外出租，支付价款共计 1 200 万元，与公允价值为相同金额。该写字楼所在区域有活跃的房地产交易市场，而且能够从房地产市场上获得同类房地产的市场报价。假设不考虑相关税费及其他因素影响。甲企业采用公允价值模式对该项出租房地产进行后续核算。2020 年 12 月 31 日该写字楼的公允价值为 1 400 万元。甲公司应作账务处理如下：

（1）2020 年 4 月 2 日，购入写字楼：

借：投资性房地产——成本　　12 000 000

贷：银行存款　　12 000 000

（2）2020 年 12 月 31 日，按照公允价值调整其账面价值，公允价值与原账面价值之间的差额计入当期损益：

借：投资性房地产——公允价值变动　　2 000 000

贷：公允价值变动损益——投资性房地产　　2 000 000

（五）投资性房地产的处置（见表4－24）

表4－24　　投资性房地产的处置

成本模式	公允价值模式
①确认收入 借：银行存款 　　贷：其他业务收入 　　　　应交税费——应交增值税（销项税额） ②结转成本 借：其他业务成本（倒挤） 　　投资性房地产累计折旧（或摊销） 　　投资性房地产减值准备 　　贷：投资性房地产	①确认收入 借：银行存款 　　贷：其他业务收入 　　　　应交税费——应交增值税（销项税额） ②结转成本 借：其他业务成本 　　贷：投资性房地产——成本 　　　　　　　　　　——公允价值变动（或在借方） ③结转其他综合收益（若有） 借：其他综合收益 　　贷：其他业务成本

【例4－37·计算题】甲公司将一幢出租用房出售，取得收入4 000万元存入银行。甲公司采用成本模式计量，该幢出租房的账面价值为8 600万元，已计提折旧5 160万元，未计提减值准备。假定不考虑相关税费等其他因素。甲公司应作如下账务处理：

借：银行存款	40 000 000	
贷：其他业务收入		40 000 000
借：其他业务成本	34 400 000	
投资性房地产累计折旧	51 600 000	
贷：投资性房地产		86 000 000

【例4－38·计算题】甲公司将一幢出租用房出售，取得收入8 600万元存入银行。甲公司采用公允价值模式计量，该幢出租房出售时投资性房地产的成本明细科目借方余额为8 600万元、公允价值变动明细科目贷方余额为200万元。假定不考虑相关税费等其他因素。甲公司应作如下账务处理：

借：银行存款	86 000 000	
贷：其他业务收入		86 000 000
借：其他业务成本	84 000 000	
投资性房地产——公允价值变动	2 000 000	
贷：投资性房地产——成本		86 000 000

第 13 天

复习旧内容

第四章　非流动资产　考点 5

学习新内容

第四章　非流动资产　考点 6

你今天可能有的心态

学完长期股权投资之后会发现，投资性房地产也没有那么难，对吧！继续保持，多复习几天就更加熟悉了！

简单解释今天学习内容

生产性生物资产是今年新增的内容，考察的分值较低！

学习方法

把书上的内容掌握即可，没什么难点。

建议学习时间

1.5 小时

今日打卡

任务内容	预计时间	重点任务要求
早读	30分钟	□ 把昨晚看的教材读一遍 □ 听微课
考点6	30分钟	□ 生产性生物资产的概述及账务处理
做作业	15分钟	□ 做教材例题、精练习题 □ 整理消化错题
回忆内容	15分钟	□ 把今天的教材看3遍 □ 背着书，把今天学的内容回忆一遍 □ 梳理今天所学内容框架

「考点6」生产性生物资产（★）

1. 生产性生物资产概述

生产性生物资产，是指为产出农产品、提供劳务或出租等目的而持有的生物资产，包括经济林、薪炭林、产畜和役畜等。

2. 生产性生物资产的账务处理（见表4－25）

表4－25 生产性生物资产的账务处理

情形	计量原则	
初始计量	外购	借：生产性生物资产 应交税费——应交增值税（进项税额） 贷：银行存款
	自行营造或繁殖	①达到预定生产经营目的前： 借：生产性生物资产——未成熟生产性生物资产 贷：银行存款／原材料／应付职工薪酬等 ②达到预定生产经营目的后： 借：生产性生物资产——成熟生产性生物资产 贷：生产性生物资产——未成熟生产性生物资产
后续计量	①按期计提折旧，并根据用途分别计入相关资产的成本或当期损益； ②应当于**每年年度终了**对生产性生物资产的使用寿命、预计净残值和折旧方法、是否减值进行检查； ③生产性生物资产减值准备一经计提，不得转回； ④生产性生物资产通常按照成本计量，有确凿证据表明其公允价值能够持续可靠取得的除外（与投资性房地产公允价值的使用模式相似）	

躲坑作战1

①固定资产和存货的价值耗用方式不一样，一个是一次性，一个是长期使用慢慢耗用，所以固定资产需要计提折旧，逐渐将账面价值转入成本或费用。计提折旧的方法有很多，既可以按照时间来分摊，又可以按照工作量来分摊，只要是系统合理就可行，但一旦选用就不能随意变更。

②固定资产有多个身份，即在建工程和固定资产清理。如果是通过建造取得固定资产，或者更新改造期间，要将固定资产账面价值转入在建工程，停止计提折旧，直到完工时再将在建工程账面价值转入固定资产。如果是要处置固定资产，则要将固定资产账面价值转入固定资产清理。

③固定资产是按月计提折旧，本月新增不计提，下月开始计提；本月减少本月要提折旧，下月开始不再计提。无形资产则不同，本月新增则当月开始计提摊销，本月减少则本月不计提摊销。相当于比固定资产计提折旧的时间往前挪了一个月。

躲坑作战2

总结：各类资产盘盈、盘亏会计处理如表 4 -26 所示。

表 4 -26　　各类资产盘盈、盘亏会计处理

资产	盘盈	盘亏
库存现金	①调整账实相符： 借：库存现金 　贷：待处理财产损溢 ②经批准区分情况处理： 借：待处理财产损溢 　贷：其他应付款（应支付给其他人） 　　营业外收入（无法查明原因）	①调整账实相符： 借：待处理财产损溢 　贷：库存现金 ②经批准后区分情况处理： 借：其他应收款（责任人赔偿） 　管理费用（无法查明原因） 　贷：待处理财产损溢
存货	①调整账实相符： 借：原材料等 　贷：待处理财产损溢 ②经批准区分情况处理： 借：待处理财产损溢 　贷：管理费用	调整账实相符： 借：待处理财产损溢 　贷：原材料 　　应交税费——应交增值税（进项税额转出）（自然灾害不转） 借：原材料（收回残料） 　其他应收款（责任人赔偿或保险公司赔款） 　管理费用（管理不善） 　营业外支出（非正常损失） 　贷：待处理财产损溢
固定资产	固定资产盘盈按前期差错处理： ①批准前： 借：固定资产（重置成本） 　贷：以前年度损益调整 ②批准后： 借：以前年度损益调整 　贷：盈余公积 　　利润分配——未分配利润	①批准前： 借：待处理财产损溢 　累计折旧 　固定资产减值准备 　贷：固定资产 ②批准后： 借：营业外支出 　贷：待处理财产损溢

你已成功
完成第四章的学习！

扫码领取全程课加入带学群

摒弃侥幸之念，必取百炼成钢；厚积分秒之功，始得一鸣惊人。

第 14 天

复习旧内容

第四章　非流动资产　考点6

学习新内容

第五章　负债　考点1～4

你今天可能有的心态

第 14 天，你应该已经发现了一个有意思的问题，那就是教材知识点虽然看起来有点难度，但真题考得很基础，基本是对教材内容的照搬，所以要有信心。

简单解释今天学习内容

今天先把第三、第四章快速过一遍，起到一个巩固的作用。 进入第五章，我们今天重点学习短期借款、应付票据、应付账款、预收账款的内容 。

学习方法

本章近年考试分值在 12 分左右。 负债和资产一样，也具有共同的规律，也可以分为三个环节，即负债的发生（初始计量）、期间支付利息（后续计量）、清偿（类似处置）。

建议学习时间

2.5 小时

今日打卡

任务内容	预计时间	重点任务要求
早读	30分钟	□ 把昨晚看的教材读一遍 □ 听微课
考点1~4	60分钟	□ 应付账款
做作业	30分钟	□ 做教材例题、精练习题 □ 整理消化错题
回忆内容	30分钟	□ 把今天的教材看3遍 □ 背着书，把今天学的内容回忆一遍 □ 梳理今天所学内容框架

第五章　负　债

考情分析

本章是初级会计实务中比较重要的一章，考试分值在 12 分左右，覆盖所有题型。

①负债就是经济法意义上的债务，企业在购买资产、获取服务时可以先不用支付金钱，而是有一个付款缓冲期，在付款期限到期后必须用金钱或者其他支付手段来清偿。在账务处理上，可以把负债作为金钱等支付手段的替代物。

②负债按偿还期限的长短可分为流动负债和非流动负债。流动负债是指需要在 1 年或长于 1 年的一个营业周期内偿还的负债。非流动负债是指除流动负债以外的其他负债。

③负债的账务处理比资产更为简单，也可以分为取得（发生）—持有（如付息）—处置（清偿）三个阶段。

案例导入

还记得第一章的案例吗？

小彬成立了一家公司，主营业务是销售 BT 教育编写的初级会计实务辅导教材。为了开展经营，小彬已经准备好货币资金（钱）、存货（教材）、固定资产（货架、办公房、运货小汽车）、无形资产（小彬注册商标权）。一切就绪后，小彬正式开始营业，为了补充经营资金，他从银行借了一笔 10 万元的短期借款，并从 BT 公司赊购了一批新教材，同时聘请了小爱来专门负责销售和客服工作，那么小彬的公司一共产生了哪些负债呢？

首先，从银行借的 10 万元钱属于负债，会计上记作短期借款。然后，从 BT 公司赊购的教材会形成应付账款。另外，欠小爱的工资也属于负债，会计上记作应付职工薪酬。此外，销售教材还要向国家交各种税费，这些税费在实际缴纳之前也属于负债，会计上记作应交税费。

考点地图

负债框架如图 5-1 所示。

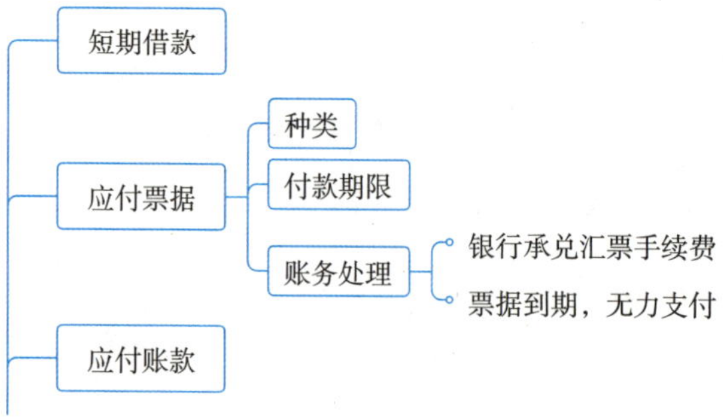

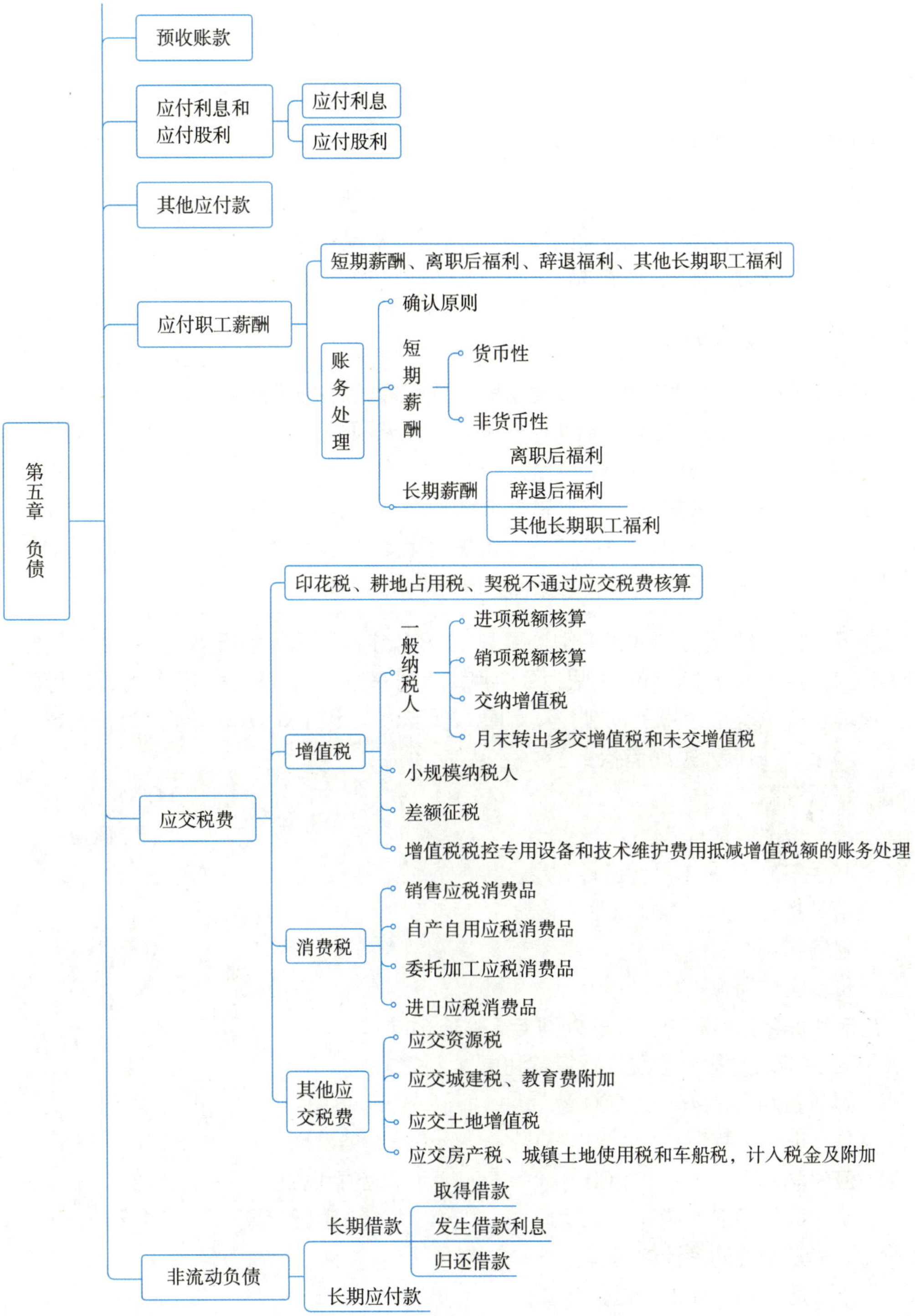

第五章 负债
预收账款
应付利息和应付股利
应付利息
应付股利
其他应付款
应付职工薪酬
短期薪酬、离职后福利、辞退福利、其他长期职工福利
账务处理
确认原则
短期薪酬
货币性
非货币性
长期薪酬
离职后福利
辞退后福利
其他长期职工福利
应交税费
印花税、耕地占用税、契税不通过应交税费核算
增值税
一般纳税人
进项税额核算
销项税额核算
交纳增值税
月末转出多交增值税和未交增值税
小规模纳税人
差额征税
增值税税控专用设备和技术维护费用抵减增值税额的账务处理
消费税
销售应税消费品
自产自用应税消费品
委托加工应税消费品
进口应税消费品
其他应交税费
应交资源税
应交城建税、教育费附加
应交土地增值税
应交房产税、城镇土地使用税和车船税，计入税金及附加
非流动负债
长期借款
取得借款
发生借款利息
归还借款
长期应付款

图5－1 负债

「考点 1」短期借款（★）

（一）短期借款概念

短期借款是指企业向银行或其他金融机构等借入的期限在 1 年以下（含 1 年）的各种款项，通常是为了满足正常生产经营的需要。短期借款具有借款金额小、时间短、利息低等特点，对企业资产的流动性要求高。

（二）短期借款的账务处理

短期借款包括短期借款的取得、发生短期借款利息、归还短期借款等环节。

在实际工作中，企业的短期借款利息一般采用月末预提，按季度支付，短期借款利息属于筹资费用，应记入“财务费用”科目。

如果企业短期借款利息是按月支付的，或者利息是在借款到期时连同本金一起归还，但是数额不大的，可以不采用预提的方法，而在实际支付或收到银行计息通知时，直接计入当期损益，借记“财务费用”科目，贷记“银行存款”科目。

【例 5 -1 · 计算题】甲股份有限公司于 2018 年 1 月 1 日向银行借入一笔生产经营用短期借款，共计 120 000 元，期限为 9 个月，年利率为 4%。根据与银行签署的借款协议，该项借款的本金到期后一次归还，利息按季支付。该企业应编制如下会计分录：

（1）1 月 1 日借入短期借款：

借：银行存款　　120 000
　　贷：短期借款　　120 000

（2）1 月末，计提 1 月份应计利息：

本月应计提的利息 =120 000 ×4%÷12 =400（元）

借：财务费用　　400
　　贷：应付利息　　400

2 月末计提 2 月份利息费用的处理与 1 月份相同。

（3）3 月末支付第一季度银行借款利息：

借：财务费用　　400
　　贷：银行存款　　400
借：应付利息　　800
　　贷：银行存款　　800

或

借：财务费用　　400
　　应付利息　　800
　　贷：银行存款　　1 200

第二、第三季度的会计处理同上。

（4）10 月 1 日偿还银行借款本金：

借：短期借款　　120 000
　　贷：银行存款　　120 000

如果上述借款期限是 8 个月，则到期日为 9 月 1 日，8 月末之前的会计处理与上述相同。9 月 1 日偿还银行借款本金，同时支付 7 月和 8 月已计提未付利息：

借：短期借款　　120 000

　　应付利息　　800

　贷：银行存款　　120 800

「考点 2」应付票据（★★）

（一）应付票据概述

应付票据是指企业购买材料、商品和接受劳务供应等而开出、承兑的**商业汇票**，包括商业承兑汇票和银行承兑汇票。

【知识卡片】
开出银行汇票、银行本票不属于“应付票据”，而属于“其他货币资金”。

企业应当设置“应付票据备查簿”，详细登记商业汇票的有关资料。应付票据到期结清时，应在备查簿内予以注销。

我国**商业汇票**的**付款期限**不超过 **6 个月**，因此应将应付票据作为**流动负债**管理和核算。由于应付票据偿付时间较短，在会计实务中，一般均按照开出、承兑的应付票据的**面值**入账。

（二）应付票据的账务处理

企业应通过“应付票据”科目，核算应付票据的发生、偿付等情况，见表 5－1。

表 5－1　应付票据的账务处理

交易或事项			会计分录
应付票据的发生	①企业开出应付票据时		借：材料采购／原材料／库存商品 应交税费——应交增值税（进项税额） 贷：应付票据
	②支付银行承兑汇票手续费（计入财务费用）		借：**财务费用** 贷：银行存款／库存现金
应付票据的支付与转销	①应付票据到期，企业支付商业汇票款		借：应付票据 贷：银行存款
	②应付票据到期，企业无力支付票款。按应付票据属于商业承兑汇票还是银行承兑汇票使用不同的会计科目	a. 应付**商业承兑汇票**到期，企业无力支付票款	借：应付票据 贷：**应付账款**
		b. 应付**银行承兑汇票**到期，企业无力支付票款	借：应付票据 贷：**短期借款**

因开出银行承兑汇票而支付银行的承兑汇票手续费计入财务费用。在支付手续费时，取得增值税专用发票的，按注明的增值税进项税额借记“应交税费——应交增值税（进项税额）”科目，贷记“银行存款”科目。

举例说明：

1. 应付票据的开出

【例5－2·计算题】甲企业为增值税一般纳税人，原材料按计划成本核算。2020年6月1日购入原材料一批，增值税专用发票上注明价款为60 000元，增值税税额为7 800元，原材料验收入库。该企业开出并经开户银行承兑的商业汇票一张，面值为67 800元、期限3个月。交纳银行承兑手续费33.9元，其中增值税1.92元。9月1日商业汇票到期，甲企业通知其开户银行以银行存款支付票款。该企业应编制如下会计分录：

（1）开出并承兑商业汇票购入材料：

借：材料采购　　60 000

　　应交税费——应交增值税（进项税额）　　7 800

　　贷：应付票据　　67 800

（2）支付商业汇票承兑手续费：

借：财务费用　　31.98

　　应交税费——应交增值税（进项税额）　　1.92

　　贷：银行存款　　33.9

（3）支付商业汇票款：

借：应付票据　　67 800

　　贷：银行存款　　67 800

2. 应付票据转销

【例5－3·计算题】承【例5－2】，假设上述银行承兑汇票到期时甲企业无力支付票款。该企业应编制如下会计分录：

借：应付票据　　67 800

　　贷：短期借款　　67 800

如果属于商业承兑汇票，则应用“应付账款”科目代替“短期借款”科目。

【例5－4·判断题】企业采购商品或接受劳务采用银行汇票结算时，应通过“应付票据”科目核算。（　　）

【本题答案】错

【本题解析】银行汇票存款属于其他货币资金。

「考点3」应付账款（★★）

（一）应付账款概述

应付账款是指企业因购买材料、商品或接受劳务供应等经营活动应支付的款项。

应付账款一般应在所购买物资所有权相关的主要风险和报酬已经转移，或者所购买的劳务已经接受时确认。一般在所购物资验收入库后，根据发票账单登记入账，确认应付账款。

（二）应付账款的账务处理

应付账款的账务处理见表5-2。

表5-2 应付账款的账务处理

交易或事项		会计分录
1. 应付账款的发生	购入材料等，但货款尚未支付的	借：材料采购（或在途物资、原材料等） 应交税费——应交增值税（进项税额） 贷：应付账款
2. 应付账款的偿还	企业偿还应付账款或开出商业汇票抵付应付账款时	借：应付账款 贷：银行存款或应付票据
3. 应付账款的转销	企业应将确实无法支付的应付账款予以转销，按其账面余额计入营业外收入	借：应付账款 贷：营业外收入
4. 特殊情况（实务中，企业外购动力、燃气等）	①在每月付款时先作暂付款处理	借：应付账款 贷：银行存款
	②月末按照外购动力的用途	借：生产成本 制造费用 管理费用等 贷：应付账款

举例说明：

①应付账款的发生与偿还。

【例5-5·计算题】甲企业为增值税一般纳税人。2020年6月1日，从A公司购入一批材料，货款100 000元，增值税13 000元，对方代垫运杂费1 000元、增值税税额90元。材料验收入库（该企业材料按实际成本计价核算），款项尚未支付。7月10日，甲企业以银行存款支付购入材料相关款项114 090元。该企业应编制如下会计分录：

（1）确认应付账款：

借：原材料　　　　　　　　　　　　　　　（价款＋运杂费）101 000
　　应交税费——应交增值税（进项税额）　　　　　　　　　13 090
　　贷：应付账款——A 公司　　　　　　　　　　　　　　　114 090

（2）支付材料款：

借：应付账款——A 公司　　　　　　　　　　　　　　　　114 090
　　贷：银行存款　　　　　　　　　　　　　　　　　　　114 090

②实务中，企业外购动力、燃气等的账务处理。

a. 在每月付款时先做暂付款处理，借记“应付账款”，贷记“银行存款”等科目；

b. 月末按照外购动力的用途，借记“生产成本”“制造费用”“管理费用”等科目，贷记“应付账款”科目。

【例 5－6·计算题】2020 年 5 月 20 日，丙企业收到银行转来供电部门开具的增值税专用发票，发票上注明的电费 38 400 元，增值税税额 4 992 元，企业用银行存款支付。月末，该企业经计算，本月应付电费 38 400 元，其中生产车间电费 25 600 元。企业行政管理部门电费 12 800 元。不考虑相关税费。该企业应编制如下会计分录：

（1）支付外购动力费：

借：应付账款——××电力公司　　　　　　　　　　　　38 400
　　应交税费——应交增值税（进项税额）　　　　　　　　4 992
　　贷：银行存款　　　　　　　　　　　　　　　　　　43 392

（2）月末分配外购动力费：

借：制造费用　　　　　　　　　　　　　（生产车间）25 600
　　管理费用　　　　　　　　　　　　　（管理部门）12 800
　　贷：应付账款——××电力公司　　　　　　　　　　38 400

「考点 4」预收账款

（一）预收账款的概念

预收账款是指企业按照合同规定预收的款项。

（二）预收账款的账务处理

预收账款的账务处理如表 5－3 所示。

表 5－3　　预收账款的账务处理

交易或事项	会计分录
①预收时	借：银行存款（实际收到的全部预收款） 　　贷：预收账款（全部预收款扣除应交增值税的差额） 　　　　应交税费——应交增值税（销项税额）
②实现收入时	借：预收账款 　　贷：主营业务收入／其他业务收入
③收到补付款项时	借：银行存款 　　贷：预收账款（差额） 　　　　应交税费——应交增值税（销项税额）
④退回多付款时	借：预收账款（差额） 　　应交税费——应交增值税（销项税额） 　　贷：银行存款
【知识卡片】预收账款情况不多的企业，可以不设“预收账款”科目，通过“应收账款”科目核算	

【例 5－7·计算题】甲公司为增值税一般纳税人，适用增值税税率为 13%。2020 年 7 月 1 日，甲公司与乙公司签订经营租赁吊车合同（非主营业务），向乙公司出租吊车 3 台，期限为 6 个月，3 台吊车租金（含税）共计 67 800 元。合同约定，合同签订日预付租金（含税）22 600 元，合同到期结清全部租金余款。合同签订日，甲公司收到租金并存入银行，开具的增值税专用发票注明租金 20 000 元、增值税 2 600 元。租赁期满日，甲公司收到租金余款及相应的增值税。甲公司应编制如下分录：

（1）收到乙公司预付租金：

借：银行存款　22 600

　　贷：预收账款——乙公司　20 000

　　　　应交税费——应交增值税（销项税额）　2 600

（2）每月末确认租金收入：

每月租金收入＝［67 800÷（1＋13%）］÷6＝10 000（元）

借：预收账款——乙公司　10 000

　　贷：其他业务收入　10 000

（3）租赁期满收到租金余款及增值税：

借：银行存款　45 200

　　贷：预收账款——乙公司　40 000

　　　　应交税费——应交增值税（销项税额）　5 200

【例5-8·计算题】承【例5-7】，假设甲公司不设置"预收账款"科目，其预收的款项通过"应收账款"科目核算。甲公司应编制如下会计分录：

（1）收到乙公司预付租金：

借：银行存款	22 600	
贷：应收账款——乙公司		20 000
应交税费——应交增值税（销项税额）		2 600

（2）每月末确认租金收入：

借：应收账款——乙公司	10 000	
贷：其他业务收入		10 000

（3）租赁期满收到租金余款及增值税：

借：银行存款	45 200	
贷：应收账款——乙公司		40 000
应交税费——应交增值税（销项税额）		5 200

第 15 天

复习旧内容

第五章　负债　考点1～4

学习新内容

第五章　负债　考点5～9

你今天可能有的心态

今天把负债全部学完了，然后你会发现前面所学的资产的有些知识点有点忘了，没关系，这个时候回顾一下自己的错题集或者翻一下讲义，不断循环往复就能够掌握！

简单解释今天学习内容

主要是负债章节剩下的考点：应付利息和应付股利、其他应付款、应付职工薪酬、应交税费、长期借款与长期应付款。

学习方法

职工薪酬属于简单的内容，但是有些小事情要注意，一定要在心中牢牢记住：分为确认薪酬（负债）和支付工资（清偿）两个步骤，非货币性福利的处理不外乎是这个原理。

建议学习时间

3 小时

今日打卡

任务内容	预计时间	重点任务要求
早读	30分钟	□ 把昨晚看的教材读一遍 □ 听微课
考点5~9	60分钟	□ 应付职工薪酬
做作业	60分钟	□ 掌握非货币性职工薪酬账务处理 □ 区分进项税额转出与视同销售 □ 做教材例题、精练习题 □ 整理消化错题
回忆内容	30分钟	□ 把今天的教材看3遍 □ 背着书，把今天学的内容回忆一遍 □ 梳理今天所学内容框架

「考点5」应付利息和应付股利（★）

（一）应付利息

应付利息核算企业按照合同约定应支付的利息，包括预提**短期借款**利息、分期付息到期还本的**长期借款**、**企业债券**等应支付的利息。

应付利息的账务处理见表5－4。

表5－4　应付利息的账务处理

交易或事项	会计分录
按期计提利息	借：财务费用等 　　贷：应付利息
实际支付时	借：应付利息 　　贷：银行存款

【例5－9·计算题】甲企业借入5年期到期还本、每年付息的长期借款3 000 000元，合同约定年利率为6%。该企业应编制如下会计分录：

（1）每年计算确定利息费用：

借：财务费用　　180 000

　　贷：应付利息　　180 000

企业每年应支付的利息＝3 000 000×6%＝180 000（元）

（2）每年实际支付利息：

借：应付利息　　180 000

　　贷：银行存款　　180 000

（二）应付股利

1. 概念

应付股利是指企业通过股东大会或类似机构（不包括董事会）审议批准的利润分配方案确定分配给投资者的现金股利或利润。

【知识卡片】

①企业董事会或类似机构通过利润分配方案中拟分配的现金股利或利润，不需要进行账务处理，但应在附注中披露；

②企业分配的股票股利不通过“应付股利”科目核算。

2. 账务处理

应付股利的账务处理见表5－5。

表 5 -5 应付股利的账务处理

交易或事项	会计分录
股东大会或类似机构审议批准利润分配方案，确认应付给投资者的现金股利或利润时	借：利润分配——应付现金股利或利润 贷：应付股利
实际支付时	借：应付股利 贷：银行存款

【例 5 -10 · 计算题】 A 有限责任公司有甲、乙两个股东，分别占注册资本的 30%和 70%。2016 年度该公司实现净利润 6 000 000 元，经过股东会批准，决定 2017 年分配股利 4 000 000 元。股利已用银行存款支付。A 有限责任公司应编制如下会计分录：

（1）确认应付投资者利润：

借：利润分配——应付现金股利或利润 4 000 000

贷：应付股利——甲股东 1 200 000

——乙股东 2 800 000

（2）支付投资者利润：

借：应付股利——甲股东 （4 000 000 ×30%）1 200 000

——乙股东 （4 000 000 ×70%）2 800 000

贷：银行存款 4 000 000

「考点 6」其他应付款（★★）

（一）其他应付款的内容

其他应付款是指企业除应付票据、应付账款、预收账款、应付职工薪酬、应交税费、应付利息、应付股利等经营活动以外的其他各项应付、暂收的款项，如应付短期租赁固定资产租金、应付低价值资产租赁的租金、应付租入包装物租金、出租或出借包装物向客户收取的押金、存入保证金等。

（二）其他应付款的账务处理

【例 5 -11 · 计算题】 2020 年 6 月 1 日，甲公司向客户出借一批包装箱，收到现金押金 3 000 元；2020 年 9 月 1 日，客户将该批包装箱完好无损还回，甲公司于当日退还其现金押金 3 000 元。甲公司应编制如下会计分录：

（1）6 月 1 日，收到押金：

借：库存现金 3 000

贷：其他应付款 3 000

（2）9月1日，退还押金：

借：其他应付款　　3 000

　贷：库存现金　　3 000

「考点7」应付职工薪酬（★★★）

（一）应付职工薪酬的内容

1. 职工薪酬概念

职工薪酬是指企业为**获得职工提供的服务**或**解除劳动关系**而给予的各种形式的报酬或补偿。

职工薪酬包括**短期薪酬、离职后福利、辞退福利、其他长期职工福利**。

企业提供给职工配偶、子女、受赡养人、已故员工遗属及其他受益人等的福利，也属于职工薪酬。

“职工”，主要包括三类人员：一是与企业**订立劳动合同**的所有人员，含兼职、全职和临时职工；二是未与企业订立劳动合同但由**企业正式任命**的企业治理层和管理层人员；三是虽未与企业订立劳动合同或未由其正式任命，但向企业所提供服务与职工所提供服务类似的人员，包括通过企业与劳务中介公司签订用工合同而向企业提供服务的人员，即**劳务派遣用工**。

2. 职工薪酬主要内容（见表5－6）

表5－6　　**职工薪酬主要内容**

职工薪酬主要内容	具体规定	
短期薪酬	短期薪酬是指企业在职工提供相关服务的年度报告期间结束后**12个月内**需要全部予以支付的职工薪酬，因解除与职工的劳动关系给予的补偿除外	
	具体包括	①职工**工资、奖金、津贴**和**补贴**； ②职工**福利费：生活困难补助、丧葬补助、抚恤费、职工异地安家费、防暑降温费等**； ③医疗保险费、工伤保险费等社会保险费**（不包括养老保险、失业保险，这两类属于离职后福利）**； ④住房公积金； ⑤工会经费和职工教育经费； ⑥短期带薪缺勤（年假、病假、产假、丧假、探亲假等）； ⑦短期利润分享计划； ⑧其他短期薪酬

续表

职工薪酬主要内容	具体规定
离职后福利	离职后福利是指企业为获得职工提供的服务而在职工**退休**或与企业**解除劳动关系后**，提供的各种形式的报酬和福利，短期薪酬和辞退福利除外。 离职后福利计划分类为**设定提存计划**和**设定受益计划**。 ①设定提存计划是指向独立的基金缴存固定费用后，企业不再承担进一步支付义务的离职后福利计划。 如**养老保险和失业保险**（风险可以转移）。 ②设定受益计划是指除设定提存计划以外的离职后福利计划（风险未转移）
辞退福利	辞退福利是指企业在职工劳动合同到期之前解除与职工的劳动关系，或者为鼓励职工自愿接受裁减而给予职工的补偿
其他长期职工福利	其他长期职工福利是指除短期薪酬、离职后福利、辞退福利之外所有的职工薪酬，包括**长期带薪缺勤**、**长期残疾福利**、**长期利润分享计划**等

（二）应付职工薪酬的科目设置

“应付职工薪酬”科目应当设置“工资”“职工福利费”“非货币性福利”“社会保险费”“住房公积金”“工会经费”“职工教育经费”“带薪缺勤”“利润分享计划”“设定提存计划”“设定受益计划”“辞退福利”等明细科目。

（三）短期薪酬的核算

企业应当在职工为其提供服务的会计期间，将实际发生的短期薪酬确认为负债，根据受益对象计入资产成本或者当期费用。 即：短期薪酬应按期计提，不是实际支付时才确认为职工薪酬。

账务处理分为两步：

第一步：计提职工薪酬，确认为负债，根据受益对象计入成本或者费用；

借：生产成本（生产工人）

　　制造费用（生产车间管理人员）

　　管理费用（管理部门人员）

　　销售费用（销售部门人员）等

　　贷：应付职工薪酬

第二步：实际支付，用银行存款或者其他资产偿付负债。

借：应付职工薪酬

　　贷：银行存款等

1. 货币性职工薪酬

①工资、奖金、津贴和补贴。

计提货币性职工薪酬和实际支付工资时的会计分录见表5-7。

表 5 -7　　计提货币性职工薪酬和实际支付工资时的会计分录

计提货币性职工薪酬时	借：管理费用 　　销售费用 　　生产成本 　　制造费用 　　合同履约成本等 　　贷：应付职工薪酬——工资
实际支付工资时	借：应付职工薪酬——工资（支付工资、奖金、津贴、补贴等） 　　贷：银行存款 　　　　库存现金 　　　　**其他应收款（扣还代垫的各种款项）** 　　　　应交税费——应交个人所得税（代扣个人所得税）

【例 5 -12 · 计算题】甲企业 2020 年 7 月应付工资总额为 693 000 元，工资费用分配汇总表中列示的产品生产人员工资为 480 000 元，车间管理人员工资为 105 000 元，企业行政管理人员工资为 90 600 元，专设销售机构人员工资为 17 400 元。该企业应编制如下会计分录：

借：生产成本——基本生产成本　　480 000
　　制造费用　　105 000
　　管理费用　　90 600
　　销售费用　　17 400
　　贷：应付职工薪酬——工资　　693 000

【例 5 -13 · 计算题】承【例 5 -12】，甲企业根据“工资费用分配汇总表”结算本月应付职工工资总额 693 000 元，其中企业代垫职工房租 20 000 元、代垫职工家属医药费 8 000 元、代扣个人所得税 12 000 元，实发工资 653 000 元。

（1）通过银行网银转账发放工资：

借：应付职工薪酬——工资　　653 000
　　贷：银行存款　　653 000

（3）结转代垫款项：

借：应付职工薪酬——工资　　40 000
　　贷：其他应收款——职工房租　　20 000
　　　　　　　　——代垫医药费　　8 000
　　　　应交税费——应交个人所得税　　12 000

②职工福利费。

对于职工福利费，企业应当在实际发生时根据**实际发生额**计入当期损益或相关资产成本。

借：生产成本

制造费用
管理费用
销售费用
贷：应付职工薪酬——职工福利费

【例 5－14·计算题】乙企业下设一所职工食堂，每月根据在岗职工数量及岗位分布情况、相关历史经验数据等计算需要补贴食堂的金额，从而确定企业每期因补贴职工食堂需要承担的福利费金额。2017 年 9 月，企业在岗职工共计 200 人，其中管理部门 30 人，生产车间 170 人，企业的历史经验数据表明，每个职工每月需补贴食堂 150 元。乙企业应编制如下会计分录：

借：生产成本　　25 500
　　管理费用　　4 500
　　贷：应付职工薪酬——职工福利费　　30 000

本例中，乙企业应当计提的职工福利费 =150 ×200 =30 000（元）。

【例 5－15·计算题】承【例 5－14】，2017 年 10 月，乙企业支付 30 000 元补贴给食堂。

乙企业应编制如下会计分录：

借：应付职工薪酬——职工福利费　　30 000
　　贷：银行存款　　30 000

③国家规定计提标准的职工薪酬。

对于国家规定了计提基础和计提比例的社会保险费和住房公积金，以及按规定提取的工会经费和职工教育经费，企业应根据规定的计提基础和计提比例计算确认职工薪酬金额，确认相关负债，根据受益对象计入当期损益或相关资产成本。

借：生产成本
　　制造费用
　　管理费用
　　贷：应付职工薪酬

【例 5－16·计算题】承【例 5－13】，2019 年 7 月，甲企业根据相关规定，分别按照职工工资总额的 2%和 8%的计提标准，确认应付工会经费和职工教育经费。

甲企业应编制如下会计分录：

借：生产成本——基本生产成本　　[480 000 ×（2% +8%）] 48 000
　　制造费用　　[105 000 ×（2% +8%）] 10 500
　　管理费用　　[90 600 ×（2% +8%）] 9 060
　　销售费用　　[17 400 ×（2% +8%）] 1 740

贷：应付职工薪酬——工会经费

[（480 000 +105 000 +90 600 +17 400）×2%] 13 860

——职工教育经费

[（480 000 +105 000 +90 600 +17 400）×8%] 55 440

【例5 -17 · 计算题】2017 年 12 月，丙企业根据国家规定的计提标准计算，应向社会保险经办机构缴纳职工基本医疗保险费共计 97 020 元，其中，应计入基本生产车间生产成本的金额为 67 200 元，应计入制造费用的金额为 14 700 元，应计入管理费用的金额为 15 120 元。

丙企业应编制如下会计分录：

借：生产成本——基本生产成本　67 200

制造费用　14 700

管理费用　15 120

贷：应付职工薪酬——社会保险费——基本医疗保险　97 020

假定该企业从应付职工薪酬中代扣个人应缴纳的社会保险费（不含基本养老保险和失业保险）20 790 元、住房公积金 76 230 元，共计 97 020 元。企业应编制如下会计分录：

借：应付职工薪酬——工资　97 020

贷：其他应付款——社会保险费　20 790

——住房公积金　76 230

④短期带薪缺勤。

a. **累积带薪缺勤**是指带薪权利可以结转下期的带薪缺勤，本期尚未用完的带薪缺勤权利可以在未来期间使用。

企业应当在职工提供了服务从而增加了其未来享有的带薪缺勤权利时：

借：管理费用等

贷：应付职工薪酬——带薪缺勤——短期带薪缺勤——累积带薪缺勤

【例5 -18 · 计算题】丁企业共有 2 000 名职工，从 2020 年 1 月 1 日起，该企业实行累积带薪缺勤制度。该制度规定，每个职工每年可享受 5 个工作日带薪休假，未使用的年休假只能向后结转一个公历年度，超过 1 年未使用的权利作废，在职工离开企业时也无权获得现金支付；职工休年假时，首先使用当年可享受的权利，不足部分再从上年结转的带薪年假中扣除。2020 年 12 月 31 日，丁企业预计 2021 年有 1 900 名职工将享受不超过 5 天的带薪休假，剩余 100 名职工每人将平均享受 6.5 天年假，假定这 100 名职工全部为总部各部门经理，该企业平均每名职工每个工作日工资为 300 元。不考虑其他相关因素。

2020 年 12 月 31 日，丁企业应编制如下会计分录：

借：管理费用 45 000

贷：应付职工薪酬——带薪缺勤——短期带薪缺勤——累积带薪缺勤 45 000

丁企业在2020 年12 月31 日应当预计由于职工累积未使用的带薪休假权利而导致的预期支付的金额，即相当于150 天（100 ×1.5）的年休假工资金额45 000 元（150 ×300）。

b. 非累积带薪缺勤是指带薪权利不能结转下期的带薪缺勤，本期尚未用完的带薪缺勤权利将予以取消，并且职工离开企业时也无权获得现金支付。我国企业职工休婚假、产假、丧假、探亲假、病假期间的工资通常属于非累积带薪缺勤。

企业确认职工享有的与非累积带薪缺勤权利相关的薪酬，视同职工出勤确认的当期损益或相关资产成本，不必额外作相应的账务处理。

2. 非货币性职工薪酬（★★★）

非货币性职工薪酬的账务处理见表 5 –8。

表 5 –8　　非货币性职工薪酬的账务处理

<table>
<tr><th>项目</th><th colspan="2">账务处理</th></tr>
<tr><td rowspan="4">企业以其自产产品作为非货币性福利发放给职工</td><td colspan="2">相当于先按公允价值销售自产产品，再用销售自产产品取得的价税合计金额偿付负债（应付职工薪酬）</td></tr>
<tr><td>①确认应付职工薪酬，根据受益对象计入当期损益或相关资产成本</td><td>借：生产成本
管理费用
销售费用等
贷：应付职工薪酬——非货币性福利（产品公允价值 + 增值税）</td></tr>
<tr><td>②确认收入</td><td>借：应付职工薪酬——非货币性福利
贷：主营业务收入
应交税费——应交增值税（销项税额）</td></tr>
<tr><td>③结转产品成本</td><td>借：主营业务成本
贷：库存商品</td></tr>
<tr><td rowspan="2">将企业拥有的房屋等资产无偿提供给职工使用</td><td>①确认应付职工薪酬</td><td>借：管理费用
生产成本
制造费用
贷：应付职工薪酬——非货币性福利</td></tr>
<tr><td>②结转应付职工薪酬</td><td>借：应付职工薪酬——非货币性福利
贷：累计折旧</td></tr>
</table>

续表

项目	账务处理	
租赁住房等资产供职工无偿使用的	①确认应付职工薪酬	借：管理费用 　　生产成本 　　制造费用 　　贷：应付职工薪酬——非货币性福利
	②支付房租时	借：应付职工薪酬——非货币性福利 　　贷：银行存款

【知识卡片】难以认定受益对象的非货币性福利，直接计入当期损益和应付职工薪酬。

【例5-19·计算题】甲公司为家电生产企业，共有职工200名，其中170名为直接参加生产的职工，30名为总部管理人员。2020年12月，甲公司以其生产的每台成本为900元的电暖器作为春节福利发放给公司每名职工。该型号的电暖器市场售价为每台1 000元，甲公司适用的增值税税率为13%。

甲公司应编制如下会计分录：

第一步，确认应付职工薪酬。

借：生产成本　　192 100

　　管理费用　　33 900

　　贷：应付职工薪酬——非货币性福利　　226 000

应记入“生产成本”科目的金额=170×1 000×13%+170×1 000=192 100（元）

应记入“管理费用”科目的金额=30×1 000×13%+30×1 000=33 900（元）

应确认的应付职工薪酬=200×1 000×13%+200×1 000=226 000（元）

第二步，确认收入。

借：应付职工薪酬——非货币性福利　　226 000

　　贷：主营业务收入　　200 000

　　　　应交税费——应交增值税（销项税额）　　26 000

第三步，结转产品成本。

借：主营业务成本　　180 000

　　贷：库存商品——电暖器　　180 000

【例5-20·计算题】甲公司为总部各部门经理级别以上职工提供汽车免费使用，同时为副总裁以上高级管理人员每人租赁一套住房。甲公司总部共有部门经理以上职工20名，每人提供一辆桑塔纳汽车免费使用，假定每辆桑塔纳汽车每月计提折旧1 000元；该公司共有副总裁以上高级管理人员5名，公司为其每人租赁一套面积为

200 平方米的公寓，月租金为每套 8 000 元。该企业应编制如下会计分录：

（1）确认为职工提供汽车的非货币性福利：

借：管理费用　　20 000

　贷：应付职工薪酬——非货币性福利　　20 000

借：应付职工薪酬——非货币性福利　　20 000

　贷：累计折旧　　20 000

企业提供汽车供职工使用的非货币性福利 =20 ×1 000 =20 000（元）

（2）确认为职工租赁住房的非货币性福利：

借：管理费用　　40 000

　贷：应付职工薪酬——非货币性福利　　40 000

企业租赁住房供职工使用的非货币性福利 =5 ×8 000 =40 000（元）

甲公司每月支付副总裁以上高级管理人员住房租金时，应编制如下会计分录：

借：应付职工薪酬——非货币性福利　　40 000

　贷：银行存款　　40 000

（四）长期职工薪酬的核算

1. 离职后福利

对于设定提存计划，企业应当根据在资产负债表日为换取职工在会计期间提供的服务而应向单独主体缴存的提存金，确认为应付职工薪酬，并计入当期损益或相关资产成本。

借：生产成本

　　制造费用

　　管理费用

　　销售费用

　　贷：应付职工薪酬——设定提存计划

2. 辞退后福利

企业向职工提供辞退福利的，应当在“企业不能单方面撤回因解除劳动关系或裁减所提供的辞退福利时”和“企业确认涉及支付辞退福利的重组相关的成本或费用时”两者孰早日，确认辞退福利产生的职工薪酬负债，并计入当期损益，借记“管理费用”科目，贷记“应付职工薪酬——辞退福利”科目。

【知识卡片】此处不区分受益对象，一律记入“管理费用”。

3. 其他长期职工福利

长期残疾福利水平取决于职工提供服务期间长短的，企业应在职工提供服务的期间确认应付长期残疾福利义务，计量时应当考虑长期残疾福利支付的可能性和预期支付的期限；与职工提供服务期间长短无关的，企业应当在导致职工长期残疾的事件发生的当期确认应付长期残疾福利。

【例5－21·单选题】甲企业与其销售总经理达成协议：3年后利润达到1亿元，其薪酬为利润的2%。下列各项中，甲企业向销售总经理提供薪酬的类别是（　　）。

A. 带薪缺勤　　B. 辞退福利

C. 离职后福利　　D. 利润分享计划

【本题答案】D

【本题解析】利润分享计划，是指因职工提供服务而与职工达成的基于利润或其他经营成果提供薪酬的协议。

「考点8」应交税费（★★）

（一）应交税费概述（见图5－2）

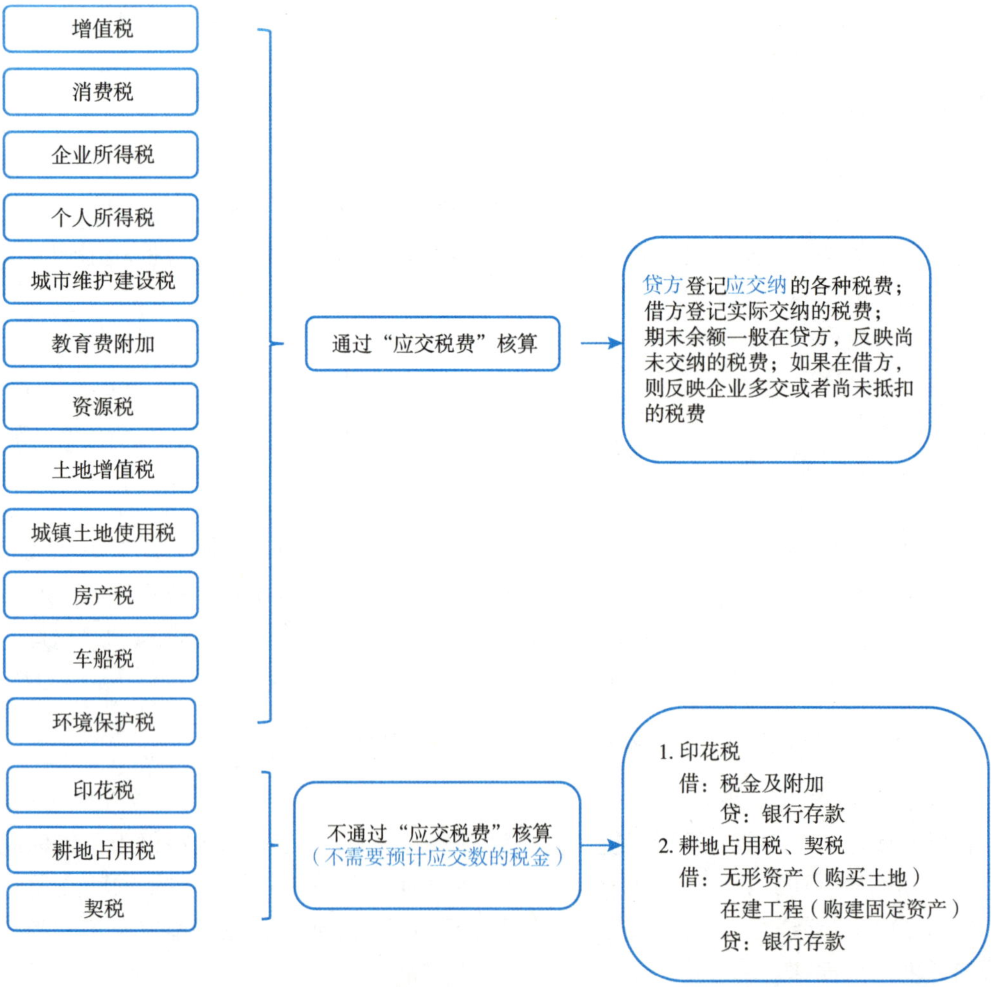

图5－2　应交税费

（二）应交增值税

1. 增值税概述

①增值税概念。

增值税是以**商品（含应税劳务、应税行为）**在流转过程中实现的**增值额**作为计税依据而征收的一种流转税。

②增值税的征税范围。

在**我国境内**，下列交易或事项需要交纳增值税：

a. 销售货物；

b. 应税劳务：提供加工修理或修配劳务；

c. 销售应税服务：包括交通运输业、建筑服务、邮政服务、电信服务、金融服务、现代服务、生活服务；

d. 销售无形资产和不动产；

e. 进口货物。

③纳税义务人。

根据经营规模大小及会计核算水平的健全程度，增值税纳税人分为一般纳税人和小规模纳税人。

④增值税的核算。

a. 一般计税方法。一般纳税人大多采用一般计税方法。

计算公式为：

$$当期应纳税额=当期销项税额-当期进项税额$$

$$当期销项税额=销售额（不含税）\times 增值税税率$$

当期销项税额＜进项税额时，其不足抵扣部分可以结转下期继续抵扣。

因此，一般计税方法主要解决销售额、增值税税率和进项税额抵扣问题（见表5－9）。

表5－9 增值税的核算

销售额	销售额（不含税）＝含税销售额÷（1＋增值税税率）
增值税税率	《初级会计实务》中无须掌握，会由题目给出税率或税额
可抵扣进项税额	凭票抵扣和计算抵扣： ①从销售方取得的**增值税专用发票**上注明的增值税税额。 ②从海关取得的**增值税专用缴款书**上注明的增值税税额。 ③农产品收购发票或销售发票计算扣除进项税额，具体计算方法如下： 企业购进农产品，除取得增值税专用发票或者海关进口增值税专用缴款书外，按照农产品收购发票或者销售发票上注明的农产品买价和9%的扣除率计算进项税额。如用于生产销售或委托加工税率为13%的农产品，按照农产品收购发票或者销售发票上注明的农产品买价和10%的扣除率计算进项税额。 ④从境外单位或者个人购进服务、无形资产或者不动产，自税务机关或者扣缴义务人取得的解缴税款的完税凭证上注明的增值税税额。 ⑤一般纳税人支付的道路、桥、闸通行费，凭取得的通行费发票上注明的收费金额和规定的方法计算的可抵扣的增值税进项税额。 ⑥2019年4月1日后，纳税人购进**国内旅客运输服务**，其进项税额允许从销项税额中抵扣

b. **简易计税方法。** 小规模纳税人一般采用简易计税方法。

应纳税额＝销售额（不含税）×征收率

销售额（不含税）＝含税销售额÷（1＋征收率）

一般纳税人发生财政部和国家税务总局规定的特定应税销售行为，也可以选择简易计税方式计税，但是不得抵扣进项税额。

2. 一般纳税人的账务处理

①增值税核算应设置的会计科目。

可以总结为：2“特”3“交”4“代/待”，即2特殊（简易计税、转让金融商品），3交（应交、未交、预交），4待（待抵扣进项税额、待认证进项税额、待转销项税额、代扣代交），见表5－10。

表5－10　　增值税核算应设置的会计科目

会计科目	有关规定
应交税费——应交增值税	应交增值税明细账内设置以下专栏： 1交：①**已交**税金； 2项：②进**项**税额；③销**项**税额； 2减：④**减**免税款；⑤销项税额抵**减**； 2出：⑥**出**口退税；⑦**出**口抵减内销产品应纳税额； 3转：⑧进项税额**转**出；⑨**转**出多交增值税；⑩**转**出未交增值税
应交税费——未交增值税	核算一般纳税人月度终了从“应交增值税”或“预交增值税”明细科目转入当月**应交未交、多交或预交**的增值税税额，以及**当月交纳以前**期间未交的增值税税额
应交税费——预交增值税	核算一般纳税人**转让不动产**、提供**不动产经营租赁**服务、提供**建筑服务**、采用**预收款方式销售自行开发的房地产项目**等，按现行增值税制度规定应预交的增值税税额
应交税费——待抵扣进项税额	核算一般纳税人已取得增值税扣税凭证并经税务机关认证，按照现行增值税制度规定准予以后期间从销项税额中抵扣的进项税额
应交税费——待认证进项税额	核算一般纳税人由于未经税务机关认证而不得从当期销项税额中抵扣的进项税额
应交税费——待转销项税额	核算一般纳税人销售货物、加工修理修配劳务、服务、无形资产或不动产，已确认相关收入（或利得）但尚未发生增值税纳税义务而需于以后期间确认为销项税额的增值税税额
应交税费——简易计税	核算一般纳税人采用简易计税方法发生的增值税计提、扣减、预缴、缴纳等业务
应交税费——转让金融商品应交增值税	核算增值税纳税人转让金融商品发生的增值税税额
应交税费——代扣代交增值税	核算纳税人购进在境内未设经营机构的境外单位或个人在境内应税行为代扣代缴的增值税

②增值税进项税额的核算。

a. **一般情形。**

一般纳税人购进货物、接受劳务，按应计入相关成本费用或资产的金额，借记相关资产或成本费用，按当月已认证的可抵扣增值税额，借记“应交税费——应交增值税（进项税额）”科目（如发票未经认证，则借记“应交税费——待认证进项税额”科目），按应付或实际支付的金额，贷记“应付账款”“应付票据”“银行存款”等科目。

购进货物发生退货，应根据税务机关开具的红字增值税专用发票编制相反的会计分录。

会计分录为：

借：原材料（或者库存商品/生产成本/无形资产/固定资产等）

　　应交税费——应交增值税（进项税额）（当月已认证的可抵扣增值税税额）

　　　　　　——待认证进项税额（当月未认证的可抵扣增值税税额）

　贷：应付账款（或者应付票据/银行存款等）

【例5-22·计算题】甲企业为增值税一般纳税企业，适用的增值税税率为13%，原材料按实际成本核算，销售商品价格为不含增值税的公允价格。2020年6月发生经济交易或事项以及相关的会计分录如下：

（1）5日，购入原材料一批，增值税专用发票上注明价款为120 000元，增值税税额为15 600元，材料尚未到达，全部款项已用银行存款支付。

借：在途物资　　120 000

　　应交税费——应交增值税（进项税额）　　15 600

　贷：银行存款　　135 600

（2）10日，收到5日购入的原材料并验收入库，实际成本总额120 000元。同日，与运输公司结清运输费用，增值税专用发票注明运输费用5 000元，增值税税额为450元，运输费用和增值税税额已用转账支票支付。

借：原材料　　125 000

　　应交税费——应交增值税（进项税额）　　450

　贷：银行存款　　5 450

　　　在途物资　　120 000

（3）15日，购入不需要安装设备一台，增值税专用发票上注明的价款为30 000元，增值税税额为3 900元，款项尚未支付。

借：固定资产　　30 000

　　应交税费——应交增值税（进项税额）　　3 900

　贷：应付账款　　33 900

（4）20日，购入免税农产品一批，价款200 000元，规定的扣除率为9%，货物尚未到达，货款已用银行存款支付。

借：在途物资　　182 000

　　应交税费——应交增值税（进项税额）　　18 000

　贷：银行存款　　200 000

进项税额 = 购买价款×扣除率 =200 000 ×9% =18 000（元）

（5）25 日，生产车间委托外单位修理机器设备，增值税专用发票上注明修理费用 20 000 元，增值税税额为 2 600 元，款项已用银行存款支付。

借：管理费用　　20 000

　　应交税费——应交增值税（进项税额）　　2 600

　　贷：银行存款　　22 600

b. 货物等已验收入库但尚未取得增值税扣税凭证。

第一，月末，先按货物清单或相关合同协议上的价格暂估入账（不需要将增值税的进项税额暂估入账）：

借：原材料、库存商品、无形资产、固定资产等

　　贷：应付账款

第二，下月初，用红字冲销原暂估入账金额，待取得相关增值税扣税凭证并经认证后：

借：原材料、库存商品、无形资产、固定资产

　　应交税费——应交增值税（进项税额）

　　贷：应付账款、应付票据、银行存款等

c. 进项税额转出。

要转出进项税额的情形：

第一，企业已单独确认进项税额的购进货物、加工修理修配劳务或服务、无形资产或不动产但其事后**改变用途**（如用于简易计税方法计税项目、免征增值税项目，非增值税应税项目等）。

第二，企业购进的货物发生**非正常损失**（不含自然灾害造成的）。

非正常损失情形：管理不善被盗、丢失、霉烂变质的损失，以及被执法部门没收、销毁、拆除的货物或不动产。

会计分录为：

借：待处理财产损溢 / 应付职工薪酬 / 固定资产 / 无形资产等

　　贷：应交税费——应交增值税（进项税额转出）/ 应交税费——待抵扣进项税额 / 应交税费——待认证进项税额

属于转作待处理财产损失的进项税额，应与非正常损失的购进货物、在产品或库存商品、固定资产和无形资产的成本一并处理。

【例 5 –23 · 计算题】2020 年 6 月发生进项税额转出事项及相关会计分录如下：

（1）10 日，库存材料因管理不善发生意外火灾损失，有关增值税专用发票确认的成本为 20 000 元，增值税税额为 2 600 元。

借：待处理财产损溢——待处理流动资产损溢　　22 600

　　贷：原材料　　20 000

　　　　应交税费——应交增值税（进项税额转出）　　2 600

（2）18 日，领用一批外购原材料用于集体福利消费，该批原材料的成本为 60 000 元，购入时支付的增值税进项税额为 7 800 元。

借：应付职工薪酬——非货币性福利 67 800
　　贷：原材料 60 000
　　　　应交税费——应交增值税（进项税额转出） 7 800

【例 5 -24 · 单选题】 增值税一般纳税人购入农产品，收购发票上注明买价 100 000 元，规定的增值税进项税额扣除率为 9%，另支付入库前挑选整理费 500 元，求入账价值为（　　）元。

A. 91 500　　B. 113 000　　C. 113 500　　D. 100 500

【本题答案】 A

【本题解析】 所购农产品的入账价值 = 100 000 ×（1 - 9%）+500 = 91 500（元）

③增值税销项税额的核算。

a. 企业销售货物、提供加工修理修配劳务、服务、无形资产或不动产。

会计分录为：

借：应收账款、应收票据、银行存款
　　贷：主营业务收入
　　　　其他业务收入
　　　　固定资产清理
　　　　应交税费——应交增值税（销项税额）
　　　　　　　　——简易计税

企业销售货物发生销售退回，根据红字增值税专用发票作相反分录。

如果会计上收入或利得确认时点先于增值税纳税义务发生时点：

首先，确认收入，用“待转销项税额”代替“销项税额”或“简易计税”：

借：应收账款、应收票据、银行存款
　　贷：主营业务收入
　　　　其他业务收入
　　　　应交税费——待转销项税额

然后，在实际发生纳税义务时：

借：应交税费——待转销项税额
　　贷：应交税费——应交增值税**（销项税额）**
　　　　　　　　——简易计税

如果增值税纳税义务发生时点早于会计上确认收入或利得的时点，应将应纳增值税额，借记“应收账款”科目，贷记“应交税费——应交增值税（销项税额）”或“应交税费——简易计税”科目，确认收入或利得时，应按扣除增值税销项税额后的金额确认收入。

【例5－25·计算题】2020年6月，该公司发生与销售相关的交易以及相关会计分录如下：

（1）15日，销售产品一批，开具增值税专用发票注明的价款为500 000元，增值税税额为65 000元，提货单和增值税专用发票已交给买方，款项尚未收到。

借：应收账款　565 000
　贷：主营业务收入　500 000
　　应交税费——应交增值税（销项税额）　65 000

（2）28日，为外单位代加工电脑桌500个，每个收取加工费80元，已加工完成。开具增值税专用发票注明的价款为40 000元，增值税税额为5 200元，款项已收到并存入银行。

借：银行存款　45 200
　贷：主营业务收入　40 000
　　应交税费——应交增值税（销项税额）　5 200

b. 视同销售。

有些交易或事项，虽然没有产生资金流入，但税法规定要视同对外销售，计算应交增值税。

视同销售需要交纳增值税的事项：

第一，企业将自产或委托加工的货物用于集体福利或个人消费；

第二，将自产、委托加工或**购买的**货物作为投资、分配给股东或投资者、无偿赠送他人等。

【例5－26·计算题】2020年6月，甲公司发生的视同销售交易如下：10日，以公司生产的产品对外捐赠，该批产品的实际成本为200 000元，售价为250 000元，开具的增值税专用发票上注明的增值税税额为32 500元。

借：营业外支出　232 500
　贷：库存商品　200 000
　　应交税费——应交增值税（销项税额）　32 500

④交纳增值税。

a. 交纳当月增值税：

借：**应交税费——应交增值税（已交税金）**
　贷：银行存款

b. 交纳以前期间未交的增值税：

借：**应交税费——未交增值税**
　贷：银行存款

【例5-27·计算题】2018年8月，甲公司发生销项税额合计为261 800元，进项税额转出合计为13 600元，进项税额合计为85 350元。

应交增值税=261 800+13 600-85 350=190 050（元）

当月，该公司用银行存款交纳增值税150 000元，应编制如下会计分录：

借：应交税费——应交增值税（已交税金）　　150 000

　　贷：银行存款　　150 000

⑤月末转出多交增值税和未交增值税。

月度终了，企业应当将当月应交未交或多交的增值税自“应交增值税”明细科目转入“未交增值税”明细科目。

a. 对于当月应交未交的增值税：

借：应交税费——应交增值税（转出未交增值税）

　　贷：应交税费——未交增值税

b. 对于当月多交的增值税：

借：应交税费——未交增值税

　　贷：应交税费——应交增值税（转出多交增值税）

需要说明的是，企业购入材料、商品等不能取得增值税专用发票的，发生的增值税应计入材料采购成本，会计分录为：

借：材料采购/在途物资/原材料/库存商品

　　贷：银行存款

3. 小规模纳税人的账务处理

小规模纳税人核算增值税采用简化的方法，即购进货物、应税服务或应税行为支付的增值税，**一律不予抵扣，直接计入相关成本费用或资产**。

小规模纳税人计算销售额时一般要做价税分离：

不含税销售额=含税销售额÷（1+征收率）

应纳税额=不含税销售额×征收率

小规模纳税人设置“应交税费——应交增值税”科目。

【例5-28·计算题】某企业为增值税小规模纳税人，适用增值税征收率为3%，原材料按实际成本核算。该企业发生经济交易如下：购入原材料一批，取得的专用发票中注明货款30 000元，增值税3 900元，款项以银行存款支付，材料验收入库。销售产品一批，开具的普通发票中注明的货款（含税）为51 500元，款项已存入银行。用银行存款交纳增值税1 500元。该企业应编制如下会计分录：

（1）购入原材料：

借：原材料　　33 900

　　贷：银行存款　　33 900

（2）销售产品：

借：银行存款　　51 500

　　贷：主营业务收入　　50 000

　　　　应交税费——应交增值税　　1 500

不含税销售额 = 含税销售额÷（1 + 征收率）=51 500 ÷（1 +3%）=50 000（元）

应纳增值税 = 不含税销售额× 征收率 =50 000 ×3% =1 500（元）

（3）交纳增值税：

借：应交税费——应交增值税　　1 500

　　贷：银行存款　　1 500

4. *差额征税的账务处理*

①企业发生相关成本费用允许扣减销售额的账务处理。

按现行增值税制度规定企业发生相关成本费用允许扣减销售额的，应当按减少的销项税额，借记“应交税费——应交增值税（销项税额抵减）”或“应交税费——简易计税”科目（小规模纳税人应借记“应交税费——应交增值税”科目），按应付或实际支付的金额与上述增值税税额的差额，借记“主营业务成本”等科目，按应付或实际支付的金额，贷记“应付账款”“应付票据”“银行存款”等科目。

【例 5 –29 · 计算题】某旅行社为增值税一般纳税人，应交增值税采用差额征税方式核算。2020 年 7 月，该旅行社为乙公司提供职工境内旅游服务，向乙公司收取含税价款 318 000 元，其中增值税 18 000 元，全部款项已收妥入账。旅行社以银行存款支付其他接团旅游企业的旅游费用和其他单位相关费用共计 254 400 元，其中，因允许扣减销售额而减少的销项税额为 14 400 元。该旅行社应编制如下会计分录：

（1）支付住宿费等旅游费用：

借：主营业务成本　　254 400

　　贷：银行存款　　254 400

（2）根据增值税扣税凭证抵减销项税额，并调整成本：

借：应交税费——应交增值税（销项税额抵减）　　14 400

　　贷：主营业务成本　　14 400

上述分录（1）、（2）可合并编制如下会计分录：

借：主营业务成本　　240 000

　　应交税费——应交增值税（销项税额抵减）　　14 400

　　贷：银行存款　　254 400

（3）确认旅游服务收入：

借：银行存款　　318 000

　　贷：主营业务收入　　300 000

　　　　应交税费——应交增值税（销项税额）　　18 000

②金融商品转让按规定以盈亏相抵后的余额作为销售额的账务处理。

对于金融商品转让：

a. 月末，如果产生转让收益：

借：投资收益

　　贷：应交税费——转让金融商品应交增值税

b. 如产生转让损失，则可结转下月抵扣额：

借：应交税费——转让金融商品应交增值税

　　贷：投资收益

c. 缴纳增值税时：

借：应交税费——转让金融商品应交增值税

　　贷：银行存款

d. 年末，"应交税费——转让金融商品应交增值税"科目如有借方余额：

借：投资收益

　　贷：应交税费——转让金融商品应交增值税

5. 增值税税控系统专用设备和技术维护费用抵减增值税税额的账务处理

按现行增值税制度规定，企业**初次**购买增值税税控系统专用设备支付的费用以及缴纳的技术维护费用允许在增值税应纳税额中全额抵减，如表5－11所示。

表5－11　增值税税控系统专用设备和技术维护费用抵减增值税税额的账务处理

情形	会计分录
初次购买增值税税控系统专用设备	**①取得设备时：** 借：固定资产（价税合计金额） 　　贷：银行存款等 **②按规定抵减增值税应纳税额时：** 借：应交税费——应交增值税（减免税款）（小规模纳税人应借记"应交税费——应交增值税"科目） 　　贷：管理费用
缴纳增值税税控系统专用设备的技术维护费	**①发生技术维护费时：** 借：管理费用 　　贷：银行存款等 **②按规定抵减增值税应纳税额时：** 借：应交税费——应交增值税（减免税款）（小规模纳税人应借记"应交税费——应交增值税"科目） 　　贷：管理费用

【例5－30·计算题】某公司为增值税一般纳税人，初次购买数台增值税税控系统专用设备作为固定资产核算，取得增值税专用发票上注明的价款为38 000元，增值税税额为4 940元，价款和税款以银行存款支付。该公司应编制如下会计分录：

（1）取得设备，支付价款和税款时：

借：固定资产　　42 940

　　贷：银行存款　　42 940

（2）按规定抵减增值税应纳税额时：

借：应交税费——应交增值税（减免税款）　　42 940

　　贷：管理费用　　42 940

（三）应交消费税

1\. *消费税概述*

消费税是指在我国境内**生产**、**委托加工**和**进口应税消费品**的单位和个人，按其流转额交纳的一种税。消费税有**从价定率**、从量定额、复合计税三种征收方法。

采取从价定率征收的消费税，以不含增值税的销售额为税基，按照规定税率计算。

采取从量定额计征的消费税，按照税法确定的应税消费品数量和单位税额计算确定。

2\. *应交消费税的账务处理*

设置会计科目：应交税费——应交消费税。

①销售应税消费品。

会计分录为：

借：税金及附加

　　贷：应交税费——应交消费税

【例5－31·计算题】甲企业销售所生产的高档化妆品，价款1 000 000元（不含增值税），开具的增值税专用发票上注明的增值税税额为130 000元，适用的消费税税率为15%，款项已存入银行。该企业应编制如下会计分录：

（1）取得价款和税款时：

借：银行存款　　1 130 000

　　贷：主营业务收入　　1 000 000

　　　　应交税费——应交增值税（销项税额）　　130 000

（2）计算应缴纳的消费税：

借：税金及附加　　150 000

　　贷：应交税费——应交消费税　　150 000

应纳消费税额＝1 000 000×15%＝150 000（元）

②自产自用应税消费品。

企业将生产的应税消费品用于在建工程等非生产机构时，按规定应缴纳消费税。

借：在建工程等

　　贷：应交税费——应交消费税

【例 5 -32 · 计算题】 乙企业在建工程领用自产柴油成本为 50 000 元，应纳消费税 6 000 元，不考虑其他相关税费。该企业应编制如下会计分录：

借：在建工程　　56 000

　　贷：库存商品　　50 000

　　　　应交税费——应交消费税　　6 000

③委托加工应税消费品。

委托加工应税消费品，一般应由受托方代收代缴税款。

根据委托加工应税消费品收回后的不同处理，账务处理有所不同。

a. 委托加工物资收回后，**直接用于销售**的（售价不高于受托方计税价格），应将受托方代收代缴的消费税计入委托加工物资的成本。

会计分录为：

借：委托加工物资

　　贷：应付账款、银行存款

b. 委托加工物资收回后用于**连续生产应税消费品**，按规定准予抵扣的，应按已由受托方代收代缴的消费税计算。

借：应交税费——应交消费税

　　贷：应付账款 / 银行存款等

【例 5 -33 · 计算题】 甲企业委托乙企业代为加工一批应交消费税的材料（非金银首饰）。甲企业的材料成本为 2 000 000 元，加工费为 400 000 元，增值税税率 13%，由乙企业代收代缴的消费税为 160 000 元（不考虑增值税）。材料已经加工完成，并由甲企业收回验收入库，加工费尚未支付。甲企业采用实际成本法进行原材料的核算。该企业应编制如下会计分录：

（1）如果委托加工物资收回继续用于生产应税消费品：

借：委托加工物资　　2 000 000

　　贷：原材料　　2 000 000

借：委托加工物资　　400 000

　　应交税费——应交增值税（进项税额）　　52 000

　　　　　　——应交消费税　　160 000

　　贷：应付账款　　612 000

借：原材料　　2 400 000

　　贷：委托加工物资　　2 400 000

（2）如果委托加工物资收回直接对外销售：

借：委托加工物资　　2 000 000

　　贷：原材料　　2 000 000

借：委托加工物资　560 000
　应交税费——应交增值税（进项税额）　52 000
　贷：应付账款　612 000
借：原材料　2 560 000
　贷：委托加工物资　2 560 000

④进口应税消费品。

企业进口应税物资在进口环节应交的消费税，**计入该项物资的成本。**

【例 5 -34 · 计算题】甲企业从国外进口一批需要交纳消费税的商品，已知该商品关税完税价格为 540 000 元，按规定应缴纳关税 108 000 元，假定进口的应税消费品的消费税税率为 10%、增值税税率为 13%。货物报关后，自海关取得的凭证上注明消费税为 72 000 元，增值税为 93 600 元。进口商品已经验收入库，全部货款和税款已经用银行存款支付。该企业应编制如下会计分录：

进口商品的入账成本 =540 000 +108 000 +72 000 =720 000（元）

借：库存商品　720 000
　应交税费——应交增值税（进项税额）　93 600
　贷：银行存款　813 600

（四）其他应交税费

其他应交税费主要包括资源税、城市维护建设税、土地增值税、企业所得税、房产税、土地使用税、车船税、个人所得税、教育费附加、环境保护税等。

企业应当在“应交税费”科目下设置相应的明细科目进行核算。

1. 应交资源税

资源税是对在我国境内开采矿产品或者生产盐的单位和个人征收的税，具体账务处理见表 5 -12。

表 5 -12　资源税的账务处理

交易或事项	账务处理	
企业对外销售应税产品	企业对外销售应税产品应交纳的资源税，应计入税金及附加	借：税金及附加 　贷：应交税费——应交资源税
自产自用应税产品	自产自用应税产品应交纳的资源税，应计入生产成本或制造费用	借：生产成本 　制造费用等 　贷：应交税费——应交资源税

【例5-35·计算题】甲企业本期对外销售资源税应税矿产品3 600吨，将自产资源税应税矿产品800吨用于其产品生产，税法规定每吨矿产品应交资源税5元。该企业应编制如下会计分录：

（1）计算对外销售应税矿产品应交资源税：

借：税金及附加　　18 000

　　贷：应交税费——应交资源税　　18 000

企业对外销售应税产品而应交的资源税 =3 600 ×5 =18 000（元）

（2）计算自用应税矿产品应交资源税：

借：生产成本　　4 000

　　贷：应交税费——应交资源税　　4 000

企业自产自用应税矿产品而应交纳的资源税 =800 ×5 =4 000（元）

（3）交纳资源税：

借：应交税费——应交资源税　　22 000

　　贷：银行存款　　22 000

2. 应交城市维护建设税

城市维护建设税是以**增值税、消费税**为计税依据征收的一种税。

应纳税额 =（实际缴纳的增值税 + 实际缴纳的消费税）× 适用税率

会计分录为：

借：税金及附加

　　贷：应交税费——应交城市维护建设税

【例5-36·多选题】下列各项中，关于相关税金的会计处理正确的有（　　）。

A. 拥有产权房屋缴纳的房产税计入房屋成本

B. 企业应交的城市维护建设税计入税金及附加

C. 签订购销合同缴纳的印花税计入主营业务成本

D. 商用货车缴纳的车船税计入税金及附加

【本题答案】BD

【本题解析】本题考核税金及附加的核算范围。选项AC错误，应计入税金及附加。

3. 应交教育费附加

教育费附加是为了发展教育事业而向企业征收的附加费。

企业以流转税（增值税、消费税）为计征依据，按其一定比例分别与增值税、消费税同时缴纳。类似于城市维护建设税。

会计分录为：

借：税金及附加

　　贷：应交税费——应交教育费附加

4. 应交土地增值税

土地增值税是对**转让**国有**土地使用权**、地上的**建筑物**及其**附着物**并取得增值性收入的单位和个人所征收的一种税。

土地增值税按照转让房地产所取得的增值额和规定税率计算征收。

根据企业对房地产核算方法不同，企业应交土地增值税的账务处理也有所区别，如表5－13所示。

表5－13　　应交土地增值税

时点	房地产核算方法	会计分录
确认应交时	①企业转让的土地使用权连同地上建筑物及其附着物一并在“固定资产”科目核算的	借：固定资产清理 　贷：应交税费——应交土地增值税
	②土地使用权在“无形资产”科目核算的	借：银行存款 　累计摊销 　无形资产减值准备 　贷：应交税费——应交土地增值税 　　无形资产 　　资产处置损益（或在借方）
	③房地产开发经营企业销售房地产	借：税金及附加 　贷：应交税费——应交土地增值税
缴纳时		借：应交税费——应交土地增值税 　贷：银行存款

【例5－37·计算题】甲企业对外转让一栋厂房，根据税法规定计算的应交土地增值税为25 000元。有关会计处理如下：

（1）计算应交纳的土地增值税：

借：固定资产清理　　25 000

　贷：应交税费——应交土地增值税　　25 000

（2）企业用银行存款交纳应交土地增值税：

借：应交税费——应交土地增值税　　25 000

　贷：银行存款　　25 000

5. 应交房产税、城镇土地使用税和车船税

会计分录为：

借：税金及附加

　贷：应交税费——应交房产税（或应交城镇土地使用税、应交车船税）

「考点9」长期借款与长期应付款（★★）

（一）长期借款

长期借款是指企业向银行或其他金融机构借入的期限在1年以上（不含1年）的各种借款，一般用于固定资产的购建、改扩建工程、大修理工程、对外投资以及为了保持长期经营能力等方面。

长期借款的账务处理如表5-14所示。

表5-14　　　　长期借款的账务处理

事项	账务处理
1. 取得长期借款	借：银行存款（实际收到的金额） 　　长期借款——利息调整（差额倒挤，若有） 　　贷：长期借款——本金
2. 发生长期借款利息	长期借款利息费用应当按照实际利率法计算确定，实际利率与合同利率差异较小的，也可以采用合同利率计算确定利息费用。 借：在建工程/制造费用/财务费用/研发支出等 　　贷：应付利息（分期付息） 　　　　长期借款——应计利息（一次还本付息） 【提示】 ①筹建期间的不符合资本化条件的借款利息费用记入“管理费用”。 ②生产经营期间不符合资本化条件的借款利息费用记入“财务费用”。 ③为购建固定资产发生的符合资本化条件的借款利息费用记入“在建工程”；不符合资本化条件或者达到预定可使用状态后的借款利息费用记入“财务费用”
3. 归还长期借款	借：长期借款——本金 　　应付利息/长期借款——应计利息 　　贷：银行存款

【例5-38·计算题】甲企业为增值税一般纳税人，于2020年11月30日从银行借入资金3 000 000元，借款期限为3年，年利率为4.8%（到期一次还本付息，不计复利）。所借款项已存入银行，甲企业用该借款于当日购买不需安装的设备一台，价款为2 000 000元，增值税税额为260 000元，另支付保险等费用100 000元，设备已于到日投入使用。甲企业应编制如下会计分录：

（1）取得借款时：

借：银行存款　　　　　　　　3 000 000

　　贷：长期借款——本金　　　　　　3 000 000

（2）支付设备款及保险费用时：

借：固定资产　2 100 000
　应交税费——应交增值税（进项税额）　260 000
　贷：银行存款　2 360 000

（3）2020 年 12 月 31 日计提长期借款利息时：

借：财务费用　12 000
　贷：长期借款——应计利息　12 000

2021 年 1 月至 2023 年 10 月末预提利息分录同上。

（4）2023 年 11 月 30 日归还长期借款时：

借：财务费用　12 000
　长期借款——本金　3 000 000
　　　——应计利息　420 000
　贷：银行存款　3 432 000

（二）长期应付款

长期应付款，是指企业除长期借款和应付债券以外的其他各种长期应付款项，如以分期付款方式购入固定资产发生的应付款项等。

企业应设置“长期应付款”科目，用以核算企业应付的款项及偿还情况。该科目可按长期应付款的种类和债权人进行明细核算。该科目的贷方登记发生的长期应付款，借方登记偿还的应付款项，期末贷方余额反映企业尚未偿还的长期应付款。

躲坑作战1

总结：消费税的账务处理见表 5 - 15。

表 5 -15　消费税的账务处理

交易或事项	会计分录	
销售应税消费品	借：税金及附加 　贷：应交税费——应交消费税	
自产自用应税消费品	借：在建工程等 　贷：应交税费——应交消费税	
委托加工应税消费品（★★）	①委托加工物资收回后，**直接用于销售**的（售价不高于受托方计税价格），应将受托方代收代缴的消费税计入委托加工物资的成本	借：委托加工物资 　贷：应付账款、银行存款
	②委托加工物资收回后用于**连续生产应税消费品**	借：应交税费——应交消费税 　贷：应付账款 / 银行存款等

续表

交易或事项	会计分录
进口应税消费品	企业进口应税物资在进口环节应交的消费税，**计入该项物资的成本**： 借：材料采购/固定资产等 　贷：银行存款

躲坑作战2

各种税的账务处理规则如表5－16所示。

表5－16　　各税种的账务处理规则

去向		税种
计入税金及附加		城市维护建设税、教育费附加、地方教育附加、房产税、环境保护税、城镇土地使用税、车船税、印花税等
计入资产成本		车辆购置税、契税、耕地占用税、进口关税等
5个特殊	增值税	增值税为价外税，确认为“应交税费——应交增值税”。 【提示】不可抵扣的增值税进项税额计入成本
	消费税	①销售：计入税金及附加。 ②委托加工：收回后，直接用于销售的，计入委托加工物资成本；收回后用于连续生产应税消费品，借记“应交税费——应交消费税”。 ③进口：计入相关资产成本。 ④自产自用于在建工程等非生产机构：计入在建工程等
	资源税	①自产自用：计入相关资产成本； ②销售：计入税金及附加
	所得税	①个人所得税：借记“应付职工薪酬”； ②企业所得税：计入所得税费用
	土地增值税	①房企：计入税金及附加； ②非房企：按照固定资产处置或无形资产处置的账务处理

你已成功
完成第五章的学习！

扫码领取全程课加入带学群

当你的才华还撑不起你的野心时，你就应该静下心来学习。

第 16 天

复习旧内容

第五章　负债　考点 5～9

学习新内容

第六章　所有者权益　考点 1～3

你今天可能有的心态

所有者权益听起来可能会觉得有点陌生，但是随着学习的深入你会发现其实也没有那么难，加油!

简单解释今天学习内容

实收资本就是我们在营业执照上看到的“注册资本”，所有者的投资一部分计入实收资本中，溢价的部分要计入资本公积。留存收益由两部分构成，包括盈余公积和未分配利润。学习本章要关注所有者权益各组成部分包含的内容，理解各部分的增减变动。

学习方法

本章考试分值在 8 分左右。学习时脑海中一定要形成框架，所有者权益的构成部分和增减变动分别是如何体现的，以及利润分配的顺序，把实际情形和会计分录对应起来，针对题目的选项逐个分析，就能得出答案。

建议学习时间

3 小时

今日打卡

任务内容	预计时间	重点任务要求
早读	30分钟	□ 把昨晚看的教材读一遍 □ 听微课
考点1~3	60分钟	□ 实收资本或股本 □ 留存收益
做作业	60分钟	□ 做教材例题、精练习题 □ 整理消化错题
回忆内容	30分钟	□ 把今天的教材看3遍 □ 背着书，把今天学的内容回忆一遍 □ 梳理今天所学内容框架

第六章　所有者权益

考情分析

本章是初级会计实务比较重要的一章，考试分值在 8 分左右，考试题型有单选题、多选题、判断题。

案例导入

还记得小彬成立的那家专门销售 BT 教育初级会计实务辅导教材的公司吗?

小彬成立公司初始投入 10 万元，即公司注册资本是 10 万元。 经过一年的经营，公司盈利了 10 万元，为了扩大经营，小彬想请爸爸投资入股，各占 50%的股权比例。 那爸爸该投入多少资本呢? 是全部都计入注册资本吗?

既然爸爸要占 50%的股权比例，而只有注册资本才是计算股权比例的依据，所以，应该增加注册资本 10 万元，追加后注册资本为 20 万元（10 +10），那是否爸爸只需投入 10 万元资本就行了? 当然不是，如果只投入 10 万元，爸爸追加投资后公司净资产为 30 万元，爸爸占股权比例 50%，那爸爸享有的公司净资产就是 15 万元（30 ×50%），比他投入资本 10 万元多了 5 万元。 但是，小彬享有公司净资产就从之前的 20 万元变成了 15 万元，白白损失了 5 万元。 亲父子也要明算账，白白亏钱的事小彬当然不干。 所以爸爸应该投入 20 万元，其中 10 万元进入注册资本，另外多出的 10 万元进入资本公积（资本溢价）。 这样追加投资后公司注册资本为 20 万元，净资产为 40 万元，小彬和爸爸各占 50%的股权比例，各享有净资产 20 万元，两人都不亏不赚。

公司资本扩大后，果然不一样。 第二年，公司业绩很好，居然盈利了 60 万元。 这赚的 60 万元怎么处理呢，是全部分给小彬和爸爸吗?

当然不是，《公司法》规定了，公司盈利，首先得提取 10%的法定盈余公积，将来用于公司扩大生产经营、弥补亏损等。 所以，小彬先从净利润 60 万元中提取了 6 万元法定盈余公积，然后拿出 20 万元作为自己和爸爸的股权分红，最后剩下 34 万元就成了公司未分配利润。

考点地图

所有者权益框架如图 6 -1 所示。

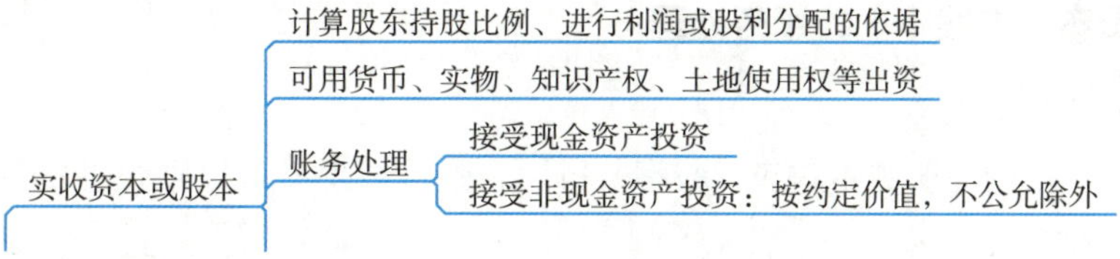

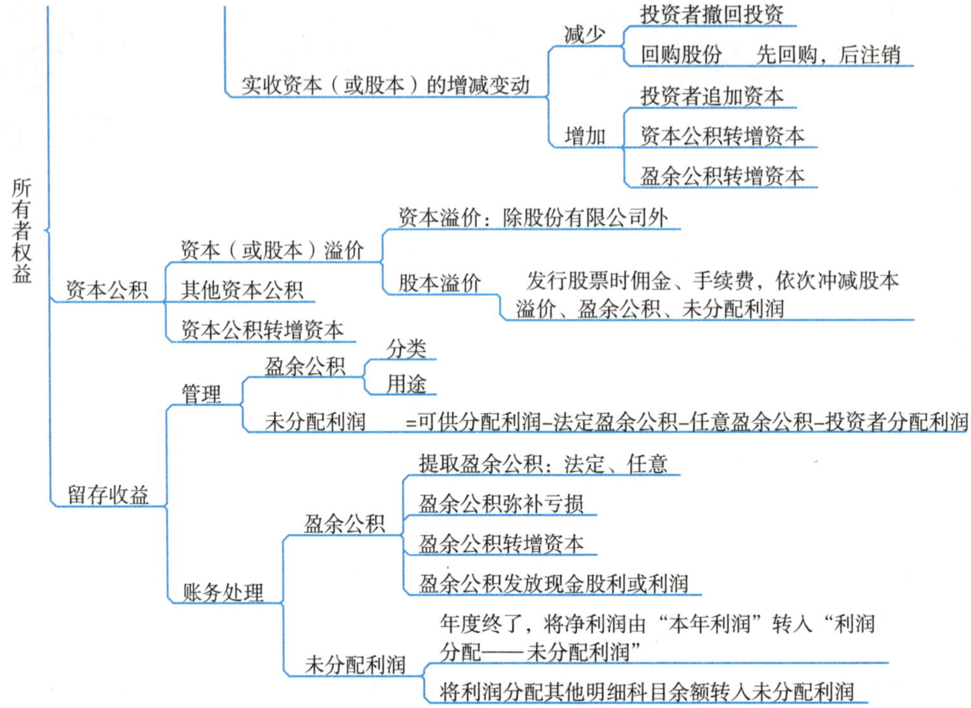

图6-1　所有者权益

「考点1」实收资本或股本（★★）

（一）实收资本（或股本）概述

实收资本是指企业**按照章程或合同、协议约定**，接受投资者投入企业的资本。 对股份有限公司而言，实收资本又称为股本，即发起人按照合同或协议约定投入的资本和社会公众在公司发行股票时认购股票缴入的资本（股份面值×股份总额）。

实收资本是计算股东持股比例、进行利润分配的依据。

并不是股东投入的所有资本都计入实收资本，超过实收资本的金额，应计入资本公积（资本溢价或股本溢价）。

我国《公司法》规定，股东可以用**货币**出资，也可以用**实物**、**知识产权**、**土地使用权**等可以用货币估价并可以依法转让的非货币财产作价出资。

（二）实收资本（或股本）的账务处理

1. 接受现金资产投资

股份有限公司的注册资本对应“**股本**”科目，**股份有限公司以外**企业的注册资本对应“**实收资本**”科目。

实收资本是指企业**按照章程或合同、协议约定**，接受投资者投入企业的资本。

①股份有限公司以外企业接受现金资产投资。

借：银行存款（实际收到金额）
　　贷：**实收资本**（按投资合同或协议约定的投资者在企业注册资本中所占份额的部分）
　　　　资本公积——**资本**溢价（差额）

【例6－1·计算题】甲、乙、丙共同投资设立A有限责任公司，注册资本为2 000 000元，甲、乙、丙持股比例分别为60%、25%和15%。按照章程规定，甲、乙、丙投入资本分别为1 200 000元、500 000元和300 000元。A公司已如期收到各投资者一次缴足的款项。A有限责任公司应编制如下会计分录：

借：银行存款	2 000 000	
贷：实收资本——甲		1 200 000
——乙		500 000
——丙		300 000

②股份有限公司接受现金资产投资。

股份有限公司发行股票时既可以**按面值发行**股票，也可以**溢价发行**（我国目前**不允许折价发行**）。

借：银行存款（实际收到金额）
　　贷：**股本**（股票面值×发行股份总额）
　　　　资本公积——**股本**溢价（差额）

【例6－2·计算题】B股份有限公司发行普通股10 000 000股，每股面值1元，每股发行价格5元。假定股票发行成功，股款50 000 000元已全部收到，不考虑发行过程中的税费等因素。根据上述资料，B公司应编制如下会计分录：

借：银行存款	50 000 000	
贷：股本		10 000 000
资本公积——股本溢价		40 000 000

2. 接受非现金资产投资

企业接受投资者作价投入的固定资产、存货、无形资产，应按投资合同或协议**约定价值**确定投入资产价值（但投资合同或协议**约定价值不公允的除外**）和在注册资本中应享有的份额。

借：固定资产／无形资产／存货
　　应交税费——应交增值税（进项税额）
　　贷：实收资本／股本
　　　　资本公积——资本溢价（或股本溢价）

【例6-3·计算题】丙有限责任公司于设立时收到A公司作为资本投入的非专利技术一项，该非专利技术投资合同约定价值为60 000元，增值税进项税额为3 600元（由投资方支付税款，并提供增值税专用发票）；同时收到B公司作为资本投入的土地使用权一项，投资合同约定价值为80 000元，增值税进项税额为7 200元（由投资方支付税款，并提供增值税专用发票）。合同约定的价值与公允价值相符，不考虑其他因素。丙公司应编制如下会计分录：

借：无形资产——非专利技术　　60 000
　　　　　　——土地使用权　　80 000
　　应交税费——应交增值税（进项税额）　　（3 600+7 200）10 800
　　贷：实收资本——A公司　　（60 000+3 600）63 600
　　　　　　　　——B公司　　（80 000+7 200）87 200

3. 实收资本（或股本）的增减变动（见表6-1）

表6-1　实收资本（或股本）的增减变动

减少	增加
投资者撤回**投资** 企业**减少**资本（如回购股份）	投资者**追加投入**资本 **资本公积**转增资本 **盈余公积**转增资本

①实收资本（或股本）的增加。

实收资本（或股本）增加的会计处理见表6-2。

表6-2　实收资本（或股本）增加的会计处理

项目	会计处理
接受投资者追加投资	借：银行存款 　贷：实收资本（或股本） 　　资本公积——资本溢价（或股本溢价）
资本公积转增资本	借：资本公积 　贷：实收资本（或股本）
盈余公积转增资本	借：盈余公积 　贷：实收资本（或股本）

【例6－4·计算题】甲、乙、丙三人共同投资设立A有限责任公司，原注册资本为4 000 000元，甲、乙、丙分别出资500 000元、2 000 000元和1 500 000元。为扩大经营规模，经批准，A公司注册资本扩大为5 000 000元，甲、乙、丙按照原出资比例分别追加投资125 000元、500 000元和375 000元。A公司如期收到甲、乙、丙追加的现金投资。

A公司应编制如下会计分录：

借：银行存款　　1 000 000
　贷：实收资本——甲　　125 000
　　　　　　　——乙　　500 000
　　　　　　　——丙　　375 000

【例6－5·计算题】承【例6－4】，因扩大经营规模需要，经批准，A公司按原出资比例将资本公积1 000 000元转增资本。A公司应编制如下会计分录：

借：资本公积　　1 000 000
　贷：实收资本——甲　　125 000
　　　　　　　——乙　　500 000
　　　　　　　——丙　　375 000

【例6－6·计算题】承【例6－4】因扩大经营规模需要，经批准，A公司按原出资比例将盈余公积1 000 000元转增资本。A公司应编制如下会计分录：

借：盈余公积　　1 000 000
　贷：实收资本——甲　　125 000
　　　　　　　——乙　　500 000
　　　　　　　——丙　　375 000

【例6－7·多选题】下列各项中，会导致企业实收资本增加的有（　　）。

A. 盈余公积转增资本　　B. 接受投资者追加投资

C. 资本公积转增资本　　D. 接受非流动资产捐赠

【本题答案】ABC

【本题解析】选项D，接受捐赠计入营业外收入。

②实收资本（或股本）的减少。

企业减少实收资本应按法定程序报经批准，股份有限公司采用回购本公司股票方式减资，通过“库存股”科目核算回购股份的金额。“库存股”属于所有者权益的抵减项目，具体账务处理见表6－3。

表6－3　　　　实收资本的减少

情形		具体账务处理
回购本公司股票时		借：库存股（股数×每股回购价） 　贷：银行存款
注销本公司股票时	如果股票的回购价高于面值总额	借：股本（股数×每股面值） 　资本公积——股本溢价 　盈余公积（资本公积余额不足冲减时） 　利润分配——未分配利润（盈余公积余额仍然不足冲减时） 　贷：库存股（股数×每股回购价）
	如果股票的回购价低于面值总额	借：股本 　贷：库存股 　　资本公积——股本溢价

【例6－8·计算题】A公司2016年12月31日的股本为100 000 000股，面值为1元，资本公积（股本溢价）30 000 000元，盈余公积40 000 000元。经股东大会批准，A公司以现金回购本公司股票20 000 000股并注销。假定A公司按每股2元回购股票，不考虑其他因素，A公司应编制如下会计分录：

（1）回购本公司股份时：

借：库存股　　40 000 000
　贷：银行存款　　40 000 000

库存股成本＝20 000 000×2＝40 000 000（元）

（2）注销本公司股份时：

借：股本　　20 000 000
　资本公积——股本溢价　　20 000 000
　贷：库存股　　40 000 000

应冲减的资本公积＝20 000 000×2－20 000 000×1＝20 000 000（元）

【例6－9·计算题】承【例6－8】，假定A公司按每股3元回购股票，其他条件不变，A公司应编制如下会计分录：

（1）回购本公司股份时：

借：库存股　　60 000 000
　贷：银行存款　　60 000 000

库存股成本＝20 000 000×3＝60 000 000（元）

（2）注销本公司股份时：

借：股本　　20 000 000
　资本公积　　30 000 000
　盈余公积　　10 000 000
　贷：库存股　　60 000 000

应冲减的资本公积 =20 000 000 ×3 -20 000 000 ×1 =40 000 000（元），大于股本溢价余额，所以最多冲减股本溢价 30 000 000 元，同时冲减盈余公积 10 000 000 元。

【例 6 -10 · 计算题】承【例 6 -8】，假定 A 公司按每股 0.9 元回购股票，其他条件不变，A 公司应编制如下会计分录：

（1）回购本公司股份时：

借：库存股	18 000 000	
贷：银行存款		18 000 000

库存股成本 =20 000 000 ×0.9 =18 000 000（元）

（2）注销本公司股份时：

借：股本	20 000 000	
贷：库存股		18 000 000
资本公积——股本溢价		2 000 000

应增加的资本公积 =20 000 000 ×1 -20 000 000 ×0.9 =2 000 000（元）

有限责任公司和小企业发还投资的会计处理比较简单，按法定程序报经批准减少注册资本的，借记“实收资本”“资本公积”等科目，贷记“库存现金”“银行存款”等科目。

[考点 2] 资本公积（★★）

（一）资本公积概述

与实收资本（或股本）不同，资本公积不直接反映企业所有者在企业的基本产权关系，不能作为企业持续经营期间进行利润或股利分配的依据。 资本公积包括资本溢价（或股本溢价）和其他资本公积等。

1. 资本溢价（或股本溢价）

资本溢价（或股本溢价）是指企业收到投资者出资额超出其在注册资本（或股本）中所占份额的部分。

2. 其他资本公积

其他资本公积是指除资本溢价(或股本溢价)以外所形成的资本公积。 以下简单介绍其中一种：

企业的长期股权投资采用权益法核算时，因被投资单位除净损益、其他综合收益以及利润分配以外的所有者权益的其他变动，投资企业按应享有份额而增加或减少的资本公积，直接计入投资方所有者权益（资本公积——其他资本公积）。

【例 6 -11 · 多选题】下列各项中，属于资本公积来源的有（　　）。

A. 盈余公积转入

B. 资本溢价

C. 股本溢价

D. 从企业实现的净利润中提取

【本题答案】BC

【本题解析】选项 A，盈余公积转增资本，不转入资本公积；选项 D，从企业实现的利润中提取应计入盈余公积不计入资本公积。

（二）资本公积的账务处理

1. 资本溢价（或股本溢价）

①资本溢价。

对于非股份有限公司，在企业创立阶段，投资者认缴的出资额与注册资本一致，一般不会产生资本溢价。

在企业重组或有新的投资者加入时，常常会出现资本溢价。

【例 6 -12 · 计算题】A 有限责任公司由两位投资者投资 200 000 元设立，每人各出资 100 000 元。一年后，为扩大经营规模，经批准，A 有限责任公司注册资本增加到 300 000 元，并引入第三位投资者加入。按照投资协议，新投资者需缴入现金 110 000 元，同时享有该公司 1/3 的股份。A 有限责任公司已收到该现金投资。假定不考虑其他因素，A 有限责任公司应编制如下会计分录：

借：银行存款　　110 000

　贷：实收资本　　（300 000 - 200 000）100 000

　　资本公积——资本溢价　　（110 000 - 100 000）10 000

②股本溢价。

股份有限公司可能平价发行，也可能溢价发行，可能在成立之初就产生股本溢价。

股本溢价的数额等于股份有限公司发行股票时收到的款额超过股票面值总额的部分。

发行股票存在相关的**手续费、佣金**等交易费用时：

a. 如果是**溢价发行**股票的，应从溢价中抵扣，**冲减资本公积**（股本溢价）；

b. 无溢价发行股票或溢价金额不足以抵扣的，应将**不足抵扣**的部分冲减**盈余公积和未分配利润**。

【例 6 -13 · 计算题】B 股份有限公司首次公开发行了普通股 50 000 000 股，每股面值 1 元，每股发行价格为 4 元。B 公司与受托单位约定，按发行收入的 3% 收取手续费，从发行收入中扣除。假定收到的股款已存入银行。B 公司应编制如下会计分录：

收到发行收入时：
借：银行存款 [50 000 000 ×4 ×（1 -3%）] 194 000 000
贷：股本 50 000 000
资本公积——股本溢价 144 000 000

2. 资本公积转增资本

经股东大会或类似机构决议，用资本公积转增资本时，应冲减资本公积，记入“实收资本（或股本）”科目：

借：资本公积
贷：实收资本（或股本）

资本公积转增股本，属于所有者权益内部项目的转换，所有者权益总额不变，留存收益项目也不发生变动。

「考点3」留存收益（★★）

（一）留存收益的管理

留存收益是指企业从历年实现的利润中提取或形成的留存于企业的内部积累，包括盈余公积和未分配利润。

1. 盈余公积的管理（见表6 -4）

表6 -4 盈余公积的管理

概念	企业按照有关规定从净利润中提取的积累资金	
分类	法定盈余公积	①公司制企业应按照净利润（减弥补以前年度亏损，下同）的10%提取法定盈余公积； ②非公司制企业法定盈余公积的提取比例可超过净利润的10%； ③法定盈余公积累计额已达注册资本的50%时可以不再提取。 【知识卡片】在计算提取法定盈余公积的基数时，不包括年初未分配利润（正数）；如果年初未分配利润为负数，要先弥补亏损再提取
	任意盈余公积	按照股东会或股东大会决议提取的盈余公积
用途	弥补亏损、转增资本、发放现金股利或利润等	

2. 未分配利润的管理

未分配利润是指企业实现的净利润经过弥补亏损、提取盈余公积和向投资者分配利润后留存在企业的、历年结存的利润。

利润分配以可供分配利润为基础，按以下顺序进行：

（1）提取法定盈余公积；（2）提取任意盈余公积；（3）向投资者分配利润。

可供分配的利润 = 年初未分配利润（或 - 年初未弥补亏损）+ 当年实现的净利润（或净亏损）+ 其他转入

【例6－14·多选题】下列各项中，属于企业留存收益的有（　　）。

A. 累积未分配的利润

B. 按股东大会决议从净利润中提取的任意盈余公积

C. 按规定从净利润中提取的法定盈余公积

D. 发行股票的溢价收入

【本题答案】ABC

【本题解析】留存收益包括盈余公积和未分配利润。选项D，发行股票的溢价收入记入"资本公积——股本溢价"科目。

（二）留存收益的账务处理（见图6－2）

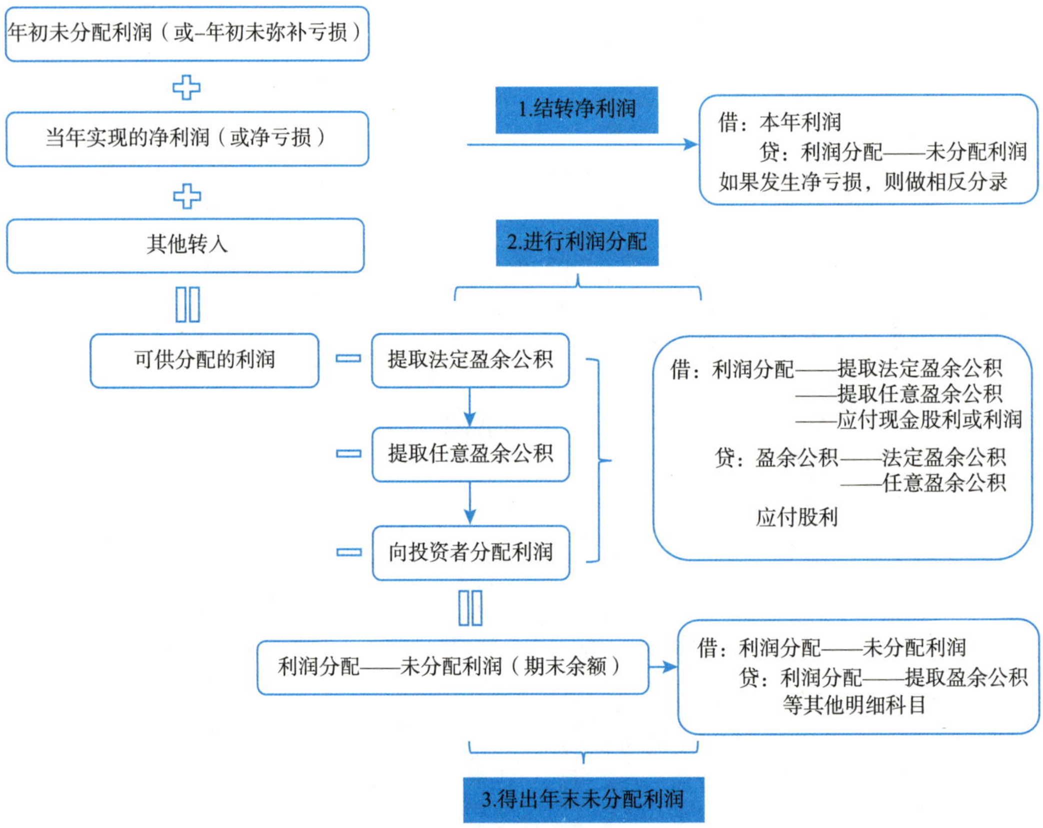

图6－2　留存收益的账务处理

1. 未利润分配的账务处理

【例6-15·计算题】D股份有限公司年初未分配利润为0元，本年实现净利润2 000 000元，本年提取法定盈余公积200 000元，宣告发放现金股利800 000元。假定不考虑其他因素，D股份有限公司应编制如下会计分录：

（1）结转本年利润：

借：本年利润	2 000 000	
贷：利润分配——未分配利润		2 000 000

如企业当年发生亏损，则应借记"利润分配——未分配利润"科目，贷记"本年利润"科目。

（2）提取法定盈余公积、宣告发放现金股利：

借：利润分配——提取法定盈余公积	200 000	
——应付现金股利或利润	800 000	
贷：盈余公积		200 000
应付股利		800 000

同时，

借：利润分配——未分配利润	1 000 000	
贷：利润分配——提取法定盈余公积		200 000
——应付现金股利或利润		800 000

【例6-16·单选题】某股份有限公司年初未分配利润75万元，当年实现净利润750万元，分别按净利润的10%和5%计提法定盈余公积和任意盈余公积，当年盈余发放的现金股利60万元，不考虑其他因素，该公司年末未分配利润金额为（　　）万元。

A. 712.5　　B. 652.5　　C. 577.5　　D. 641

【本题答案】B

【本题解析】75+750×（1-10%-5%）-60=652.5（万元）

2. 盈余公积的账务处理

①提取盈余公积。

借：利润分配——提取法定盈余公积

　　贷：盈余公积——法定盈余公积

【例6-17·计算题】E股份有限公司本年实现净利润为5 000 000元，年初未分配利润为零。经股东大会批准，E股份有限公司按当年净利润的10%提取法定盈余公积。假定不考虑其他因素，E股份有限公司应编制如下会计分录：

借：利润分配——提取法定盈余公积	500 000	
贷：盈余公积——法定盈余公积		500 000

本年提取盈余公积=5 000 000×10%=500 000（元）

②盈余公积补亏。

借：盈余公积

　　贷：利润分配——盈余公积补亏

【例 6 –18 · 计算题】经股东大会批准，F 股份有限公司用以前年度提取的盈余公积弥补当年亏损，当年弥补亏损的数额为 600 000 元。假定不考虑其他因素，F 股份有限公司应编制如下会计分录：

借：盈余公积　　600 000

　　贷：利润分配——盈余公积补亏　　600 000

③盈余公积转增资本。

借：盈余公积

　　贷：股本

【例 6 –19 · 计算题】因扩大经营规模需要，经股东大会批准，G 股份有限公司将盈余公积 400 000 元转增资本。假定不考虑其他因素，G 公司应编制如下会计分录：

借：盈余公积　　400 000

　　贷：股本　　400 000

④用盈余公积发放现金股利或利润。

a. 发放现金股利时：

借：盈余公积

　　贷：应付股利

b. 支付股利时：

借：应付股利

　　贷：银行存款

【例 6 –20 · 计算题】H 股份有限公司 2020 年 12 月 31 日普通股本为 50 000 000 股（每股面值 1 元），可供投资者分配的利润为 6 000 000 元，盈余公积 20 000 000 元。2021 年 3 月 20 日，股东大会批准了 2020 年度利润分配方案，按每 10 股 2 元发放现金股利。H 公司共需要分派 10 000 000 元现金股利，其中动用可供投资者分配的利润 6 000 000 元、盈余公积 4 000 000 元。假定不考虑其他因素，H 股份有限公司应编制如下会计分录：

（1）宣告发放现金股利时：

借：利润分配——应付现金股利或利润　　6 000 000

　　盈余公积　　4 000 000

　　贷：应付股利　　10 000 000

（2）支付股利时：

借：应付股利　　10 000 000

　　贷：银行存款　　10 000 000

【**例6－21·多选题**】下列各项中会引起留存收益增减变动的有（ ）。

A. 资本公积转增资本

B. 盈余公积转增资本

C. 盈余公积分配现金股利

D. 盈余公积弥补亏损

【**本题答案**】BC

【**本题解析**】留存收益包括企业的盈余公积和未分配利润两个部分。选项A，借记“资本公积”科目，贷记“实收资本”科目，不涉及留存收益；选项B，借记“盈余公积”科目，贷记“实收资本”科目，盈余公积减少，留存收益减少；选项C，借记“盈余公积”科目，贷记“应付股利”科目，盈余公积减少，留存收益减少；选项D，借记“盈余公积”科目，贷记“利润分配——盈余公积补亏”科目，“一增一减”，对留存收益没有影响。

【**例6－22·单选题**】2013年初某公司“盈余公积”科目余额为120万元，当年实现利润总额900万元，所得税费用300万元，按净利润的10%提取法定盈余公积，经股东大会批准将盈余公积50万元转增资本，2013年12月31日，该公司资产负债表中“盈余公积”项目年末余额为（ ）万元。

A. 180　　B. 120　　C. 70　　D. 130

【**本题答案**】D

【**本题解析**】2013年12月31日，该公司资产负债表中“盈余公积”项目的年末余额＝120＋（900－300）×10%－50＝130（万元）。

【**例6－23·判断题**】企业在计算确定提取法定盈余公积的基数时，不应包括年初未分配利润的贷方余额。（ ）

【**本题答案**】对

躲坑作战1

①企业的资产，并不全部归股东所有，只有扣除负债后的剩余部分，才属于股东所有。

用会计等式表示就是：

所有者权益（或者股东权益，净资产）＝资产－负债

②所有者权益主要有两个来源：

一是由股东本身投入资本，包括初始投入和追加投入的资本。在资产负债表上用实收资本（或者股本）、资本公积来表示。其中，实收资本是记载于公司章程，可以作为计算股东持股比例的依据。资本公积主要来源于股东追加资本时投入金额超过注册资本的部分，可以把它理解为潜在的资本。实收资本、资本公积都属于资本，除了特殊情况，不得用于弥补亏损、分配利润。

二是企业盈利留存在企业的积累。企业赚钱了，并不会把钱都分给股东，国家有规定要提取法定盈余公积金，企业自己也可能决定提取盈余公积金，然后再给股东一定分红，剩余部分就作为未分配利润留存在企业。

③所有者权益账务处理流转见图6－3。

图6－3　所有者权益账务处理

④所有者权益的定义。

所有者权益又称为股东权益，是指企业资产扣除负债后由所有者享有的剩余权益。

⑤所有者权益的特征。

a. 除非发生减资、清算或分派现金股利，否则企业不需要偿还所有者权益（而债券等负债需要按期还本付息）；

b. 企业清算时，只有在清偿所有负债后，所有者权益才返还给所有者（即股东只有剩余资产求偿权）；

c. 所有者凭借所有者权益能够参与企业利润的分配（股东能够享有分红）。

躲坑作战2

总结：实收资本（或股本）的账务处理，如表6－5所示。

表6－5　实收资本（或股本）的账务处理

实收资本减少		实收资本增加	
类别	会计分录	类别	会计分录
回购股份	**先回购、再注销** **回购股票时：** 借：库存股（每股回购价×回购股数） 　　贷：银行存款 **注销库存股时：** **①回购价＞股本** 借：股本 　　资本公积——股本溢价 　　盈余公积 　　利润分配——未分配利润 　　贷：库存股	接受初始投入	**①接受现金投资** 借：银行存款 　　贷：实收资本（或股本） 　　　　资本公积——资本溢价（或股本溢价） **②接受非现金资产投资** 借：固定资产／无形资产／库存商品等 　　应交税费——应交增值税（进项税额） 　　贷：实收资本（或股本） 　　　　资本公积——资本溢价（或股本溢价） **如果有发行费用**，冲减资本公积（资本溢价或股本溢价）： 借：资本公积——资本溢价（或股本溢价） 　　贷：银行存款

续表

<table>
<tr><th colspan="2">实收资本减少</th><th colspan="2">实收资本增加</th></tr>
<tr><td>类别</td><td>会计分录</td><td>类别</td><td>会计分录</td></tr>
<tr><td rowspan="3">回购股份</td><td rowspan="3">【知识卡片】回购价和对应股本的差额，先冲减资本公积——股本溢价，不足冲减的，再依次冲减盈余公积和未分配利润。
②回购价 < 股本
借：股本
　贷：库存股
　　资本公积——股本溢价</td><td>接受追加投资</td><td>同上</td></tr>
<tr><td>盈余公积转增资本</td><td>借：盈余公积
　贷：实收资本（或股本）</td></tr>
<tr><td>资本公积转增资本</td><td>借：资本公积
　贷：实收资本（或股本）</td></tr>
</table>

躲坑作战3

总结：**留存收益的账务处理**如表6－6所示。

表6－6　**留存收益账务处理**

<table>
<tr><th>类别</th><th colspan="3">事项及会计分录</th></tr>
<tr><td rowspan="3">利润分配</td><td>年度终了，企业应将全年实现的净利润由“本年利润”转入“利润分配——未分配利润”</td><td colspan="2">借：本年利润
　贷：利润分配——未分配利润
如果发生净亏损，则作相反分录</td></tr>
<tr><td>进行利润分配</td><td colspan="2">借：利润分配——提取法定盈余公积等
　贷：盈余公积——法定盈余公积</td></tr>
<tr><td>将利润分配其他明细科目余额转入未分配利润</td><td colspan="2">借：利润分配——未分配利润
　贷：利润分配——提取盈余公积等其他明细科目</td></tr>
<tr><td rowspan="5">盈余公积</td><td>提取盈余公积</td><td colspan="2">借：利润分配——提取法定盈余公积
　贷：盈余公积——法定盈余公积</td></tr>
<tr><td>盈余公积补亏</td><td colspan="2">借：盈余公积
　贷：利润分配——盈余公积补亏</td></tr>
<tr><td>盈余公积转增资本</td><td colspan="2">借：盈余公积
　贷：实收资本（股本）</td></tr>
<tr><td rowspan="2">用盈余公积发放现金股利或利润</td><td>宣告发放现金股利时</td><td>借：盈余公积
　贷：应付股利</td></tr>
<tr><td>支付股利时</td><td>借：应付股利
　贷：银行存款</td></tr>
</table>

你已成功
完成第六章的学习！

扫码领取全程课加入带学群

每当疲惫的时候，那就停下脚步，遥想追逐的远方，恢复力量再上路。

第 17 天

复习旧内容

第六章　所有者权益　考点 1～3

学习新内容

第七章　收入、费用和利润　考点 1～3

你今天可能有的心态

学习这么久，可能会觉得有点累，这是很正常的，但想到短短 17 天就把《初级会计实务》这本厚厚的教材学完 3/4 的内容，瞬间忍不住佩服自己！你的确值得赞扬！只要坚持，胜利就在眼前。

简单解释今天学习内容

先重点掌握利润表的第一个层次：收入。收入准则的内容有点咬文嚼字，我们可以主要结合教材例题理解和学习。收入的账务处理，都是分两步——确认收入、结转成本。要注意的是，今年教材按照不同结算方式新增了大量例题，并且新增了可变对价的账务处理，需要重点掌握。

学习方法

本章属于重点章，分值在 20 分左右，考试会涉及所有题型，务必全面、细致学习。今天所学内容难度并不大，但收入的类型较多，需要多写分录，多利用框架梳理。

建议学习时间

3.5 小时

今日打卡

任务内容	预计时间	重点任务要求
早读	30分钟	□ 把昨晚看的教材读一遍 □ 听微课
考点1~3	90分钟	□ 一般商品销售收入的财务处理
做作业	60分钟	□ 做教材例题、精练习题 □ 整理消化错题
回忆内容	30分钟	□ 把今天的教材看3遍 □ 背着书，把今天学的内容回忆一遍 □ 梳理今天所学内容框架

第七章　收入、费用和利润

考情分析

本章估计分值在20分左右，考试会涉及所有题型，务必全面、细致学习。收入准则修改后向国际会计准则靠拢，文字非常晦涩，初学觉得难以理解、读不下去均属正常，因为此处内容非常空泛，基本上是纯理论，而且仅能靠准则和指南中给出的例子帮助理解，所以我们要采取理解为上，必要的地方还需要以背诵的方式来学习研读，这是新准则带给我们的一段特殊的学习经历。关于新收入准则，我们应首先掌握收入确认“五步法”模型，再掌握相关履约方式下的会计处理。

案例导入

还记得小彬成立的专门销售BT教育《初级会计实务》辅导教材的那家公司吗？

小彬的公司发展不错，每天都有很多进账，但他遇到了几个会计上的专业问题，希望大家给他出出主意。

（1）BT公司《初级会计实务》教材供不应求，有学员提前付款订货，小彬问能不能把收到的预付款确认为收入呢？

（2）公司之前买的小汽车已经用了两年，目前账面价值为5万元，小彬想卖掉后买一辆更高档的小汽车，最终以6万元价格卖掉，那处置小汽车收到的6万元可以确认为收入吗？如果不可以，那该怎么处理呢？

大家能帮小彬解答这两个问题吗？

虽然小彬公司发展不错，收入越来越多，但发生的支出也越来越多。小彬有些发慌，想知道自己究竟是赚钱还是赔钱，当务之急就是将“费用”的金额汇总清楚。小彬拿出今年以来的所有支出凭证，让我们依次看一看：

第1张，购进1万册教材，支出10万元，已全部售出；

第2张，宣传新教材发生广告费5 000元；

第3张，销售人员薪酬2 000元；

第4张，销售专用电脑折旧费500元；

第5张，会计专用电脑折旧费500元；

第6张，用银行存款支付本月应负担的短期借款利息800元；

第7张，缴税凭证汇总单，缴纳消费税、城市维护建设税、教育费附加、资源税共3 000元。

凭证数量虽不多，可每张的性质皆有不同，小彬觉得毫无头绪，拿起一本自己正在销售的初级会计教材翻看起来，他看到“费用”原来也有很多分类，如图7－1所示。

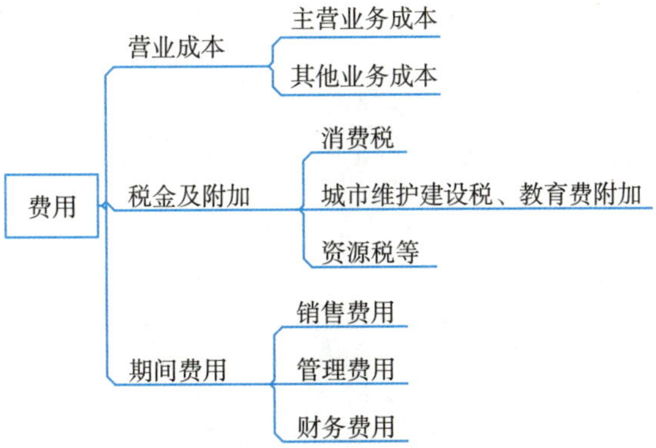

图7－1　费用的分类

让我们根据图7－1来帮小彬做一个梳理，见表7－1。

表7－1　案例梳理

凭证	归类	理由
已出售的1万册教材的成本	主营业务成本（10万元）	小彬的公司以销售教材为主业，销售教材的成本自然是主营业务成本。如果小彬在此之外经营副业，如为销售草稿纸花费的成本，就应当属于其他业务成本了
宣传新教材发生广告费	销售费用（7 500元）	简单来讲，销售费用是与销售活动直接相关的各种费用，广告费是为了扩大销量，销售人员薪酬和销售专用设备折旧都是进行销售活动不可或缺的开支
销售人员薪酬		
销售专用电脑折旧费		
会计专用电脑折旧费	管理费用（500元）	会计专用设备折旧与销售并不直接挂钩，而是属于公司管理的开支。小彬目前的业务规模尚小，日后如果聘请更多管理人员，他们的薪酬也属于管理费用的范畴
借款利息	财务费用（800元）	财务费用是指企业为筹集生产经营所需资金而发生的筹资费用，最常见的当属借款利息
缴税凭证汇总单	税金及附加（3 000元）	小彬本期缴纳了消费税、城市维护建设税、教育费附加、资源税共3 000元，应当归类为税金及附加，在这里请同学们思考一个问题，小彬缴纳的“增值税”应该何去何从呢

如此，我们便能得知小彬的企业到底产生了多少成本费用了。

利润表项目流转路径如图7－2所示。

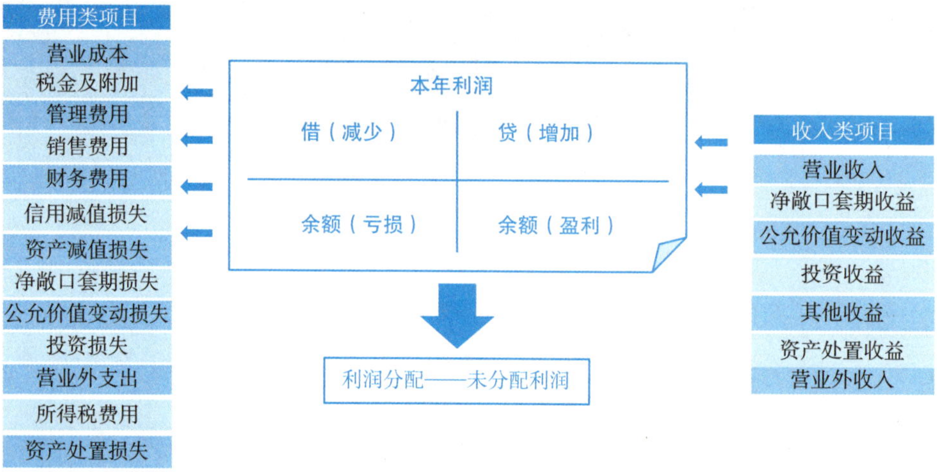

图 7 -2　利润表项目流转路径

小彬感叹：做生意不容易啊，导致经济利益流入的项目仅有 7 项，导致利益流出的项目却有 13 项。

考点地图

收入、费用和利润框架如图 7 -3 所示。

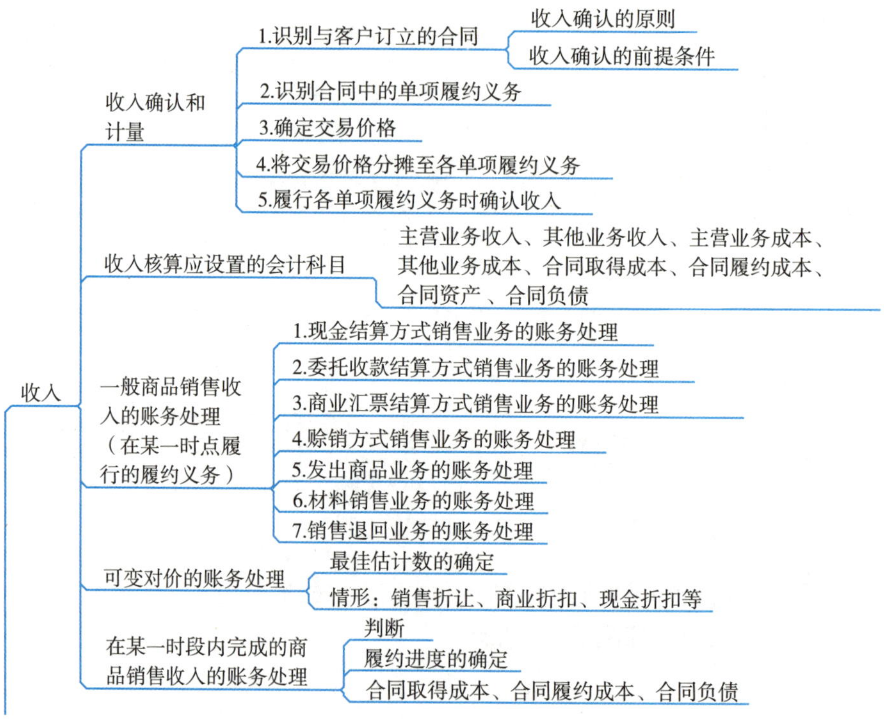

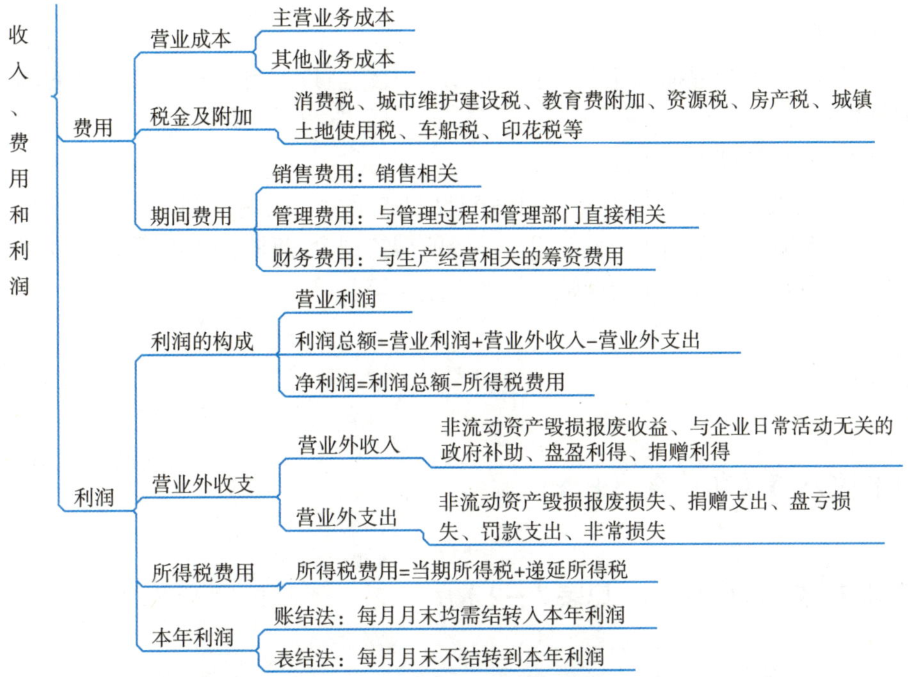

图7-3 收入、费用和利润

新收入准则改革了原有的收入确认模型，下面举一个简单的例子说明五步法确认收入是如何具体操作的，大家对照图7-4右侧具体案例先了解流程，不用纠结其中的相关术语和具体计算分摊方法，先形成直观认识，后面再学习细节。

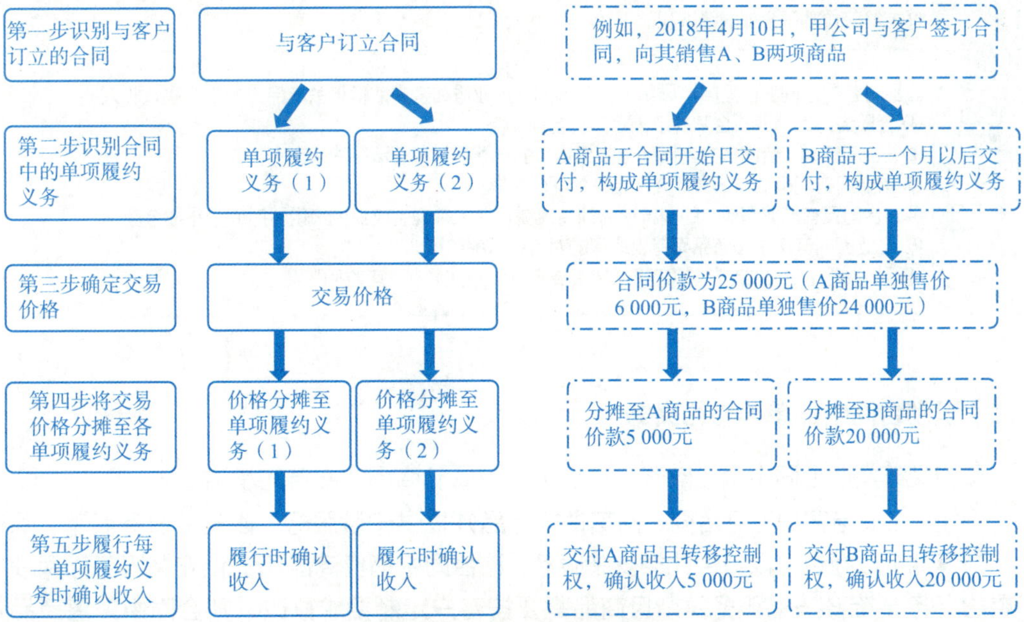

图7-4 五步法确认收入

【知识卡片】

①本章所称的客户是指与企业订立合同以向该企业购买其**日常活动产出的商品**并支付对价的一方；

②所称的商品包括**商品和服务**；

③本章的收入不涉及企业对外出租资产收取的租金（租赁准则）、进行债权投资收取的利息（金融工具准则）、进行股权投资取得的现金股利（金融工具准则、长期股权投资准则）以及保费收入（与保险有关的准则）等。

收入

「考点1」收入确认和计量（★★）

（一）识别与客户订立的合同（见表7－2）

表7－2　　识别与客户订立的合同

合同的定义	双方或多方之间订立**有法律约束力**的权利义务的协议（书面形式；口头形式；商业惯例）
收入确认的原则	企业应当在履行了合同中的履约义务，即在客户**取得相关商品控制权**时确认收入。包括三个要素： ①客户必须拥有现时权利，能够主导该商品的使用并从中获得几乎全部经济利益（必须是**现时权利，未来则不行**）； ②主导该商品的使用； ③能够获得几乎全部的经济利益
收入确认的前提条件	企业与客户之间的合同**同时满足**下列条件的，企业应在客户取得相关商品控制权时确认收入： ① 合同各方**已批准**该合同并承诺将履行各自义务； ②该合同明确了合同各方与所转让商品相关的**权利和义务（法律约束力）**； ③ 该合同有明确的与所转让商品相关的**支付条款**； ④该合同具有**商业实质**，即履行该合同将改变企业未来现金流量的风险、时间分布或金额； ⑤ 企业因向客户转让商品而有权取得的对价**很可能收回**。 【记忆技巧】“已批准”“明权责”“有条款”“有实质”“可收回”

（二）识别合同中的单项履约义务

履约义务是指合同中企业向客户转让**可明确区分**商品或服务的承诺。

例如，企业与客户签订合同，向其销售商品并提供安装服务，该安装服务简单，除该企业外其他供应商也可以提供此类安装服务，该合同中销售商品和提供安装服务为两项单项履约义务。若该安装服务复杂且商品需要按客户定制要求修改，则合同中销售商品和提供安装服务合并为单项履约义务。

【知识卡片】

通常表明不可明确区分的情形：

①需提供重大服务来整合各商品；②需进行重大修改、定制；③ 与其他商品有高度关联性。

（三）确定交易价格

交易价格是指企业因向客户转让商品而预期有权收取的对价金额，不包括：

①代第三方收取的款项（如增值税）；

②企业预期将退还给客户的款项。

【合同对价】可能是固定金额、可变金额或两者兼有，具体见考点“可变对价的账务处理”。

（四）将交易价格分摊至各单项履约义务

当合同中包含两项或多项履约义务时，需要将交易价格分摊至各单项履约义务，分摊方法：在合同开始日，按各单项履约义务所承诺商品的**单独售价相对比例**进行分摊。

【例 7 -1 · 计算题】甲企业与客户签订合同，向其销售 A、B、C 三件产品，不含增值税的合同总价款为 10 000 元。 A 产品、B 产品、C 产品的不含增值税单独售价分别为 5 000 元、3 500 元和 7 500 元，合计 16 000 元。

本例中甲企业应按照 A 产品、B 产品、C 产品各单项履约义务所承诺商品的单独售价的相对比例进行分摊：

A 产品应当分摊的交易价格 $=5\ 000\div16\ 000\times10\ 000=3\ 125$（元）

B 产品应当分摊的交易价格 $=3\ 500\div16\ 000\times10\ 000=2\ 187.5$（元）

C 产品应当分摊的交易价格 $=7\ 500\div16\ 000\times10\ 000=4\ 687.5$（元）

（五）履行各单项履约义务时确认收入

当企业将商品转移给客户，客户取得了相关商品的控制权，企业应确认收入。 企业将商品控制权转移给客户，可能是在某一时段内发生，也可能在某一时点发生。 企业应当根据实际情况，首先判断履约义务是否满足在某一时段内履行的条件，如不满足，则该履约义务属于在某一时点履行的履约义务。

【知识卡片】

①收入确认和计量中，第 1、2、5 步主要与收入的确认有关，第 3、4 步主要与收入的计量有关。

②“五步法”可以简称为：“识别合同”“识别义务”“确定价格”“价格分摊”“确认收入”，取以上每一步简称的第三个字，**“合”“义”“价”“分”“收”**，谐音记忆“何以假分手”。

「考点2」收入核算应设置的会计科目（★★）

企业一般应设置“主营业务收入”“其他业务收入”“主营业务成本”“其他业务成本”“**合同取得成本**”“**合同履约成本**”“**合同资产**”“**合同负债**”等科目，核算企业与客户之间的合同产生的收入及相关的成本费用。

企业发生减值的,还应当设置“合同履约成本减值准备”“合同取得成本减值准备”“合同资产减值准备”（见表7-3、表7-4）。

表7-3　　合同资产与应收账款区分

科目	定义	权利	风险
合同资产	企业已向客户转让商品而有权收取对价的权利，且该权利**取决于时间流逝之外**的其他因素	有条件收款权，该权利除了时间流逝之外，还取决于其他条件（例如，履行合同中的其他履约义务）才能收取相应的合同对价	信用风险之外和履约风险等
应收账款	企业无条件收取合同对价的权利	无条件收取合同对价的权利，即企业仅仅随着时间的流逝即可收款	仅承担信用风险

表7-4　　合同负债与预收账款区分

科目	定义	适用范围
合同负债	企业已收或应收客户对价而应向客户转让商品的义务	适用《收入准则》合同预收的款项（如销售存货）
预收账款	企业按照合同规定预收的款项	其他合同预收的款项（如租赁合同）

「考点3」一般商品销售收入的账务处理（★★★）

一般商品销售收入属于在某一时点履行的履约义务。对于在某一时点履行的履约义务，企业应当在客户取得相关商品控制权时点确认收入。在判断客户是否已取得商品控制权时，企业应当考虑下列迹象：

①企业就该商品享有现时收款权利，即客户就该商品负有现时付款义务。

②企业已将该商品的法定所有权转移给客户，即客户已拥有该商品的法定所有权。

③企业已将该商品实物转移给客户，即客户已占有该商品实物。

> **【知识卡片】**
> 委托代销特殊情形，通常应当在受托方售出商品时确认销售商品收入。

④企业已将该商品所有权上的主要风险和报酬转移给客户，即客户已取得该商品所有权上的主要风险和报酬。

⑤客户已接受该商品。

⑥其他表明客户已取得商品控制权的迹象。

（一）现金结算方式销售业务的账务处理

【例7－2·计算题】2020年6月1日，甲公司向乙公司销售一批商品，开具的增值税专用发票上注明售价为100 000元，增值税税额为13 000元；当日甲公司收到乙公司支付的款项存入银行；该批商品成本为90 000元；乙公司收到商品并验收入库。甲公司应编制如下会计分录：

（1）确认收入时：

借：银行存款	113 000	
贷：主营业务收入		100 000
应交税费——应交增值税（销项税额）		13 000

（2）结转销售商品成本：

借：主营业务成本	90 000	
贷：库存商品		90 000

（二）委托收款结算方式销售业务的账务处理

【例7－3·计算题】2020年7月1日，甲公司向乙公司赊销一批商品，开具的增值税专用发票上注明售价为50 000元，增值税税额为6 500元；甲公司以银行存款1 090元代乙公司垫付运费。当日乙公司收到商品并验收入库，甲公司将委托收款凭证和债务证明提交开户银行，办妥托收手续；该批商品成本为40 000元。7月6日，甲公司收到银行转来的收款通知，货款已全部收存银行。

甲公司应编制如下会计分录：

（1）7月1日，确认收入时：

借：应收账款	57 590	
贷：主营业务收入		50 000
应交税费——应交增值税（销项税额）		6 500
银行存款		1 090

同时，结转销售商品成本：

借：主营业务成本	40 000	
贷：库存商品		40 000

（2）7月6日，收到收款通知：

借：银行存款	57 590	
贷：应收账款		57 590

（三）商业汇票结算方式销售业务的账务处理

【例7－4·计算题】甲公司向乙公司销售商品一批，开具的增值税专用发票上注明售价为300 000元，增值税税额为39 000元；甲公司收到乙公司开出的不带息银行承兑汇票一张，票面金额为339 000元，期限为3个月；该批商品成本为240 000元；乙公司收到商品并验收入库。甲公司应编制如下会计分录：

（1）确认收入时：

借：应收票据	339 000	
贷：主营业务收入		300 000
应交税费——应交增值税（销项税额）		39 000

（2）结转销售商品成本：

借：主营业务成本	240 000	
贷：库存商品		240 000

（四）赊销方式销售业务的账务处理

【例7－5·计算题】2020年7月1日，甲公司向乙公司赊销一批商品，开具的增值税专用发票上注明售价为10 000元，增值税税额为1 300元；双方约定两个月内支付货款。当日乙公司收到商品并验收入库；该批商品成本为8 000元。8月31日，甲公司收到乙公司支付的货款11 300元存入银行。

甲公司应编制如下会计分录：

（1）7月1日，确认收入时：

借：应收账款	11 300	
贷：主营业务收入		10 000
应交税费——应交增值税（销项税额）		1 300

同时，结转销售商品成本：

借：主营业务成本	8 000	
贷：库存商品		8 000

（2）8月31日，收到货款时：

借：银行存款	11 300	
贷：应收账款		11 300

【例7－6·计算题】2020年4月1日，甲公司与客户签订合同，向其销售A、B两种商品，A商品的单独售价为6 000元，B商品的单独售价为24 000元，合同价款为25 000元。合同约定，A商品于合同开始日交付，B商品在一个月之后交付，当两项商品全部交付之后，甲公司才有权收取25 000元的合同对价。上述价格均不包

含增值税。A 商品、B 商品的实际成本分别为 4 200 元和 18 000 元。假定 A 商品和 B 商品分别构成单项履约义务，其控制权在交付时转移给客户。2020 年 5 月 1 日，甲公司交付 B 商品，开具的增值税专用发票上注明售价为 25 000 元，增值税税额为 3 250 元。2020 年 6 月 1 日，甲公司收到客户支付的货款存入银行。

本例中甲公司将 A 商品交付给客户之后，与该商品相关的履约义务已经履行，但需要等到后续交付 B 商品时，才具有无条件收取合同对价的权利，因此，甲公司应当将因交付 A 商品而有权收取的对价确认为合同资产，而不是应收账款。

甲公司应先将交易价格 25 000 元分摊至 A 商品、B 商品两项履约义务：

分摊至 A 商品的合同价款 = [6 000 ÷（6 000 +24 000）] ×25 000 =5 000（元）

分摊至 B 商品的合同价款 = [24 000 ÷（6 000 +24 000）] ×25 000 =20 000（元）

甲公司应编制如下会计分录：

（1）4 月 1 日，交付 A 商品时：

借：合同资产	5 000	
贷：主营业务收入		5 000
借：主营业务成本	4 200	
贷：库存商品		4 200

（2）5 月 1 日，交付 B 商品时：

借：应收账款	28 250	
贷：合同资产		5 000
主营业务收入		20 000
应交税费——应交增值税（销项税额）		3 250
借：主营业务成本	18 000	
贷：库存商品		18 000

（3）6 月 1 日，收到货款时：

借：银行存款	28 250	
贷：应收账款		28 250

（五）发出商品业务的账务处理

企业按合同发出商品，合同约定客户只有在商品售出取得价款后才支付货款（如委托代销）。企业向客户转让商品的对价未达到“很可能收回”收入确认条件。在发出商品时，企业不应确认收入，发出商品的成本记入“发出商品”科目。

【**例 7 -7 · 计算题**】甲公司与乙公司均为增值税一般纳税人。2020 年 6 月 1 日，甲公司与乙公司签订委托代销合同，甲公司委托乙公司销售 W 商品 2 000 件，W 商品当日发出，每件成本为 70 元。合同约定乙公司应按每件 100 元对外销售，甲公司按不含增值税的销售价格的 10% 向乙公司支付手续费。除非这些商品在乙公司存放期间内由于乙公司的责任发生毁损或丢失，否则在 W 商品对外销售之前，乙公司没有义务向甲公司支付货款。乙公司不承担包销责任，没有售出的 W 商品须退回给甲公司，同时，甲公司也有权要求收回 W 商品或将其销售给其他的客户。

2020 年 6 月乙公司实际对外销售 1 000 件，开出的增值税专用发票上注明的销售价款为 100 000 元，增值税税额为 13 000 元。2020 年 6 月 30 日，甲公司收到乙公司开具的代销清单和代销手续费增值税专用发票（增值税税率为 6%），以及扣除代销手续费后的货款；甲公司开具相应的增值税专用发票。

本例中，甲公司将 W 商品发送至乙公司后，乙公司虽然已经承担 W 商品的实物保管责任，但仅为接受甲公司的委托销售 W 商品，并根据实际销售的数量赚取一定比例的手续费。甲公司有权要求收回 W 商品或将其销售给其他的客户，乙公司并不能主导这些商品的销售，这些商品对外销售与否、是否获利以及获利多少等不由乙公司控制，乙公司没有取得这些商品的控制权。因此，甲公司将 W 商品发送至乙公司时，不应确认收入，而应当在乙公司将 W 商品销售给最终客户时确认收入。

甲公司应编制如下会计分录：

（1）6 月 1 日，发出商品时：

借：发出商品	140 000	
贷：库存商品		140 000

（2）6 月 30 日，收到代销清单、代销手续费发票时：

借：应收账款——乙公司	113 000	
贷：主营业务收入		100 000
应交税费——应交增值税（销项税额）		13 000
借：主营业务成本	70 000	
贷：发出商品		70 000

按照不含增值税的销售价格的 10% 向乙公司支付手续费，并收到乙公司开出的增值税专用发票，注明税额为 600 元：

借：销售费用	10 000	
应交税费——应交增值税（进项税额）	600	
贷：应收账款——乙公司		10 600

（3）6 月 30 日，收到乙公司支付的货款时：

借：银行存款	102 400	
贷：应收账款		102 400

乙公司应编制如下会计分录：

（1）6月1日收到商品时：

借：受托代销商品——甲公司 200 000

　　贷：受托代销商品款——甲公司 200 000

（2）6月对外销售时：

借：银行存款 113 000

　　贷：受托代销商品——甲公司 100 000

　　　　应交税费——应交增值税（销项税额） 13 000

（3）6月30日，收到甲公司开具的增值税专用发票：

借：受托代销商品款——甲公司 100 000

　　应交税费——应交增值税（进项税额） 13 000

　　贷：应付账款——甲公司 113 000

（4）6月30日，支付货款并计算代销手续费：

借：应付账款——甲公司 113 000

　　贷：银行存款 102 400

　　　　其他业务收入——代销手续费 10 000

　　　　应交税费——应交增值税（销项税额） 600

（六）材料销售业务的账务处理

【例7-8·计算题】甲公司向乙公司销售一批原材料，开具的增值税专用发票上注明售价为20 000元，增值税税额为2 600元；甲公司收到乙公司支付的款项存入银行；该批原材料的实际成本为15 000元；乙公司收到原材料并验收入库。甲公司应编制如下会计分录：

（1）确认收入时：

借：银行存款 22 600

　　贷：其他业务收入 20 000

　　　　应交税费——应交增值税（销项税额） 2 600

（2）结转销售原材料成本：

借：其他业务成本 15 000

　　贷：原材料 15 000

（七）销售退回业务的账务处理

销售退回是指企业因质量、规格等方面不符合销售合同规定条款的要求，客户要求企业予以退货，表明企业履约义务的减少和客户商品控制权及其相关经济利益的丧失。除属于资产负债表日后事项的外，企业收到退回商品时，应退回货款或冲减应收账款，冲减当期销售收入和销售成本，如允许扣减增值税的，还应冲减应交增值税销项税额。

【例7-9·计算题】2020年5月20日，甲公司销售一批商品，增值税专用发票上注明售价为400 000元，增值税税额为52 000元；客户收到该批商品并验收入库；当日收到客户支付的货款存入银行。该批商品成本为300 000元。该项业务属于在某一时点履行的履约义务并确认销售收入。

2020年7月20日，该批部分商品质量出现严重问题，客户将该批商品的50%退回给甲公司。甲公司同意退货，于退货当日支付了退货款，并按规定向客户开具了增值税专用发票（红字）。假定不考虑其他因素，甲公司应编制如下会计分录：

（1）5月20日确认收入时：

借：银行存款	452 000	
贷：主营业务收入		400 000
应交税费——应交增值税（销项税额）		52 000

同时，结转销售商品成本：

借：主营业务成本	300 000	
贷：库存商品		300 000

（2）7月20日，商品的50%销售退回时：

借：主营业务收入	200 000	
应交税费——应交增值税（销项税额）	26 000	
贷：银行存款		226 000
借：库存商品	150 000	
贷：主营业务成本		150 000

第 18 天

复习旧内容

第七章　收入、费用和利润　考点 1 ~ 3

学习新内容

第七章　收入、费用和利润　考点 4 ~ 5

你今天可能有的心态

第 18 天，经过不断回顾复习，是不是觉得对之前的知识点掌握得更牢靠、更有信心了？ 不断的重复之下，对知识的掌握程度不断提高，这是最基本的学习方法，请继续加油！

简单解释今天学习内容

今天主要将收入的剩余部分学完：

可变对价、在某一时段内履行的履约义务确认收入（关注确认条件）。

学习方法

今天所学内容并不多，但需要结合历年考题反复练习。

建议学习时间

3 小时

今日打卡

任务内容	预计时间	重点任务要求
早读	30分钟	□ 把昨晚看的教材读一遍 □ 听微课
考点4~5	60分钟	□ 在某一时段内履行的履约义务确认收入 □ 合同成本
做作业	60分钟	□ 掌握哪些成本属于合同取得成本、合同履约成本 □ 做教材例题、精练习题 □ 整理消化错题
回忆内容	30分钟	□ 把今天的教材看3遍 □ 背着书，把今天学的内容回忆一遍 □ 梳理今天所学内容框架

「考点4」可变对价的账务处理

企业与客户的合同中约定的对价金额可能是固定的，也可能会因折扣、价格折让、返利、退款、奖励积分、激励措施、业绩奖金、索赔等因素而变化。若合同中存在可变对价，企业应当按照**期望值**或**最可能发生金额**确定可变对价的最佳估计数（不能在两种方法之间随意选择）（见表7－5）。

表7－5　可变对价的账务处理

最佳估计数的确定	期望值	按照各种可能发生的对价金额及相关概率计算确定的金额（取加权平均数）
	最可能发生金额	一系列可能发生的对价金额中最可能发生的单一金额，即合同最可能产生的单一结果（取最可能发生的数）
限制	包含可变对价的交易价格，应当不超过在相关不确定性消除时，累计已确认的收入极可能不会发生重大转回的金额（体现谨慎性要求）	

【例7－10·计算题】 2020年6月1日，甲公司向乙公司销售一批商品，增值税专用发票上注明售价为600 000元，增值税税额为78 000元，款项尚未收到；该批商品成本为540 000元。该项业务属于在某一时点履行的履约义务。2020年6月20日，乙公司在验收过程中发现商品外观上存在瑕疵，但基本上不影响使用，要求甲公司在价格上（不含增值税税额）给予5%的减让。假定甲公司已确认收入。甲公司同意价格折让，并按规定向乙公司开具了增值税专用发票（红字）。2020年6月30日，甲公司收到乙公司支付的货款存入银行。甲公司应编制如下会计分录：

（1）6月1日，确认收入时：

借：应收账款	678 000	
贷：主营业务收入		600 000
应交税费——应交增值税（销项税额）		78 000

同时，结转销售商品成本：

借：主营业务成本	540 000	
贷：库存商品		540 000

（2）6月20日，发生销售折让30 000元（600 000×5%）时：

借：主营业务收入	30 000	
应交税费——应交增值税（销项税额）	3 900	
贷：应收账款		33 900

（3）6月30日，收到货款时：

借：银行存款	644 100	
贷：应收账款		644 100

【例 7-11·计算题】甲公司为增值税一般纳税人，2020 年 9 月 1 日销售 A 商品 5 000 件并开具增值税专用发票，每件商品的标价为 200 元（不含增值税），A 商品适用的增值税税率为 13%；每件商品的实际成本为 120 元；由于是成批销售，甲公司给予客户 10%的商业折扣，并在销售合同中规定现金折扣条件为 2/20，N/30，且计算现金折扣时不考虑增值税；当日 A 商品发出，客户收到商品并验收入库。甲公司基于对客户的了解，预计客户 20 天内付款的概率为 90%，20 天后付款的概率为 10%。2020 年 9 月 18 日，收到客户支付的货款。

本题中，该项销售业务属于在某一时点履行的履约义务。对于商业折扣，甲公司从应确认的销售商品收入中予以扣除；对于现金折扣，甲公司认为按照最可能发生金额能够更好地预测其有权获取的对价金额。因此，甲公司应确认的销售商品收入的金额 =200×（1-10%）×5 000×（1-2%）=882 000（元）：增值税销项税额 = 200×（1-10%）×5 000×13% =117 000（元）。

甲公司应编制如下会计分录：

（1）9 月 1 日，确认收入、结转成本：

借：应收账款　　999 000

　　贷：主营业务收入　　882 000

　　　　应交税费——应交增值税（销项税额）　　117 000

借：主营业务成本　　600 000

　　贷：库存商品　　600 000

（2）9 月 18 日，收到货款：

借：银行存款　　999 000

　　贷：应收账款　　999 000

【例 7-12·计算题】甲公司是一家电生产销售企业，销售家电适用的增值税税率为 13%。2020 年 6 月，甲公司向零售商乙公司销售 1 000 台 W 型冰箱，每台价格为 3 000 元，合同价款合计 300 万元。每台 W 型冰箱的成本为 2 000 元。乙公司收到 W 型冰箱并验收入库。甲公司向乙公司提供价格保护，同意在未来 6 个月内，如果同款冰箱售价下降，则按照合同价格与最低售价之间的差额向乙公司支付差价。甲公司根据以往执行类似合同的经验，预计各种结果发生的概率如下表所示。

冰箱售价下降的概率估计

未来 6 个月内的降价金额（元/台）	概率（%）
0	40
200	30
400	20
600	10

注：上述价格均不包含增值税。

本例中该项销售业务属于在某一时点履行的履约义务。甲公司认为期望值能够更好地预测其有权获取的对价金额。在该方法下，甲公司估计交易价格为每台2 800元（3 000 ×40% +2 800 ×30% +2 600 ×20% +2 400 ×10%）。

2020年6月，甲公司应编制如下会计分录：

（1）确认收入时：

借：应收账款	3 164 000	
贷：主营业务收入		2 800 000
应交税费——应交增值税（销项税额）		364 000

（2）结转销售商品成本：

借：主营业务成本	2 000 000	
贷：库存商品		2 000 000

「考点5」在某一时段内完成的商品销售收入的账务处理（★★★）

对于在某一时段内履行的履约义务，企业应当在该段时间内按照**履约进度**确认收入，履约进度不能合理确定的除外。

满足下列条件**之一**的，属于在某一时段内履行的履约义务：

①**客户**在企业履约的**同时即取得并消耗**企业履约所带来的经济利益。

> **【知识卡片】**
> 企业在进行判断时，可以假定在企业履约的过程中更换为其他企业继续履行剩余履约义务，如果该继续履行合同的企业实质上无须重新执行企业累计至今已经完成的工作，则表明客户在企业履约的同时即取得并消耗了企业履约所带来的经济利益。

②**客户**能够**控制企业履约过程中在建的商品（如在客户地盘为客户建造厂房）**。

③**企业**履约过程中所产出的商品具有**不可替代用途**，**且**该企业在整个合同期间内**有权**就累计至今已完成的履约部分**收取款项**。

企业应当考虑商品的性质，采用**实际测量的完工进度**、评估已实现的结果、时间进度、已完工或交付的产品等产出指标（**产出法**）或采用投入的材料数量、花费的人工工时、机器工时、发生的成本和时间进度等投入指标（**投入法**）确定恰当的履约进度，并且在确定履约进度时，扣除那些控制权尚未转移给客户的商品和服务。

资产负债表日，企业按照合同的交易价格总额乘以履约进度扣除以前会计期间累计已确认的收入后的金额，确认为当期收入。

当履约进度不能合理确定时，企业已经发生的成本**预计能够得到补偿**的，应当按照已经发生的**成本金额确认收入**，直到履约进度能够合理确定为止。

（一）合同成本与合同负债

1. 合同取得成本

企业为取得合同发生的增量成本预期能够收回的，应当作为合同取得成本确认为一项资产。 增量成本，是指企业不取得合同就不会发生的成本，也就是企业发生的与合同直接相关，但又不是所签订合同的对象或内容本身所直接发生的费用，如销售佣金。

企业为取得合同发生的、除预期能够收回的增量成本之外的其他支出，例如，无论是否取得合同均会发生的差旅费、投标费、为准备投标资料发生的相关费用等，应当在发生时计入当期损益，除非这些支出明确由客户承担。

2. 合同履约成本

企业为履行合同可能会发生各种成本，企业在确认收入的同时应当对这些成本进行分析，属于收入准则规范范围且同时满足下列条件的，应当作为合同履约成本确认为一项资产，如图7－5所示。

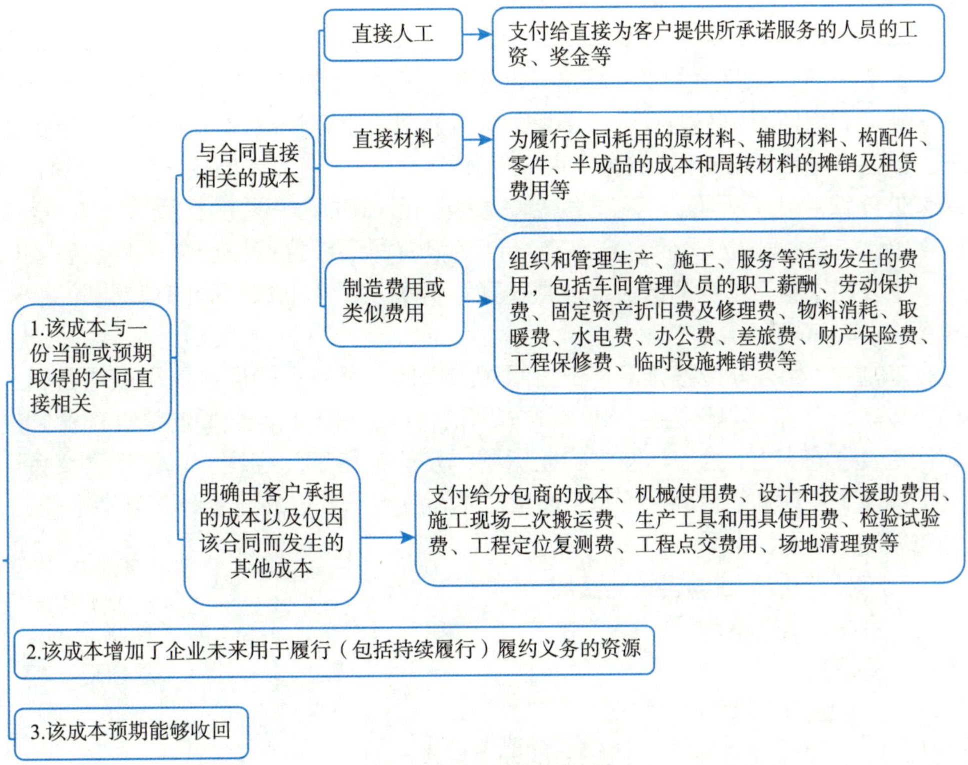

图7－5　合同履约成本

【知识卡片】

企业应当在下列支出发生时，将其计入当期损益：

①**管理费用**，除非这些费用明确由客户承担。

②**非正常消耗**的直接材料、直接人工和制造费用（或类似费用），这些支出为履行合同发生，但未反映在合同价格中。

③与履约义务中已履行（包括已全部履行或部分履行）部分相关的支出，即该支出与企业**过去**的履约活动相关。

④**无法**在尚未履行的与已履行（或已部分履行）的履约义务之间**区分**的相关支出。

3. 合同负债

合同负债是指企业已收或应收客户对价而应向客户转让商品的义务，注意合同负债的金额不包括增值税。

（二）合同取得成本及销售收入的账务处理

【例7-13·计算题】甲公司是一家咨询公司，为增值税一般纳税人，对外提供咨询服务适用增值税税率为6%。2020年甲公司通过竞标赢得一个服务期为5年的客户，该客户每年年末支付含税咨询费1 908 000元。为取得与该客户的合同，甲公司聘请外部律师进行尽职调查支付相关费用15 000元，为投标而发生的差旅费10 000元，支付销售人员佣金60 000元。甲公司预期这些支出未来均能够收回。此外，甲公司根据其年度销售目标、整体盈利情况及个人业绩等，向销售部门经理支付年度奖金10 000元。

在本题中，甲公司因签订该客户合同而向销售人员支付的佣金属于取得合同发生的增量成本，应当将其作为合同取得成本确认为一项资产；甲公司聘请外部律师进行尽职调查发生的支出、为投标发生的差旅费以及向销售部门经理支付的年度奖金（不能直接归属于可识别的合同）不属于增量成本，应当于发生时直接计入当期损益。甲公司应编制如下会计分录：

（1）支付与取得合同相关的费用：

借：合同取得成本	60 000	
管理费用	25 000	
贷：银行存款		85 000

（2）每月确认服务收入，摊销合同取得成本：

每月服务收入=1 908 000÷（1+6%）÷12=150 000（元）

每月摊销合同取得成本=60 000÷5÷12=1 000（元）

借：应收账款　159 000
　贷：主营业务收入　150 000
　　应交税费——应交增值税（销项税额）　9 000
借：销售费用　1 000
　贷：合同取得成本　1 000
（3）确认销售部门经理奖金时：
借：销售费用　10 000
　贷：应付职工薪酬　10 000
（4）发放销售部门经理奖金时：
借：应付职工薪酬　10 000
　贷：银行存款　10 000

（三）合同履约成本及销售收入的账务处理

【例 7－14・计算题】甲公司为增值税一般纳税人，装修服务适用增值税税率为 9%。2020 年 12 月 1 日，甲公司与乙公司签订一项为期 3 个月的装修合同，合同约定装修价款为 500 000 元，增值税税额为 45 000 元，装修费用每月月末按完工进度支付。2020 年 12 月 31 日，经专业测量师测量后，确定该项劳务的完工程度为 25%；乙公司按完工进度支付价款及相应的增值税税款。2020 年 12 月 31 日，甲公司为完成该合同累计发生劳务成本 100 000 元（假定均为装修人员薪酬），估计还将发生劳务成本 300 000 元。

假定该业务属于甲公司的主营业务，全部由其自行完成；该装修服务构成单项履约义务，并属于在某一时段内履行的履约义务；甲公司按照实际测量的完工进度确定履约进度。

甲公司应编制如下会计分录：

（1）实际发生劳务成本：
借：合同履约成本　100 000
　贷：应付职工薪酬　100 000
（2）2020 年 12 月 31 日，确认劳务收入、结转劳务成本：
2020 年 12 月 31 日应确认的劳务收入 =500 000 ×25% －0 =125 000（元）
借：银行存款　136 250
　贷：主营业务收入　125 000
　　应交税费——应交增值税（销项税额）　11 250
借：主营业务成本　100 000
　贷：合同履约成本　100 000

2021 年 1 月 31 日，经专业测量师测量后，确定该项劳务的完工程度为 70%；乙公司按完工进度支付价款同时支付对应的增值税税款。2021 年 1 月，为完成该合同发生劳务成本 180 000 元（假定均为装修人员薪酬），为完成该合同估计还将发生劳务成本 120 000 元。甲公司应编制如下会计分录：

（1）实际发生劳务成本：

借：合同履约成本	180 000	
贷：应付职工薪酬		180 000

（2）2021 年 1 月 31 日，确认劳务收入、结转劳务成本：

2021 年 1 月 31 日应确认的劳务收入 =500 000 ×70% －125 000 =225 000（元）

借：银行存款	245 250	
贷：主营业务收入		225 000
应交税费——应交增值税（销项税额）		20 250
借：主营业务成本	180 000	
贷：合同履约成本		180 000

2021 年 2 月 28 日，装修完工；乙公司验收合格，按完工进度支付价款同时支付对应的增值税税款。2021 年 2 月，为完成该合同发生劳务成本 120 000 元（假定均为装修人员薪酬）。甲公司应编制如下会计分录：

（1）实际发生劳务成本：

借：合同履约成本	120 000	
贷：应付职工薪酬		120 000

（2）2021 年 2 月 28 日，确认劳务收入、结转劳务成本：

2021 年 2 月 28 日确认的劳务收入 =500 000 －125 000 －225 000 =150 000（元）

借：银行存款	163 500	
贷：主营业务收入		150 000
应交税费——应交增值税（销项税额）		13 500
借：主营业务成本	120 000	
贷：合同履约成本		120 000

【例 7 －15 · 计算题】甲公司为增值税一般纳税人，经营一家健身俱乐部。2020 年 7 月 1 日，某客户与甲公司签订合同，成为甲公司的会员，并向甲公司支付会员费 3 816 元（含税），可在未来的 12 个月内在该俱乐部健身，且没有次数的限制。该业务适用的增值税税率为 6%。

本题中，客户在会籍期间可随时来俱乐部健身，且没有次数限制，客户已使用俱乐部健身的次数不会影响其未来继续使用的次数，甲公司在该合同下的履约义务是承诺随时准备在客户需要时为其提供健身服务，因此，该履约义务属于在某一时段内履行的履约义务，并且该履约义务在会员的会籍期间内随时间的流逝而被履行。

甲公司应按照直线法确认收入，每月应当确认的收入＝[3 816÷（1＋6%）]÷12＝300（元）。

甲公司应编制如下会计分录：

（1）2020年7月1日，收到会员费时：

借：银行存款	3 816	
贷：合同负债		3 600
应交税费——待转销项税额		216

（2）2020年7月31日，确认收入，同时将对应的待转销项税额确认为销项税额：

借：合同负债	300	
应交税费——待转销项税额	18	
贷：主营业务收入		300
应交税费——应交增值税（销项税额）		18

以后11个月内每月确认收入会计分录同上。

【例7－16·计算题】甲公司经营一家酒店，为增值税一般纳税人，适用的增值税税率为6%，该酒店是甲公司的自有资产。2020年12月，甲公司计提与酒店经营直接相关的酒店、客房以及客房内的设备家具等折旧120 000元，酒店土地使用权摊销费用65 000元。经计算，当月确认房费、餐饮等服务含税收入424 000元，全部存入银行。

本题中，甲公司经营酒店主要是通过提供客房服务赚取收入，而客房服务的提供直接依赖于酒店物业（包含土地）以及家具等相关资产，这些资产折旧和摊销属于甲公司为履行与客户的合同而发生的合同履约成本。已确认的合同履约成本在收入确认时予以摊销，计入营业成本。甲公司应编制如下会计分录：

（1）确认资产的折旧、摊销费用：

借：合同履约成本	185 000	
贷：累计折旧		120 000
累计摊销		65 000

（2）12月确认酒店服务收入，摊销合同履约成本：

借：银行存款	424 000	
贷：主营业务收入		400 000
应交税费——应交增值税（销项税额）		24 000
借：主营业务成本	185 000	
贷：合同履约成本		185 000

第 19 天

复习旧内容

第七章　收入、费用和利润　考点 4 ~ 5

学习新内容

第七章　收入、费用和利润　考点 6 ~ 8

你今天可能有的心态

轻松的心态，隐约觉得资产篇有点忘记了，何不抽个周末的晚上重新复习一遍？

简单解释今天学习内容

今天重点掌握利润表的第二个层次：费用，内容包括营业成本、税金及附加、期间费用。

学习方法

今天所学内容难度并不大，但利润表的层次你们很容易混淆，需要多写分录、多利用框架梳理。

建议学习时间

3 小时

今日打卡

任务内容	预计时间	重点任务要求
早读	30分钟	□ 把昨晚看的教材读一遍 □ 听微课
考点6~8	60分钟	□ 期间费用
做作业	60分钟	□ 掌握营业利润、利润的影响因素 □ 做教材例题、精练习题 □ 整理消化错题
回忆内容	30分钟	□ 把今天的教材看3遍 □ 背着书，把今天学的内容回忆一遍 □ 梳理今天所学内容框架

费用

费用包括企业**日常活动中所发生**的经济利益的**总流出，主要指企业为取得营业收入进行产品销售等营业活动所发生的营业成本、税金及附加和期间费用**。

「考点6」营业成本（★★）

企业为生产产品、提供劳务等发生的可归属于产品成本、劳务成本等的费用，应当在确认销售商品收入、提供劳务收入等时，将已销售商品、已提供劳务的成本等确认为营业成本（包括主营业务成本和其他业务成本）（见图7-6）。

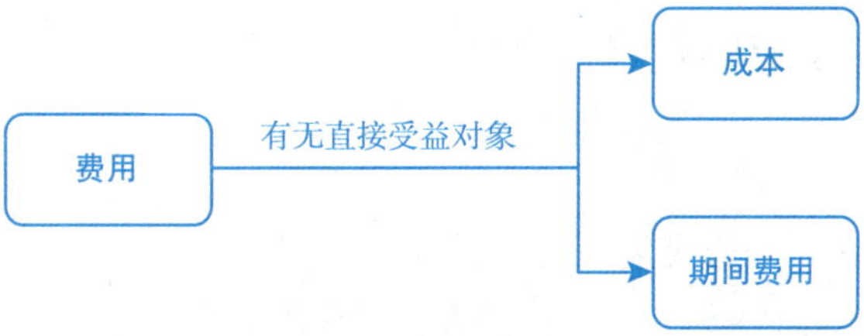

图7-6　营业成本

【例7-17·多选题】下列各项中，属于制造业企业其他业务成本核算内容的有（　　）。

A. 随同商品出售不单独计价的包装物成本

B. 出借包装物的摊销额

C. 随同商品出售单独计价的包装物成本

D. 出租包装物的摊销额

【本题答案】CD

【本题解析】选项AB通过销售费用核算。

「考点7」税金及附加（★★）

税金及附加是指企业经营活动应负担的相关税费，包括消费税、城市维护建设税、教育费附加、资源税、土地增值税、房产税、环境保护税、城镇土地使用税、车船税、印花税等。

企业应当设置“税金及附加”科目，核算企业经营活动发生的消费税等相关税费。

【例 7 -18 · 多选题】下列各项中，应记入“税金及附加”科目的有（　　）。

A. 自用办公楼应交的城镇土地使用税

B. 销售应税矿产品应交的资源税

C. 销售商品应交的增值税

D. 销售应税消费品应交的消费税

【本题答案】ABD

【本题解析】选项 C，应记入“应交税费——应交增值税（销项税额）”科目。

【例 7 -19 · 计算题】2020 年 8 月 31 日，某公司取得应纳消费税的销售商品收入 3 000 000 元，该商品适用的消费税税率为 25%。与消费税有关的会计分录如下：

（1）计算确认应交消费税税额：

消费税税额 =3 000 000 ×25% =750 000（元）

借：税金及附加　　750 000

　　贷：应交税费——应交消费税　　750 000

（2）交纳消费税时：

借：应交税费——应交消费税　　750 000

　　贷：银行存款　　750 000

【例 7 -20 · 判断题】委托加工应税消费品收回后直接用于出售的，受托方代收代缴的消费税应记入“应交税费——应交消费税”科目。（　　）

【本题答案】错

【本题解析】委托加工应税消费品收回后直接用于出售的，受托方代收代缴的消费税计入产品成本。教材规定，消费税在生产环节交纳，收回后直接用于出售，没有生产环节，不能记入本企业的“应交消费税”科目；如果是收回后继续加工，则可以记入“应交消费税”科目。

【例 7 -21 · 计算题】2020 年 9 月，某公司当月实际交纳的增值税为 450 000 元、消费税为 150 000 元，适用的城市维护建设税税率为 7%，教育费附加征收比率为 3%。与城市维护建设税、教育费附加有关的会计分录如下：

（1）计算确认应交城市维护建设税和教育费附加时：

应交城市维护建设税 =（450 000 +150 000）×7% =42 000（元）

应交教育费附加 =（450 000 +150 000）×3% =18 000（元）

借：税金及附加　　60 000

　　贷：应交税费——应交城市维护建设税　　42 000

　　　　　　　　——应交教育费附加　　18 000

（2）实际交纳城市维护建设税和教育费附加时：

借：应交税费——应交城市维护建设税	42 000
——应交教育费附加	18 000
贷：银行存款	60 000

「考点8」期间费用（★★）

（一）期间费用概述

期间费用是指企业**日常活动**发生的**不能计入特定核算对象的成本**，而应计入发生当期损益的费用。

期间费用包括：销售费用、管理费用和财务费用。

（二）期间费用的账务处理

1. 销售费用

销售费用是指企业在销售商品和材料、提供服务过程中发生的各项费用，包括保险费、包装费、展览费、广告费、商品维修费、预计产品质量保证损失、运输费、装卸费等，以及为销售本企业商品而专设的销售机构（含销售网点、售后服务网点等）的职工薪酬、业务费、折旧费等经营费用。

【知识卡片】

销售费用是与销售活动直接相关的各种费用。

【例7-22·单选题】下列各项中，采用支付手续费方式委托代销商品，委托方支付的手续费应借记的会计科目为（　　）。

A. 其他业务成本　　B. 管理费用

C. 销售费用　　D. 主营业务成本

【本题答案】C

【例7-23·计算题】2020年6月，甲公司销售部共发生费用220 000元，其中：销售人员薪酬100 000元，销售部专用办公设备和房屋折旧费50 000元，业务费70 000元（用银行存款支付）。假设不考虑其他因素，该公司应编制如下会计分录：

借：销售费用	220 000	
贷：应付职工薪酬		100 000
累计折旧		50 000
银行存款		70 000

【例7－24·计算题】某公司2020年5月31日将本月发生的“销售费用”56 000元，结转至“本年利润”科目。该公司应编制如下会计分录：

借：本年利润　　56 000

　贷：销售费用　　56 000

2. 管理费用

管理费用是指企业为组织和管理生产经营发生的各种费用，包括企业在筹建期间发生的开办费，董事会和行政管理部门在企业的经营管理中发生的，以及应由企业统一负担的公司经费，行政管理部门负担的工会经费、董事会费（包括董事会成员津贴、会议费和差旅费等）、聘请中介机构费、咨询费（含顾问费）、诉讼费、业务招待费、技术转让费、研究费用等。

企业行政管理部门等发生的固定资产修理费用等后续支出，应在发生时计入管理费用。

商品流通企业管理费用不多的，可并入销售费用核算。

【知识卡片】

管理费用指与**管理**过程和管理部门直接相关的各种费用。

【例7－25·单选题】下列各项中，企业不应确认为管理费用的是（　　）。

A. 计提的行政管理人员社会保险费

B. 计提的行政管理人员住房公积金

C. 计提的行政管理人员的福利费

D. 代垫的行政管理人员医药费

【本题答案】D

【本题解析】“代垫”是要收回的，故应计入其他应收款。

【例7－26·多选题】下列各项中，关于管理费用会计处理表述正确的有（　　）。

A. 无法查明原因的现金短缺应计入管理费用

B. 转销确实无法支付的应付账款应冲减管理费用

C. 行政管理部门负担的工会经费应计入管理费用

D. 企业在筹建期间内发生的开办费应计入管理费用

【本题答案】ACD

【本题解析】转销确实无法支付的应付账款，应按其账面余额转入营业外收入。

3. 财务费用

财务费用是指企业为筹集生产经营所需资金而发生的筹资费用，包括利息支出（减利息收入）、汇兑损益以及相关的手续费等。

【例 7 –27 · 单选题】下列各项中，不应计入企业财务费用的是（　　）。

A. 支付的银行中兑换承兑汇票手续费　　B. 支付的银行结算手续费

C. 支付的发行股票手续费　　D. 确认的短期借款利息费用

【本题答案】C

【本题解析】选项 C 计入资本公积——股本溢价。

第 20 天

复习旧内容

第七章　收入、费用和利润　考点 6 ~ 8

学习新内容

第七章　收入、费用和利润　考点 9 ~ 12

你今天可能有的心态

第七章的内容终于要学完了，是不是有点小激动！

简单解释今天学习内容

主要将第七章剩下的内容学完，同时巩固之前所学。

最后重点掌握利润表中的第三个层次：利润，其中要重点掌握营业利润、利润总额和净利润的关系。

学习方法

第七章内容稍微有点多，需要把第七章整体复习一遍，多做练习题，结合框架不断复习！

建议学习时间

3 小时

今日打卡

任务内容	预计时间	重点任务要求
早读	30分钟	□ 把昨晚看的教材读一遍 □ 听微课
考点9~12	60分钟	□ 营业外收支
做作业	60分钟	□ 做教材例题、精练习题 □ 整理消化错题
回忆内容	30分钟	□ 把今天的教材看3遍 □ 背着书，把今天学的内容回忆一遍 □ 梳理今天所学内容框架

利润

「考点9」利润的构成（★★）

1. 利润概述

利润是指企业在一定会计期间的经营成果，包括收入减去费用后的净额、直接计入当期利润的利得和损失等。

即：**利润＝收入－费用＋利得－损失**

利得是指由企业**非日常活动**所形成的、会**导致所有者权益增加的**、与**所有者投入资本无关**的经济利益的**流入**。

损失是指由企业**非日常活动**所形成的、会**导致所有者权益减少的**、与**向所有者分配利润无关**的经济利益的**流出**。

2. 营业利润

营业利润＝营业收入－营业成本－税金及附加－销售费用－管理费用－研发费用－财务费用－信用减值损失－资产减值损失＋净敞口套期收益（－净敞口套期损失）＋公允价值变动收益（－公允价值变动损失）＋投资收益（－投资损失）＋其他收益＋资产处置收益（－资产处置损失）

【知识卡片】

①净敞口套期收益（损失）的具体内涵不在初级的学习范围之中，此处无须纠结，掌握我们初级常见的一些科目即可！

②研发费用：企业进行研究与开发过程中发生的费用化支出，以及计入管理费用的自行开发无形资产的摊销。

③其他收益：与企业日常活动相关，除冲减相关成本费用以外的政府补助。

【例7－28·多选题】下列各项中，影响企业营业利润的有（　　）。

A. 出售固定资产的净损失

B. 确认的资产减值损失

C. 销售商品发生的展览费

D. 出售包装物取得的净收入

【本题答案】ABCD

【本题解析】出售固定资产的净损失计入资产处置损益；确认的资产减值损失计入资产减值损失；销售商品发生的展览费计入销售费用；出售包装物取得的净收入计入其他业务收入。

3. 利润总额

利润总额＝营业利润＋营业外收入－营业外支出

其中：

营业外收入是指企业发生的与其日常活动无直接关系的各项利得；

营业外支出是指企业发生的与其日常活动无直接关系的各项损失。

4. 净利润

净利润＝利润总额－所得税费用

其中，所得税费用是指企业确认的应从当期利润总额中扣除的所得税费用。

「考点10」营业外收支（★★）

（一）营业外收入

1. 营业外收入的核算内容

营业外收入是指企业确认的与其日常活动无直接关系的各项利得。

实际上是经济利益的净流入，不需要与有关费用进行配比。

主要包括：非流动资产毁损报废收益、与企业日常活动无关的政府补助、盘盈利得、捐赠利得等。

其中：

①非流动资产毁损报废收益是指因自然灾害等发生毁损、已丧失使用功能而报废非流动资产所产生的清理收益。

②盘盈利得指企业对**现金**等资产清查盘点时发生盘盈，报经批准后计入营业外收入的金额。

③捐赠利得指企业接受捐赠产生的利得。

2. 营业外收入的账务处理（见表7－6）

表7－6 营业外收入的账务处理

确认处置非流动资产毁损报废收益	借：固定资产清理 　　贷：营业外收入
确认盘盈利得、捐赠利得	①发现盘盈时： 借：库存现金 　　贷：待处理财产损溢 ②经批准转入营业外收入时： 借：待处理财产损溢 　　贷：营业外收入 【知识卡片】现金盘亏，无法查清原因部分计入管理费用，不是计入营业外支出
期末，结转营业外收入	借：营业外收入 　　贷：本年利润 结转后本科目应无余额

【例 7 –29 · 计算题】 某企业在现金清查中盘盈 200 元，按管理权限报经批准后转入营业外收入，应编制如下会计分录：

（1）发现盘盈时：

借：库存现金　　200

　　贷：待处理财产损溢　　200

（2）经批准转入营业外收入时：

借：待处理财产损溢　　200

　　贷：营业外收入　　200

【例 7 –30 · 单选题】 下列各项中，应计入营业外收入的是（　　）。

A. 无形资产出售利得　　B. 大型设备处置利得

C. 无法支付的应付账款　　D. 存货收发计量差错形成的盘盈

【本题答案】 C

【本题解析】 选项 AB 应计入资产处置损益，选项 D 应冲减管理费用。

（二）营业外支出

1. 营业外支出核算的内容

营业外支出是指企业发生的与其日常活动无直接关系的各项损失。

总结：营业外收入与营业外支出的对比如表 7 –7 所示。

表 7 –7　营业外收入与营业外支出的对比

营业外收入	营业外支出
均为企业非日常活动	
非流动资产毁损报废收益	非流动资产毁损报废损失
企业日常活动无关的政府补助	罚款支出（有关部门罚款、合同违约金等）
盘盈利得（如库存现金）	盘亏损失（如固定资产）
捐赠利得	捐赠支出
—	非常损失（因客观因素，如自然灾害造成的净损失）

【例 7 –31 · 单选题】 下列各项中，属于营业外支出核算内容的是（　　）。

A. 无法查明原因的现金短缺

B. 报废固定资产的净损失

C. 因计量误差造成的存货盘亏

D. 结转售出原材料的成本

【本题答案】B

【本题解析】选项 A 通过管理费用核算；选项 C 通过管理费用核算；选项 D 通过其他业务成本核算。

2. 营业外支出的账务处理

营业外支出的账务处理见表 7 －8。

表 7 －8　　营业外支出的账务处理

企业确认非流动资产毁损报废损失	借：营业外支出 　贷：固定资产清理 　　无形资产等
确认盘亏、罚款支出	借：营业外支出 　贷：待处理财产损溢 　　库存现金等
期末，结转营业外支出	借：本年利润 　贷：营业外支出 结转后本科目应无余额

【例 7 －32 · 计算题】某企业发生原材料意外灾害损失 270 000 元，经批准全部转作营业外支出，不考虑相关税费。应编制如下会计分录：

（1）发生原材料意外灾害损失时：

借：待处理财产损溢　　270 000

　贷：原材料　　270 000

（2）批准处理时：

借：营业外支出　　270 000

　贷：待处理财产损溢　　270 000

「考点 11」所得税费用（★★）

（一）企业所得税的概念

企业的所得税费用包括**当期所得税**和**递延所得税**两个部分，其中，当期所得税是指当期应交所得税。

递延所得税包括递延所得税资产和递延所得税负债。

递延所得税资产是指以未来期间很可能取得用来抵扣可抵扣暂时性差异的应纳税所得额为限确认的一项资产。

递延所得税负债是指根据应纳税暂时性差异计算的未来期间应付所得税的金额。

（二）应交所得税的计算

应交所得税 = 应纳税所得额 × 所得税税率

应纳税所得额 = 税前会计利润 + 纳税调整增加额 − 纳税调整减少额

纳税调整项目如表 7 −9 所示。

表 7 −9　　纳税调整项目

	调整事项
纳税调增	①企业已计入的当期费用超过税法规定扣除标准的金额，包括： 职工福利费、工会经费、职工教育经费、业务招待费、公益性捐赠支出、广告费、业务宣传费等。 ②企业已计入当期损失但税法不允许扣除的项目金额，例如： **税收滞纳金、行政罚款、罚金**
纳税调减	按照税法规定允许弥补的亏损和准予免税的项目，主要包括： ①**前五年内未弥补亏损；** ②**国债利息收入；** ③**符合条件的居民企业之间的股息、红利等权益性投资收益**

【例 7 −33 · 多选题】下列各项中，计算应纳税所得额需要进行纳税调整的项目有（　　）。

A. 税收滞纳金　　B. 超过税法规定标准的业务招待费

C. 国债利息收入　　D. 超过税法规定标准的职工福利费

【本题答案】ABCD

【本题解析】选项 ABD 计算应纳税所得额时应该纳税调增；选项 C 计算应纳税所得额时应该纳税调减。

【例 7 −34 · 计算题】甲公司 2019 年全年利润总额（即税前会计利润）为 10 200 000 元，其中包括本年收到的国债利息收入 200 000 元，所得税税率为 25%。假定甲公司全年无其他纳税调整因素。

按照税法的有关规定，企业购买国债的利息收入免交所得税，即在计算应纳税所得额时可将其扣除。甲公司当期所得税的计算如下：

应纳税所得额 = 10 200 000 − 200 000 = 10 000 000（元）

当期应交所得税税额 = 10 000 000 × 25% = 2 500 000（元）

（三）所得税费用的账务处理

所得税费用 = 当期所得税 + 递延所得税

递延所得税 = Δ 递延所得税负债 − Δ 递延所得税资产

= （递延所得税负债期末余额 − 递延所得税负债期初余额）

−（递延所得税资产期末余额 − 递延所得税资产期初余额）

所得税费用相关分录：

借：所得税费用

　　贷：应交税费——应交所得税（当期所得税）

　　　　递延所得税资产（增加在借方）

　　　　递延所得税负债（减少在借方）

【例 7－35·计算题】甲公司递延所得税负债年初数为 400 000 元，年末数为 500 000 元，递延所得税资产年初数为 250 000 元，年末数为 200 000 元。已知甲公司当期所得税为 5 000 000 元。甲公司应编制如下会计分录：

甲公司所得税费用的计算如下：

递延所得税＝（500 000－400 000）－（200 000－250 000）＝150 000（元）

所得税费用＝当期所得税＋递延所得税＝5 000 000＋150 000＝5 150 000（元）

甲公司应编制如下会计分录：

借：所得税费用	5 150 000	
贷：应交税费——应交所得税		5 000 000
递延所得税负债		100 000
递延所得税资产		50 000

【例 7－36·单选题】2018 年度某企业实现利润总额为 960 万元，当年应纳税所得额为 800 万元，适用的所得税税率为 25%，当年影响所得税费用的递延所得税负债增加 50 万元。该企业 2018 年度利润表“所得税费用”项目本期金额为（　）万元。

A. 250　　B. 240

C. 150　　D. 200

【本题答案】A

【本题解析】2018 年度利润表“所得税费用”项目本期金额＝800×25%＋50＝250（万元）

「考点 12」本年利润（★★）

（一）结转本年利润的方法

会计期末结转本年利润的方法有表结法和账结法两种（见图 7－7）。

- 结转本年利润的方法
  - 表结法
    - 月末不结转、年末才结转
    - 月末只需将损益本月发生额、累计余额填入利润表
    - 减少转账环节和工作量，不影响利润表编制
  - 账结法
    - 每月月末要结转损益到本年利润
    - 每月可通过“本年利润”提供当月及累计利润或亏损
    - 增加了转账环节和工作量

图 7 -7 结转本年利润的方法

【例 7 -37 · 多选题】下列关于结转本年利润账结法的表述中，正确的有（　　）。

A. “本年利润”科目本年余额反映本年累计实现的净利润或发生的亏损

B. 各月均可通过“本年利润”科目提供当月及本年累计的利润（或亏损）额

C. 年末时需将各损益类科目的全年累计余额结转入“本年利润”科目

D. 每月月末各损益类科目需将本月的余额结转入“本年利润”科目

【本题答案】ABD

【本题解析】“本年利润”科目本月发生额反映的是当月实现的利润或者发生的亏损，本年余额反映的是本年累计实现的利润或发生的亏损。在采用账结法结转本年利润时，每月月末均需编制转账凭证。账结法在各月均可通过“本年利润”科目提供当月及本年累计的利润或亏损额，但增加了转账环节和工作量，选项 ABD 正确；选项 C 属于表结法的特点。

（二）结转本年利润的会计处理

会计期末，企业应将损益类科目余额转入“本年利润”。

年度终了，企业应将“本年利润”科目本年累计余额转入“利润分配——未分配利润”。

借：本年利润

　　贷：利润分配——未分配利润

或作相反的会计分录。

结转后“本年利润”科目应无余额。

你已成功
完成第七章的学习！

扫码领取全程课加入带学群

天才与凡人只有一步之隔，这一步就是勤奋。每一发奋努力的背后，必有加倍的赏赐。

第 21 天

复习旧内容

第七章　收入、费用和利润　考点 9 ~ 12

学习新内容

第八章　财务报告

你今天可能有的心态

保持轻松的心态，隐约觉得前面的知识又有点忘记了，何不抽个周末的晚上重新复习一遍？

简单解释今天学习内容

注意财务报表项目和会计科目的区别。财务报表项目是列示在财务报表中的项目，一般通过会计科目计算填列。有的财务报表项目与会计科目名称相同，有的则不同。比如，存货属于资产负债表项目，但并不属于会计科目。

学习方法

本章考试分值在 12 分左右，各个科目的填列方法不用死记硬背，主要结合我们之前所学的各个科目的特点进行归类，对比记忆即可。

建议学习时间

4 小时

今日打卡

任务内容	预计时间	重点任务要求
早读	30分钟	□ 把昨晚看的教材读一遍 □ 听微课
考点1~6	150分钟	□ 资产负债表 □ 利润表 □ 现金流量表
做作业	30分钟	□ 做教材例题、精练习题 □ 整理消化错题
回忆内容	30分钟	□ 把今天的教材看3遍 □ 背着书，把今天学的内容回忆一遍 □ 梳理今天所学内容框架

第八章　财务报告

考情分析

本章是初级会计实务一般重要的一章，考试分值在 12 分左右，考试题型覆盖单选、多选、判断。

①注意财务报表项目和会计科目的区别。财务报表项目是列示在财务报表中的项目，一般通过会计科目计算填列。有的财务报表项目与会计科目名称相同，有的则不相同。比如，存货属于资产负债表项目，但并不属于会计科目。

②掌握资产负债表、利润表、现金流量表具体项目的填制方法。

③理解资产负债表。

根据会计等式（资产＝负债＋所有者权益）编制，反映企业某一时刻拥有的经济资源，以及资源的来源。

④理解利润表。

根据会计等式（收入－费用＝利润）编制，反映企业一段时期经营成果、运用资产的获利能力。

⑤理解现金流量表。

基本结构：现金流入量－现金流出量＝现金净流量，包括直接法和间接法两种编制方法，反映企业在一定会计期间现金和现金等价物的流入和流出。

⑥学习本章，可参考入门导读部分。

考点地图

财务报告框架如图 8－1 所示。

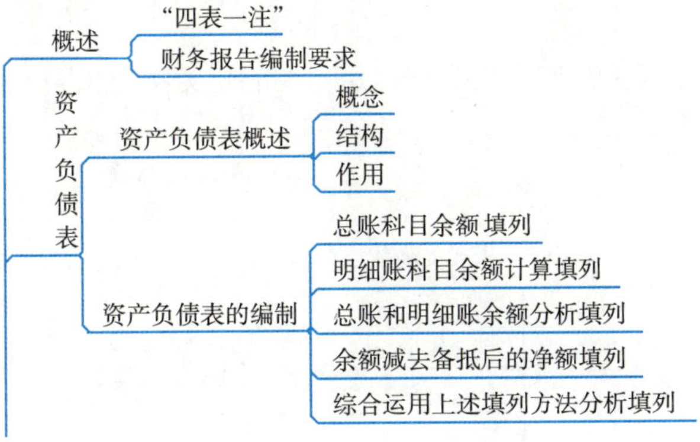

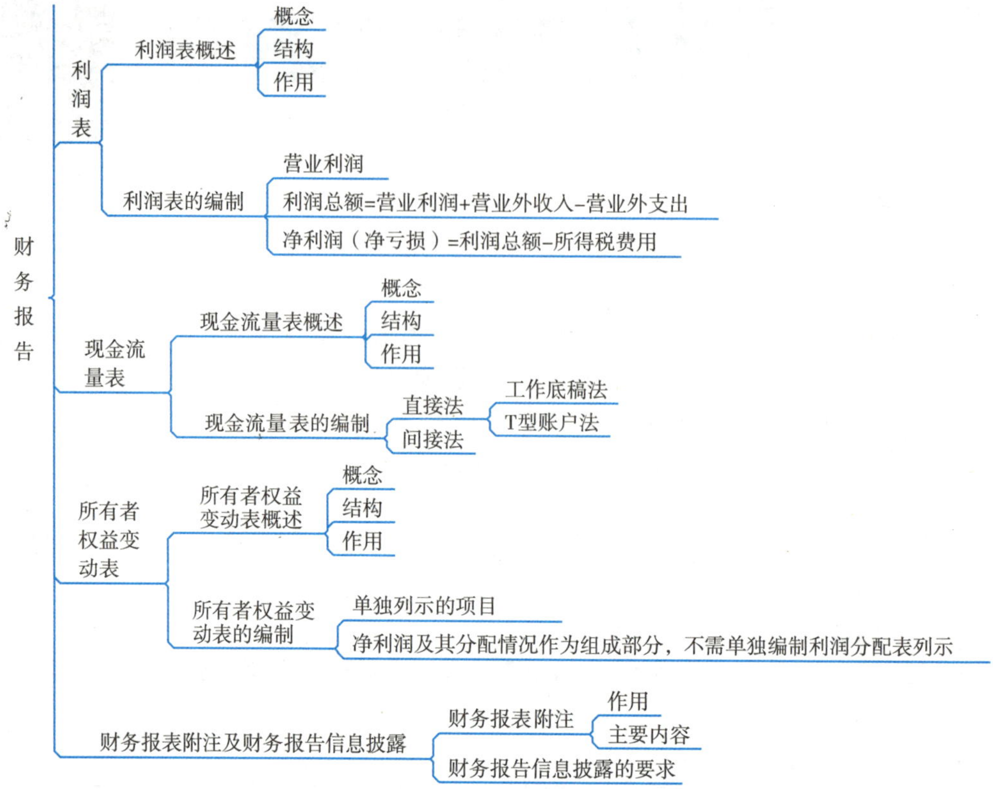

图8-1　财务报告

「考点1」概述

（一）财务报告概念

财务报告，是指企业定期编制的综合反映企业某一特定日期的财务状况和某一会计期间的经营成果、现金流量等会计信息的文件。

1. 财务报告体系（见图8-2）

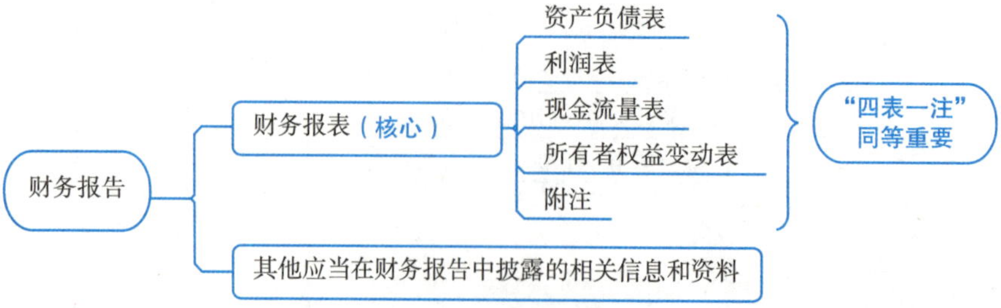

图8-2　财务报告体系

2. 财务报告分类（见表8－1）

表8－1 财务报告分类

分类（按照编报时间）	具体内容
年度财务报告	以会计年度为基础编制的财务报告
中期财务报告	分为月度报告、季度报告和半年度报告，至少应当包括资产负债表、利润表、现金流量表和附注（“三表一注”）

财务报表相应分为年度财务会计报表和中期财务会计报表。除此外，还可以按照编制主体，分为个别财务报表和合并财务报表。

（二）财务报告编制要求（见表8－2）

表8－2 财务报告编制要求

<table>
<tr><th>要求</th><th colspan="2">具体内容</th></tr>
<tr><td>1. 遵循会计准则</td><td colspan="2">依据各项会计准则确认和计量的结果编制财务报表</td></tr>
<tr><td>2. 列报基础</td><td colspan="2">以持续经营为基础编制财务报表（评估涵盖的期间至少自资产负债表日起12个月）</td></tr>
<tr><td>3. 权责发生制</td><td colspan="2">除现金流量表按照收付实现制编制外，其他财务报表按照权责发生制编制</td></tr>
<tr><td>4. 列报的一致性</td><td colspan="2">财务报表项目的列报应当在各个会计期间保持一致，不得随意变更</td></tr>
<tr><td>5. 依据重要性原则单独或汇总列报项目</td><td colspan="2">重要性从项目的性质和金额大小两方面判断。
比如，存货和固定资产在性质上和功能上有本质差异，必须单独列报；原材料和低值易耗品等项目在性质上类似，汇总列报，类别统称为“存货”</td></tr>
<tr><td rowspan="2">6. 总额列报</td><td colspan="2">财务报表项目应当以总额列报，资产和负债、收入和费用、直接计入当期利润的利得和损失，金额不能相互抵销，即不得以净额列报，但另有规定除外</td></tr>
<tr><td>不属于抵销</td><td>①一组类似交易形成的利得和损失以净额列示，如汇兑损益；
②资产或负债项目按扣除备抵项目后的净额列示，如资产计提的减值准备；
③非日常活动产生的利得或损失，以同一交易形成的收益扣减相关费用的净额列示，如非流动资产处置形成的利得或损失，按照处置收益扣除该资产的账面金额和相关销售费用后的净额列报</td></tr>
<tr><td>7. 比较信息的列报</td><td colspan="2">企业在列报当期财务报表时，至少应当提供所有列报项目上一个可比会计期间的比较数据。本要求适用于财务报表所有组成部分，包括“四表一注”</td></tr>
<tr><td>8. 财务报表表首的列报要求</td><td colspan="2">企业在财务报表的显著位置（通常是表首部分），应当至少披露下列基本信息：
①编报企业的名称；
②对资产负债表而言，披露资产负债表日；对利润表、现金流量表、所有者权益变动表而言，披露报表涵盖的会计期间；
③货币名称和单位，应以人民币作为记账本位币，并标明金额单位</td></tr>
</table>

「考点2」资产负债表（★★）

（一）资产负债表概述

1. 资产负债表的概念

资产负债表是反映企业在某一特定日期的财务状况的报表，是企业经营活动的静态反映。

2. 资产负债表的结构

我国企业的资产负债表采用**账户式**结构。

基本结构：　　　　**资产 = 负债 + 所有者权益**

左边表示企业拥有的各种资源（资产），右边表示这些资源（资产）的来源，分为负债和所有者权益（见图8-3）。

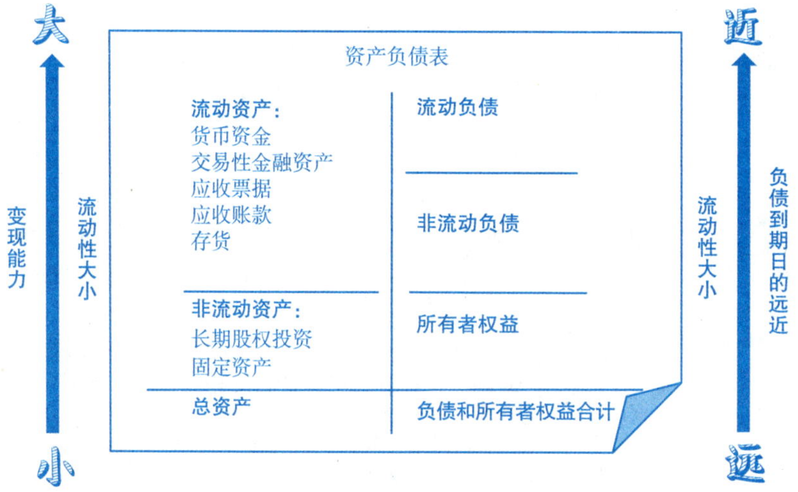

图8-3　资产负债表结构

3. 资产负债表的作用

通过资产负债表，可以反映企业在某一特定日期所拥有或控制的经济资源、所承担的现时义务和所有者对净资产的要求权，帮助财务报表使用者全面了解企业的财务状况、分析企业的偿债能力等情况，从而为其作出经济决策提供依据。

（二）资产负债表的编制（重点）

1. 资产负债表项目的填列方法

资产负债表的各项目均需填列"**上年年末余额**"和"**期末余额**"两栏。

"上年年末余额"栏内的各项数字，应根据上年年末资产负债表的"期末余额"栏内所列数字填列。

“期末余额”栏主要有以下几种填列方法：

①根据总账科目余额填列方法。

a. 根据有关总账科目的余额**直接填列**，如“短期借款”“资本公积”等项目。

b. 根据几个总账科目的期末余额**计算填列**：

“货币资金”项目＝“库存现金”＋“银行存款”＋“其他货币资金”

②根据明细账科目余额计算填列方法。

a. “应付账款”＝“应付账款”明细科目（期末贷方余额）＋“预付账款”明细科目（期末贷方余额）

b. “预收款项”＝“预收账款”明细科目（期末贷方余额）＋“应收账款”明细科目（期末贷方余额）

c. “预付款项”＝“预付账款”明细科目（期末借方余额）＋“应付账款”明细科目（期末借方余额）（如有坏账准备，还要减去坏账准备）

③根据总账科目和明细账科目余额分析计算填列方法。

“长期借款”＝“长期借款”总账科目余额－“长期借款”科目所属的明细科目中“一年内到期且企业不能自主地将清偿义务展期的金额”。

④根据有关科目余额减去其备抵科目余额后的净额填列方法。

如“应收票据”“应收账款”“长期股权投资”“在建工程”等项目＝该科目期末余额－减值准备科目余额：

“固定资产”＝“固定资产”－“累计折旧”－“固定资产减值准备” ±固定资产清理

“投资性房地产（采用成本模式计量）”＝“投资性房地产”－“投资性房地产累计折旧”－“投资性房地产减值准备”

“无形资产”＝“无形资产”－“累计摊销”－“无形资产减值准备”

⑤综合运用上述填列方法分析填列。

“存货”＝材料采购、原材料、周转材料、委托加工物资、库存商品、发出商品、生产成本、在途物资、受托代销商品等期末余额 ±“材料成本差异”**（借方为加，贷方为减）**等± 商品进销差价－“存货跌价准备”－受托代销商品款

2. 资产负债表项目的填列说明

总结：资产负债表编制规则如表 8－3 所示。

表 8－3　　资产负债表的编制

会计基本要素	报表项目	编制说明（一般通过会计科目计算填列）
资产	货币资金	库存现金＋银行存款＋其他货币资金
	交易性金融资产	根据相关明细科目期末余额分析填列。 自资产负债表日起超过一年到期且预期持有超过一年的以公允价值计量且其变动计入当期损益的非流动金融资产的期末账面价值，在“其他非流动金融资产”项目反映

续表

会计基本要素	报表项目	编制说明（一般通过会计科目计算填列）
资产	应收票据	应收票据期末余额－相关坏账准备期末余额后的金额分析填列
	应收账款	应收账款期末余额－相关坏账准备期末余额后的金额分析填列
	应收款项融资	反映资产负债表日以公允价值计量且其变动计入其他综合收益的应收票据和应收账款等
	其他应收款	应收利息期末余额＋应收股利期末余额＋其他应收款期末余额－相关坏账准备
	预付款项	（应付账款＋预付账款）明细账借方余额－预付账款坏账准备 期末为贷方余额的，在“应付账款”项目内填列
	存货	材料采购、原材料、周转材料、委托加工物资、库存商品、发出商品、生产成本、受托代销商品等期末余额 ±“材料成本差异” ±商品进销差价－存货跌价准备－受托代销商品款
	合同资产	期末余额分析填列，同一合同下的合同资产和合同负债应当以净额列示
	持有待售资产	期末余额－持有待售资产减值准备
	长期股权投资	期末余额－减值准备
	固定资产	期末余额－累计折旧－减值准备 ±固定资产清理
	在建工程	期末余额－减值准备＋工程物资－工程物资减值准备
	使用权资产	期末余额－累计折旧－减值准备
	无形资产	期末余额－累计摊销－无形资产减值准备
	债权投资	期末余额－债权投资减值准备
	其他债权投资	分析填列
	长期应收款	期末余额－未实现融资收益－坏账准备
	其他权益工具投资	期末余额
	开发支出	研发支出中所属的资本化支出明细科目期末余额
	长期待摊费用	期末余额－一年内（含一年）摊销的数额。但长期待摊费用的摊销年限只剩一年或不足一年的，或预计在一年内（含一年）进行摊销的部分，不得归类为流动资产，仍在各该非流动资产项目中填列，不转入“一年内到期的非流动资产”项目
	递延所得税资产	期末余额
	其他非流动资产	期末余额
	一年内到期的非流动资产	期末余额

续表

会计基本要素	报表项目	编制说明（一般通过会计科目计算填列）
负债	短期借款	期末余额
	交易性金融负债	期末余额
	应付票据	**应付票据期末余额**
	应付账款	**应付账款+预付账款明细科目期末贷方余额**
	预收款项	（应收账款+预收账款）明细科目期末贷方余额 期末为借方余额的，在“应收账款”项目内填列
	合同负债	期末余额
	应付职工薪酬	根据“应付职工薪酬”各明细科目的期末贷方余额分析填列
	应交税费	期末余额
	持有待售负债	期末余额
	长期借款	期末余额-在资产负债表日起一年内到期且不能自主地将清偿义务展期的长期借款
	应付债券	期末余额
	租赁负债	期末余额-在资产负债表日起一年内到期应予以清偿的租赁负债的期末账面价值
	长期应付款	期末余额-未确认融资费用-专项应付款-一年内到期的部分
	预计负债	期末余额
	递延收益	期末余额
	递延所得税负债	期末余额
	其他应付款	**（应付利息+应付股利+其他应付款）期末余额**
	一年内到期的非流动负债	一年内到期的长期借款等
	其他非流动负债	期末余额-一年内到期数额
所有者权益	实收资本（或股本）	期末余额 【知识卡片】其他权益工具下设“优先股”和“永续债”两个项目
	其他权益工具	
	资本公积	
	其他综合收益	
	专项储备	
	盈余公积	
	未分配利润	本年利润 ±利润分配

【例8-1·单选题】下列各项资产负债表项目中，属于汇总列报的是（　　）。

A. 其他应付款　　B. 应付账款

C. 长期借款　　D. 资本公积

【本题答案】A

【本题解析】依据重要性原则，性质或功能相同或相近的应付利息、应付股利和其他应付款等汇总列报“其他应付款”项目。

【例8－2·单选题】2018年12月31日，甲公司“固定资产”科目借方余额为5 000万元，“累计折旧”科目贷方余额为2 000万元，“固定资产减值准备”科目贷方余额为500万元，“固定资产清理”科目借方余额为500万元，则2018年12月31日，甲公司资产负债表中“固定资产”项目“期末余额”的列报金额为（　　）万元。

A. 5 000　　B. 4 500　　C. 2 500　　D. 3 000

【本题答案】D

【本题解析】“固定资产”项目“期末余额”的列报金额＝期末余额－累计折旧－减值准备 ±固定资产清理（借方为加，贷方为减）＝5 000－2 000－500＋500＝3 000（万元）。

【例8－3·单选题】2018年12月31日，甲公司有关科目余额如下：“发出商品”科目借方余额为800万元，“生产成本”科目借方余额为300万元，“原材料”科目借方余额为100万元，“委托加工物资”科目借方余额为200万元，“材料成本差异”科目的贷方余额为25万元，“存货跌价准备”科目贷方余额为100万元，“受托代销商品”科目借方余额400万元，“受托代销商品款”科目贷方余额为400万元，则2018年12月31日，甲公司资产负债表中“存货”项目“期末余额”的列报金额为（　　）万元。

A. 300　　B. 275　　C. 1 100　　D. 1 275

【本题答案】D

【本题解析】“存货”项目“期末余额”的列报金额＝材料采购、原材料、低值易耗品、周转材料、委托加工物资、库存商品、发出商品、在途物资、生产成本、委托代销商品等期末余额 ±“材料成本差异”（借方为加，贷方为减）＋商品进销差价－存货跌价准备＋受托代销商品－受托代销商品款＝800＋300＋100＋200－25－100＋400－400＝1 275（万元）。

「考点3」利润表（★★）

（一）利润表概述

1. 利润表的概念

利润表又称损益表，是反映企业在一定会计期间的经营成果的报表。

2. 利润表的结构

我国企业的利润表采用多步式格式，具体见表8－4。

表8-4 **利润表**

会计02表

编制单位： ____年 单位：元

项目	本期金额	上期金额
一、营业收入		
减：营业成本		
税金及附加		
销售费用		
管理费用		
研发费用		
财务费用		
其中：利息费用		
利息收入		
加：其他收益		
投资收益（损失以“-”号填列）		
其中：对联营企业和合营企业的投资收益		
以摊余成本计量的金融资产终止确认收益（损失以“-”号填列）		
净敞口套期收益（损失以“-”号填列）		
公允价值变动收益（损失以“-”号填列）		
信用减值损失（损失以“-”号填列）		
资产减值损失（损失以“-”号填列）		
资产处置收益（损失以“-”号填列）		
二、营业利润（亏损以“-”号填列）		
加：营业外收入		
减：营业外支出		
三、利润总额（亏损总额以“-”号填列）		
减：所得税费用		
四、净利润（净亏损以“-”号填列）		
（一）持续经营净利润（净亏损以“-”号填列）		
（二）终止经营净利润（净亏损以“-”号填列）		
五、其他综合收益的税后净额		
（一）不能重分类进损益的其他综合收益		
1. 重新计量设定受益计划变动额		
2. 权益法下不能转损益的其他综合收益		
3. 其他权益工具投资公允价值变动		

续表

项目	本期金额	上期金额
4. 企业自身信用风险公允价值变动		
……		
（二）将重分类进损益的其他综合收益		
1. 权益法下可转损益的其他综合收益		
2. 其他债权投资公允价值变动		
3. 金融资产重分类计入其他综合收益的金额		
4. 其他债权投资信用减值准备		
5. 现金流量套期储备		
6. 外币财务报表折算差额		
……		
六、综合收益总额		
七、每股收益：		
（一）基本每股收益		
（二）稀释每股收益		

3. 利润表的作用

利润表的主要作用是有助于使用者分析判断企业净利润的质量及其风险，评价企业经营管理效率，有助于使用者预测企业净利润的持续性，从而做出正确的决策。

（二）利润表的编制

1. 利润表项目的填列方法

利润表各项目均需填列“本期金额”和“上期金额”两栏。

①营业利润＝营业收入－营业成本－税金及附加－销售费用－管理费用－研发费用－财务费用－信用减值损失－资产减值损失＋净敞口套期收益＋公允价值变动收益＋投资收益＋其他收益＋资产处置收益（如果不是收益，而是损失，则以“－”号列示）

②利润总额＝营业利润＋营业外收入－营业外支出

③净利润（净亏损）＝利润总额－所得税费用

④每股收益＝净利润（净亏损）÷普通股加权平均数

⑤综合收益总额＝净利润＋其他综合收益的税后净额

2. 利润表项目的填列说明

①“营业收入”＝“主营业务收入”＋“其他业务收入”

②“营业成本”＝“主营业务成本”＋“其他业务成本”

③“研发费用”项目，反映企业进行研究与开发过程中发生的费用化支出以及计入管理费用的自行开发无形资产的摊销。

“研发费用”＝“管理费用”科目下“研发费用”明细科目的发生额＋“管理费用”科目下自行开发的“无形资产摊销”明细科目的发生额

其他项目略。

【例 8－4·单选题】 乙公司 2018 年度各税费的发生额如下所示：增值税销项税额合计 1 700 万元，进项税额合计 700 万元；城市维护建设税合计 50 万元，教育费附加合计 30 万元，房产税合计 400 万元，城镇土地使用税合计 20 万元，则乙公司 2018 年度利润表中“税金及附加”项目“本期金额”的列报金额为（　　）万元。

A. 1 000　　B. 80　　C. 1 700　　D. 500

【本题答案】 D

【本题解析】 增值税应记入“应交税费——应交增值税”科目，记入“税金及附加”科目的税种包括：城市维护建设税、教育费附加、房产税、车船税、城镇土地使用税、印花税等，本题“税金及附加”项目“本期金额”的列报金额＝50＋30＋400＋20＝500（万元）。

【例 8－5·单选题】 乙公司 2018 年度“财务费用”科目的发生额如下所示：银行长期借款利息支出合计 1 000 万元，银行短期借款利息支出 90 万元，银行存款利息收入合计 8 万元，银行手续费支出合计 18 万元，则乙公司 2018 年度利润表中“财务费用”项目“本期金额”的列报金额为（　　）万元。

A. 1 000　　B. 1 100　　C. 1 090　　D. 1 108

【本题答案】 B

【本题解析】 “财务费用”项目“本期金额”的列报金额＝银行长期借款利息支出＋银行短期借款利息支出－银行存款利息收入＋银行手续费支出＝1 000＋90－8＋18＝1 100（万元）。

【例 8－6·多选题】 下列各项中，影响当期利润表“营业利润”项目金额的有（　　）。

A. 转让专利使用权取得的净收益

B. 出租机器设备取得的净收益

C. 出售原材料取得的净收益

D. 支付税收滞纳金

【本题答案】 ABC

【本题解析】 选项 A，转让专利使用权取得的净收益属于让渡资产使用权取得的收入，因此应计入其他业务收入；选项 BC，出租机器设备、出售原材料取得的净收益也要计入其他业务收入。因此，选项 ABC 均影响营业利润。选项 D，支付的税收滞纳金计入营业外支出，不影响“营业利润”项目。

「考点4」现金流量表（★★）

（一）现金流量表概述

1. 现金流量表的概念

现金流量表是指反映企业在一定会计期间现金和现金等价物流入和流出的报表（见表8－5）。

表8－5　现金流量表

概念	含义
现金	是指企业库存现金以及可以随时用于支付的存款。不能随时用于支付的存款不属于现金
现金等价物	①是指企业持有的期限短、流动性强、易于转换为已知金额现金、价值变动风险很小的投资。 ②期限短，一般是指从购买日起三个月内到期，通常包括三个月内到期的债券投资等；权益性投资变现的金额通常不确定，不属于现金等价物。 ③企业应当根据具体情况，确定现金等价物的范围，一经确定不得随意变更

【例8－7·单选题】下列各项中，能够引起现金流量净额发生变动的是（　　）。

A. 收到作为资本投入的存货

B. 以银行存款支付采购款

C. 将现金存为银行活期存款

D. 以银行存款购买2个月内到期的债券投资

【本题答案】B

【本题解析】选项A，不涉及现金流量变动；选项B，使现金流量减少，能够引起现金流量表净额发生变动；选项C，银行活期存款属于现金，不涉及现金流量变动；选项D，2个月内到期的债券投资属于现金等价物，以银行存款换取现金等价物不涉及现金流量的变动。

2. 现金流量表的结构（见表8－6）

基本结构：　　　现金流入量－现金流出量＝现金净流量

表8－6　现金流量表

会企03表

编制单位：　　　　　____年____月　　　　　单位：万元

项目	本期金额	上期金额
一、经营活动产生的现金流量：		
销售商品、提供劳务收到的现金		

续表

项目	本期金额	上期金额
收到的税费返还		
收到其他与经营活动有关的现金		
经营活动现金流入小计		
购买商品、接受劳务支付的现金		
支付给职工以及为职工支付的现金		
支付的各项税费		
支付其他与经营活动有关的现金		
经营活动现金流出小计		
经营活动产生的现金流量净额		
二、投资活动产生的现金流量:		
收回投资收到的现金		
取得投资收益收到的现金		
处置固定资产、无形资产和其他长期资产收回的现金净额		
处置子公司及其他营业单位收到的现金净额		
收到其他与投资活动有关的现金		
投资活动现金流入小计		
购建固定资产、无形资产和其他长期资产支付的现金		
投资支付的现金		
取得子公司及其他营业单位支付的现金净额		
支付其他与投资活动有关的现金		
投资活动现金流出小计		
投资活动产生的现金流量净额		
三、筹资活动产生的现金流量:		
吸收投资收到的现金		
取得借款收到的现金		
收到其他与筹资活动有关的现金		
筹资活动现金流入小计		
偿还债务支付的现金		
分配股利、利润或偿付利息支付的现金		
支付其他与筹资活动有关的现金		
筹资活动现金流出小计		
筹资活动产生的现金流量净额		

续表

项目	本期金额	上期金额
四、汇率变动对现金及现金等价物的影响		
五、现金及现金等价物净增加额		
加：期初现金及现金等价物余额		
六、期末现金及现金等价物余额		

①经营活动产生的现金流量。

经营活动，是指与销售商品、提供劳务有关的活动产生的现金流量，包括企业投资活动和筹资活动以外的所有交易和事项，如销售商品收到现金、购买商品支付现金、经营性租赁、制造产品、广告宣传、缴纳税款等。

②投资活动产生的现金流量。

投资活动，是指与非流动资产的取得或处置有关的活动产生的现金流量，包括企业长期资产的购建（对内投资）和不包括在现金等价物范围内的投资（对外投资）及其处置活动，例如购买股票或债券支付现金、销售长期投资收回现金、购建或处置固定资产、无形资产等。

③筹资活动产生的现金流量。

筹资活动，是指涉及企业财务规模的更改或财务结构组成变化的活动，也就是导致企业资本及债务规模和构成发生变化的活动，如向银行借入款项收到现金、归还银行借款支付现金、吸收投资、发行股票、分配利润等。

3. 现金流量表相较于资产负债表和利润表的作用

①现金流量表提供了企业一定会计期间内现金和现金等价物流入和流出的现金流量信息，可以弥补基于权责发生制基础编报提供的资产负债表和利润表的某些固有缺陷，在资产负债表与利润表之间架起一条连接的纽带和桥梁，揭示企业财务状况与经营成果之间的内在关系，便于会计报表使用者了解企业净利润的质量。

②现金流量表分别提供了经营活动、投资活动和筹资活动产生的现金流量，每类又分为若干具体项目，弥补了资产负债表和利润表分类列报内容的某些不足，从而帮助使用者了解和评价企业获取现金及现金等价物的能力，包括企业支付能力、偿债能力和周转能力，进而预测企业未来的现金流量情况，为其决策提供有力依据。

③现金流量表以收付实现制为基础，对现金的确认和计量在不同企业间基本一致，提高了企业之间更加可比的会计信息，有利于会计报表使用者提高决策的质量和效率。

④现金流量表以收付实现制为基础编制，降低了企业盈余管理程度，提高了会计信息质量，有利于更好发挥会计监督职能作用，改善公司治理状况，进而促进实现会计决策有用性和维护经济资源配置秩序、提高经济效益的目标要求。

（二）现金流量表的编制

1. 直接法

一般以利润表中的营业收入为起算点，调节与经营活动有关的项目的增减变动，然后计算出经营活动产生的现金流量。运用直接法编制现金流量表可采用工作底稿法或T型账户法，也可以根据有关会计科目记录分析填列。

直接法的优点：便于分析企业经营活动产生的现金流量的来源和用途，预测企业现金流量的未来前景。

2. 间接法

将净利润调节为经营活动现金流量。

间接法的优点：便于将净利润与经营活动产生的现金流量净额进行比较，了解净利润与经营活动产生的现金流量差异的原因，从现金流量的角度分析净利润的质量。两者的计算结果是一致的，可以互相验证和补充。

按照我国现行会计准则规定，企业应当采用直接法列示经营活动产生的现金流量。同时规定，企业应当在附注中披露将净利润调整为经营活动现金流量的信息。

将净利润（权责发生制）调节为经营活动产生的现金流量净额（收付实现制）时，调增、调减项目的确定原则：

①调整事项属于利润表项目。

第一，使净利润减少，调增；

第二，使净利润增加，调减（见表8-7）。

表8-7　　调整事项

调增	调减
①折旧和摊销中计入管理费用和销售费用的部分； ②营业外支出； ③公允价值变动收益、投资收益、资产处置收益本年度为负； ④资产减值损失； ⑤信用减值损失	①营业外收入； ②公允价值变动收益、投资收益、资产处置收益为正

【知识卡片】

财务费用的调整比较复杂，应视具体情况而定。

②调整事项属于资产负债表项目。

第一，在资产负债表项目涉及的会计科目借方记录，调减；

第二，在资产负债表项目涉及的会计科目贷方记录，调增。

举例说明：

a. 经营性应收项目的减少，表明在报告期内收到了以前年度应收项目的现金，应予以加回；反之，经营性应收项目增加，表明报告期的净利润中有尚未收到的现金，应予以减去。

b. 经营性应付项目的增加，表明在报告期内存在尚未支付的应付项目的现金，应予以加回；反之，经营性应付项目减少，表明报告期的净利润中有尚未扣除的现金，应予以减去。

【例 8-8·多选题】下列各项应收应付款项中，将净利润调节为经营活动现金流量时，应该加回的有（　　）。

A. 应收账款的增加额（年末余额高于年初余额的差额）

B. 应付账款的减少额（年末余额低于年初余额的差额）

C. 应收票据的减少额（年末余额低于年初余额的差额）

D. 坏账准备的增加额（年末余额高于年初余额的差额）

【本题答案】CD

【本题解析】选项 A，应收账款的增加额，表明企业在本期净利润中有尚未收到的现金流量，要减去；选项 B，应付账款的减少额，表明企业在本期净利润中有尚未扣除的现金流量，要减去；选项 C，应收票据的减少额，表明企业在本期净利润之外收到以前期间的现金流量，要加回；选项 D，坏账准备的增加额，表明企业本期净利润已扣除信用减值损失增加，但这部分没有产生现金流量，要加回。

「考点 5」所有者权益变动表（★）

（一）所有者权益变动表的概念

所有者权益变动表是反映构成所有者权益的各组成部分当期的增减变动情况的报表。它是对资产负债表的补充及对所有者权益增减变动情况的进一步说明。

（二）所有者权益变动表的结构

在所有者权益变动表上，企业至少应当单独列示反映下列信息的项目：

①综合收益总额；

②会计政策变更和差错更正的累积影响金额；

③所有者投入资本和向所有者分配利润等；

④提取的盈余公积；

⑤实收资本、其他权益工具、资本公积、其他综合收益、专项储备、盈余公积、未分配利润的期初和期末余额及其调节情况。

所有者权益变动表结构为纵横交叉的矩阵式结构。

①纵向结构：按所有者权益增减变动时间及内容分为“上年年末余额”“本年年初余额”“本年增减变动金额”和“本年年末余额”四栏。

②横向结构：采用比较式结构，分为“本年金额”和“上年金额”两栏，每栏的具体结构按照所有者权益构成内容逐项列示。

所有者权益变动表以矩阵的形式列示，如表 8-8 所示。

表 8 -8　　所有者权益变动表（节选）

会企 04 表

编制单位：　　年度　　单位：万元

项目	本年金额									上年金额
	实收资本（或股本）	其他权益工具	资本公积	减：库存股	其他综合收益	专项储备	盈余公积	未分配利润	所有者权益合计	列示项目同左（略）
一、上年年末余额										
加：会计政策变更										
前期差错更正										
其他										
二、本年年初余额										
三、本年增减变动金额（减少以“-”号填列）										
（一）综合收益总额										
（二）所有者投入和减少资本										
（三）利润分配										
（四）所有者权益内部结转										
1. 资本公积转增资本（或股本）										
2. 盈余公积转增资本（或股本）										
3. 盈余公积弥补亏损										
四、本年年末余额										

【知识卡片】

①所有者权益变动表各项目均需填列“本年金额”和“上年金额”两栏。

②企业的净利润及其分配情况作为所有者权益变动的组成部分，不需要单独编制利润分配表列示。

【例 8 -9 · 单选题】下列各项中，不在所有者权益变动表列示的是（　　）。

A. 利润分配　　B. 所有者投入和减少资本

C. 每股收益　　D. 综合收益总额

【本题答案】C

【本题解析】每股收益是利润表列示的项目，不在所有者权益变动表列示。

【例 8－10·多选题】下列关于“四表”相关项目之间相互参照关系的表述中，正确的有（　　）。

A. 资产负债表“盈余公积”“未分配利润”与利润表“净利润”存在相互参照关系

B. 资产负债表“其他综合收益”与利润表“其他综合收益”存在相互参照关系

C. 所有者权益变动表项目与资产负债表所有者权益项目及利润表“净利润”存在相互参照关系

D. 现金流量表各项目与资产负债表各项目及利润表各项目存在相互参照关系

【本题答案】 ABCD

【本题解析】 选项 A，企业实现的净利润除用于分配利润或股利外，记入“盈余公积”和“未分配利润”；选项 B，其他综合收益为企业根据会计准则规定未在损益中确认的各项利得和损失扣除所得税影响后的净额，既在利润表中列报又在资产负债表中列报；选项 C，所有者权益增减变动主要来源于所有者或股东投入资本、净利润积累和会计政策更正等的影响，所有者权益变动表是在资产负债表和利润表资料基础上编制的；选项 D，现金流量表是在资产负债表和利润表资料基础上编制，其内容实质是相同的，只是编制基础不同。

（三）所有者权益变动表的作用

①通过所有者权益变动表，既可以为财务报表使用者提供所有者权益总量增减变动的信息，也能为其提供所有者权益增减变动的结构性信息，特别是能够让财务报表使用者理解所有者权益增减变动的根源；

②所有者权益增减变动表将综合收益和所有者（或股东）的资本交易导致的所有者权益的变动分项列示，有利于分清导致所有者权益增减变动缘由与责任，对于考察、评价企业一定时期所有者权益的保全状况、正确评价管理当局受托责任的履行情况等具有重要的作用。

「考点 6」财务报表附注及财务报告信息披露要求

（一）附注的作用

第一，附注的编制和披露，是对资产负债表、利润表、现金流量表和所有者权益变动表**列示项目**含义的**补充说明**，帮助使用者更准确地把握其含义。

第二，附注提供了对资产负债表、利润表、现金流量表和所有者权益变动表中**未列示项目**的详细说明或明细说明。

第三，通过附注与资产负债表、利润表、现金流量表和所有者权益变动表列示项目的相互参照关系，以及未能在财务报表中列示项目的说明，可以使财务报表使用者全面了解企业的财务状况、经营成果和现金流量以及所有者权益的情况。

（二）附注的主要内容

附注是财务报表的**重要组成部分**。企业应当按照如下顺序披露附注的内容：

①企业简介和主要财务指标。

②财务报表的编制基础。

财务报表的编制基础是指财务报表是在**持续经营基础**上还是**非持续经营基础**上编制的。

企业一般是在持续经营基础上编制财务报表，**清算、破产**属于非持续经营基础。

③遵循企业会计准则的声明。

④重要的会计政策和会计估计（不重要的可以不披露）。

⑤会计政策和会计估计变更以及差错更正的说明。

⑥报表重要项目的说明。

⑦或有和承诺事项、资产负债表日后非调整事项、关联方关系及其交易等需要说明的事项。

⑧有助于财务报表使用者评价企业管理资本的目标、政策及程序的信息。

（三）财务报告信息披露的要求

财务报告信息披露，又称会计信息披露，是指企业对外发布有关其财务状况、经营成果、现金流量等财务信息的过程。广义的信息披露除财务信息外，还包括非财务信息。就上市公司而言，信息披露是法定义务和责任。

财务报告信息披露的基本要求，又称财务报告信息披露的基本质量，主要有真实、准确、完整、及时和公平五个方面。